GRIECHISCHES FESTLAND

AF536636

DER AUTOR

Klaus Bötig, der Bremer Reisejournalist (www.klaus-boetig.de), verbringt seit 1973 alljährlich mehrere Monate in Griechenland. Er veröffentlichte über das griechische Festland und die Inseln weit über 70 Bücher und Reiseführer.

TOP 10

1 Athen
S. 26

Im Häusermeer um die Akropolis sind 2500 Jahre Geschichte allgegenwärtig. Zugleich ist Athen eine quicklebendige Stadt, die niemals schläft. Über ein Drittel aller Griechen lebt hier zwischen über 1000 Meter hohen Bergen und dem Saronischen Golf.

2 Hydra
S. 63

Einen guten Vorgeschmack auf die griechische Inselwelt vermittelt der Ausflug auf die Insel Hydra vor der Küste des Peloponnes. Stattliche Kapitänshäuser stehen vor kahlen Bergen, am Bilderbuch-Hafen warten Esel auf Lasten und Reiter, Katzen auf Futter.

3 Máni
S. 82

In einer der steinigsten Landschaften Griechenlands ragen aus uralten Dörfern hohe Wehrtürme auf, die von vielen Nachbarschaftsfehden erzählen. Kirchen und Kapellen dämmern in der Einsamkeit vor sich hin.

4 Nauplia
S. 86

Drei Burgen und eine nahezu autofreie Altstadt mit bayerischen Akzenten machen Griechenlands erste Hauptstadt der Neuzeit zu einer Art Rothenburg an der Ägäis. Schlemmen und Shoppen auf hohem Niveau sind hier möglich.

5 Olympia
S. 88

Die in viel Grün eingebetteten Ausgrabungen der Geburtsstätte der Olympischen Spiele haben viel Flair. Die Museen präsentieren nicht nur einzigartige Kunstwerke, sondern auch Interessantes aus der Geschichte von Sport und Technologie.

6 Sparta und Mistrás
S. 96

Kirchen, Klöster und Mauern der mittelalterlichen Stadt Mistrás, die auch in Goethes Faust ein Schauplatz ist, ziehen sich über einen steilen Hang vor dem 2500 Meter hohen Taygettos-Gebirge. Zu ihren Füßen ist das legendäre Sparta von Öl- und Orangenhainen umhüllt.

7 Délfi
S. 104

Zwischen Hochgebirge und Meer klettern die stattlichen Überreste des antiken Orakelheiligtums einen steilen Hang hinauf, im Archäologischen Museum zeugen Meisterwerke antiker Kunst von der panhellenischen Bedeutung Délfis.

8 Thessaloníki
S. 122

In der »Metropole des Balkans« kredenzt das noch weitgehend von seinen mittelalterlichen Mauern umgebene historische Zentrum einen Cocktail aus römischen, byzantinischen und osmanischen Bauten, gespickt mit Museen, Märkten und viel Musik. Die über 100 000 Studenten prägen das Leben hier entscheidend mit.

9 Metéora
S. 178

Die berühmten Klosterfelsen sind eine weltweit einzigartige Natur- und Kulturlandschaft. Sechs Jahrhunderte alte Konvente wollen erklommen werden.

10 Zagorochória
S. 190

In den über 40 einst sehr wohlhabenden Dörfern dieser Hochgebirgslandschaft scheint die Zeit stehen geblieben zu sein. Man wohnt stilvoll in historischen Herrenhäusern, genießt die vielen Spezialitäten der Region und durchwandert die Víkos-Schlucht, die tiefste Europas.

Klaus Bötig

GRIECHISCHES FESTLAND

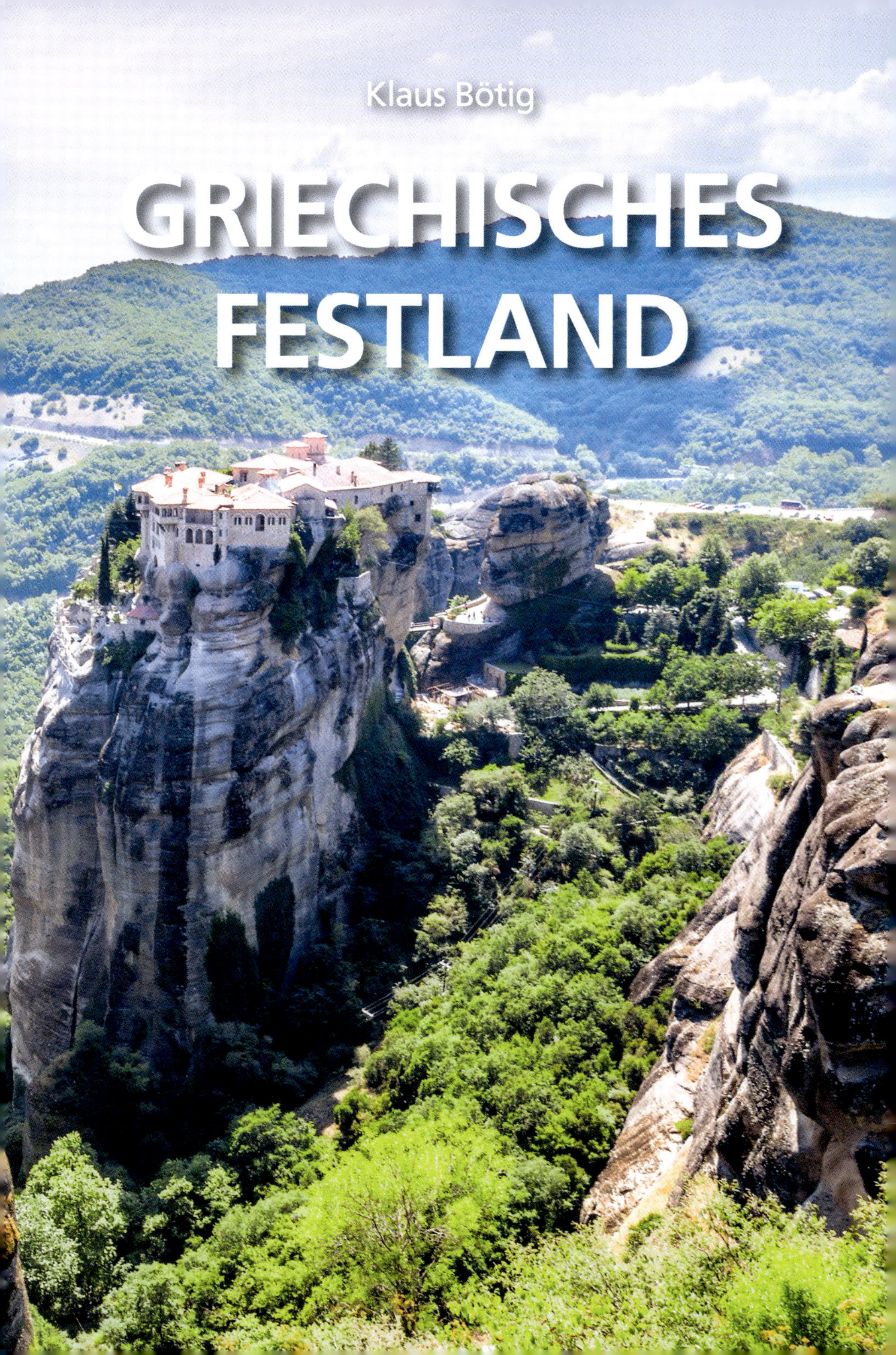

WILLKOMMEN AUF DEM GRIECHISCHEN FESTLAND

Über Griechenland haben wir alle schon viel gehört und gelesen. Zuerst über seine alte Geschichte und Kultur in der Schule. Dann eher Seichtes in Songs, etwa von Udo Jürgens und Vicky Leandros. Zuletzt angesichts der »Griechenlandkrise« viel Politisches in allerlei Medien höchst unterschiedlichen Niveaus. Da ist es höchste Zeit, (wieder) einmal selbst hinzufahren und sich sein eigenes Bild vom Sehnsuchtsland vieler Dichter vergangener Zeiten zu machen.

Wer noch nie in Griechenland war oder bisher nur die Inseln kennt, wird vor allem von der faszinierenden Landschaft überrascht. Schöne Strände und idyllische Buchten erwartet jeder, doch kaum einer rechnet mit so viel Hochgebirge am Meer. Selbst der Olymp, mit 2918 Metern der höchste Gipfel des Landes, ist nur 20 Kilometer Luftlinie von der Ägäis entfernt. Elf weitere Gebirge steigen auf Höhen von über 2400 Metern an. Insgesamt sind in jedem Winter über zwanzig Skizentren in Betrieb.

Heimat der griechischen Götter und höchster Berg des Landes: der Olymp

Die mittelalterliche Stadt Monemvasiá, oft auch »das griechische Gibraltar« genannt

Da die Berge oft unmittelbar ans Wasser heranreichen, sind die Küsten reich gegliedert. Typisch sind auch die vielen sich weit ins Meer vorschiebenden Halbinseln – so die vier Finger des Peloponnes, die drei Finger der Chalkidikí oder die attische und die Pílion-Halbinsel. In die Gebirge eingestreut findet man Hochtäler und -ebenen, wilde Schluchten, große Tropfsteinhöhlen sowie viele künstliche und natürliche Seen. Der größte ist mit 275 m^2 Fläche der Prespa-See, den sich Hellas allerdings mit Albanien und Nordmazedonien teilen muss. Ein Vorurteil, das vor allem Urlauber hegen, die bisher nur die Inseln besucht haben, wird vor Ort schnell korrigiert: Das griechische Festland ist waldreicher als Deutschland oder die Schweiz. In manchen dieser Wälder sind noch Hunderte von Braunbären und Wölfen unterwegs.

Antike und Mittelalter überall

Eingebettet in diese überraschend vielfältige und abwechslungsreiche Natur sind die vielen historischen Stätten des Landes, das Europas erste Hochkulturen hervorbrachte. Ausgrabungen, antike Tempel, Kirchen und Klöster liegen oft landschaftlich so schön, verströmen so viel Atmosphäre, dass man kein Hobby-Archäologe oder Kunstwissenschaftler sein muss, um sich an ihnen zu erfreuen. Neben den weltweit berühmten, stark frequentierten Sehenswürdigkeiten aus

Säule nach römisch-ionischer Ordnung

Johannes der Theologe, klassische Ikone des 16. Jahrhunderts

dem Altertum – etwa Délfi und Olympia, Mykene und Korinth – locken Hunderte von weiteren Ausgrabungsstätten, die oft nur wenige Dutzend Besucher in der Woche zählen. Da kann man auch mal ein Picknick inmitten 2500 Jahre alter Gemäuer auspacken oder ein Stündchen zwischen antiken Säulen verdösen.

Auch die 1000 Jahre währende mittelalterliche Geschichte, die wesentlich von Byzanz und stellenweise auch stark von Venedig geprägt wurde, hat reichlich Spuren in der Landschaft hinterlassen. Die Burgen der Serenissima ragen zinnenreich über vielen kleinen Küstenstädtchen auf. Hunderte von byzantinischen Klöstern werden – wie die weltberühmten Metéora-Klöster – noch immer von Mönchen und Nonnen bewohnt, die sich Fremden gegenüber häufig als äußerst gastfreundlich erweisen. Nur die über 2300 Mönche in der Mönchsrepublik Áthos machen da eine anachronistisch anmutende Ausnahme: Sie lassen Gäste nur in beschränkter

Zahl, und zwar ausschließlich Männer mit speziellem Visum, über die gut bewachte Grenze zu sich hinein. Ein besonderes Schmankerl sind die Myriaden von kleinen byzantinischen Kapellen, die oft einsam in der Landschaft und auf Hügelkuppen stehen. Mehrere Hundert von ihnen sind noch mit über 500 Jahre alten Fresken geschmückt.

Die Athener Akropolis – berühmtester Burgberg der Welt

Einige, wenn auch nicht viele Spuren zeugen von den osmanischen Moslems, die große Teile des Landes immerhin etwa 400 Jahre lang beherrschten. Ihre Moscheen und Hamams sind vor allem in Städten zu finden. Besonders zahlreich sind sie in Thessaloníki, dem Geburtsort des türkischen Staatsgründers Kemal Atatürk. An die über 100 000 jüdischen Bürger Griechenlands, die von den Deutschen fast alle in Vernichtungslager deportiert wurden, erinnern hingegen nur noch wenige Synagogen, einige recht unauffällig platzierte Holocaust-Denkmäler und die interessanten Jüdischen Museen in Athen und Thessaloníki.

Weltoffene Menschen

Multikulturell war Griechenland zu allen Zeiten, gehörte es doch fast immer zu Reichen, die weite Regionen rund ums Mittelmeer umfassten: zuerst zum makedonischen Weltreich Alexanders des Großen, dann zum Römischen, zum Byzantinischen und schließlich zum Osmanischen Reich. Als Händler und Reeder haben Griechen in allen Epochen Reichtümer erworben. Weniger glückliche wanderten aus: Ein Fünftel aller griechischstämmigen Erdenbürger lebt heute über alle fünf Kontinente verteilt. Entsprechend hat fast jeder in Griechenland lebende Grieche Verwandtschaft im Ausland. Indessen sind in Hellas viele Roma zu Hause, glauben über 100 000 türkisch- und bulgarischstämmige Moslems im Lande an Allah. Und auch das vergangene Jahrzehnt hat seine Spuren hinterlassen. Viele Menschen, die im Zuge der »Flüchtlingskrise« nach Europa kamen, haben in Griechenland eine neue Heimat gefunden oder werden hier zwangsweise in den fünf »Hotspots« auf Inseln festgehalten, weil das übrige Europa sie nicht aufnehmen will.

Die Griechen nehmen es gelassen und zeigen sich gegenüber Ausländern jeder Couleur meist interessiert und gastfreundlich, wobei freilich auch ihnen Touristen mit gut gefüllten Portemonnaies oder goldenen Kreditkarten lieber sind als fast mittellose Immigranten. Die vielen Kaffeehäuser in jeder Stadt, in jedem Dorf sind für Urlauber der beste Ort, um mit Einheimischen ins Gespräch zu kommen. Gern werden ihnen dabei schon nach kurzer Zeit persönliche Fragen gestellt, nach Kinderzahl, Beruf und Einkommen beispielsweise. Umgekehrt darf man auch (fast) alles fragen. Eine Antwort bekommt man auf jeden Fall – ob diese immer der Wahrheit entspricht, ist dabei relativ belanglos. Es geht vor allem um ein interessantes Gespräch mit viel gutem Humor. Stockt die Unterhaltung wegen Sprachschwierigkeiten, wird meist schnell jemand herbeigewinkt, zumeist ein älterer Landsmann, der einmal in den deutschsprachigen Ländern lebte, oder aber ein jüngerer, der wegen der hohen Arbeitslosenquote daheim erst im letzten Jahrzehnt dorthin ausgewandert ist. Schließlich leben allein in Deutschland heute über 360 000 Hellenen – Tendenz seit 2015 von Jahr zu Jahr steigend.

Griechische Taverne in der Pláka, dem bei Einheimischen wie Touristen beliebten Altstadtviertel Athens

Prachtvolle Kirchen wie die Kathedrale Mariä Verkündigung in Athen sind in Griechenland allgegenwärtig

Der Himmel auf Erden

Über 97 Prozent aller Griechen sind griechisch-orthodox getauft. Kirchenaustritte gibt es kaum, da keine Kirchensteuer erhoben wird und die Orthodoxie die – neben der Bedeutung der griechischen Antike – wohl wichtigste Säule der nationalen Identität darstellt. Taufen und kirchliche Trauungen sind fester Bestandteil des sozialen Lebens, der Namenstag wird intensiver gefeiert als der Geburtstag. Auch im Tod bleibt man orthodoxer Christ: Das erste Krematorium des Landes wird gerade erst in Athen gebaut und soll hauptsächlich Ausländern offenstehen.

Dass der Religion im Alltag eine viel größere Bedeutung zukommt als bei uns, wird jeder Reisende schnell bemerken. Ikonen genannte Heiligenbilder hängen in Bussen und auf Booten, in Wohnhäusern, Hotels und Tavernen. Menschen im Bus oder in der Eisenbahn bekreuzigen sich beim Passieren einer Kirche, viele Orte tragen den Namen des oder der Ortsheiligen (Ágios, Agía, Ágii). An den Straßenrändern stehen Bilderstöcke. In den Kirchen küssen die Gläubigen die Ikonen, entzünden Kerzen für Lebende und Verstorbene, schreiben Gebete zum späteren Verlesen durch den Priester auf Zettel. Die Heiligen und die himmlische Welt sind stets gegenwärtig, die Kirchen ähneln Konsulaten des Himmels auf Erden. Die Grenze zwischen Glaube und Aberglaube verwischt hier leicht.

Wahrlich kein ▷ Vergnügen: der Feierabendverkehr in Athen, im Hintergrund das griechische Parlamentsgebäude

Orthodox nennt sich die Konfession, weil in dieser Kirche seit 787 keine neuen Dogmen mehr verkündet werden. Eine Institution wie der Papst, dem die römisch-katholische Kirche das Recht zuspricht, neue Dogmen zu verkünden, ist der orthodoxen Kirche fremd. Ihr Oberhaupt, der Patriarch von Konstantinopel, bekleidet nur ein Ehrenamt mit wenig Macht über die nationalen Landeskirchen. Zur endgültigen Kirchenspaltung zwischen römischen Katholiken und Orthodoxen, dem Schisma, kam es im Jahr 1054. Auf eine ökumenische Annäherung besteht keine Hoffnung.

Griechenlands Städte und Verkehr

Kein Himmel auf Erden sind Griechenlands Städte. Athen, Thessaloníki, Piräus, Patras und Lárissa sind auf dem Festland die fünf größten. Zusammen mit ihren Vororten beherbergen sie über die Hälfte aller 10,7 Millionen Einwohner des Landes. Eine Stadtplanung gab es da seit der Antike kaum noch – nur in Thessaloníki und einem sehr kleinen Teil Athens sind Ansätze aus dem 19. und frühen 20. Jahrhundert erkennbar. Auch in vielen Provinzstädten sind die Innenstadtstraßen schmal, Parkplätze knapp. Doch in der Stadtplanung tut sich etwas. Fußgängerzonen nehmen immer breiteren Raum ein, die großen Plätze als Zentren des sozialen Lebens werden zunehmend verkehrsberuhigt. Sogar erste Fahrradwege werden in einigen Städten angelegt.

Besonders große Fortschritte hat Griechenland in den letzten zehn Jahren im Straßenbau gemacht. Viele gute, angemessen mautpflichtige Autobahnen mit zahllosen Brücken und Tunneln verbinden jetzt alle Landesteile miteinander, zwischen dem Festland und Patras auf dem Peloponnes wurde eine berauschend ästhetische Brücke gespannt. Diese Autobahnen kommen auch den vielen Bussen zugute, die zwischen allen Regionen verkehren. Bahnliebhaber jedoch werden enttäuscht: Das Netz ist äußerst lückenhaft, nur zwischen Athen und Thessaloníki seit 2019 hochmodern.

Stau vor der Kathedrale von Piräus

HOTEL
Hondos Center
Hondos Center
PARK

Tier- und Pflanzenwelt

Auf Safari geht man anderswo. Dennoch hat auch Griechenland dem Tierliebhaber einiges zu bieten. Im Sommerhalbjahr kann man an Seen und Lagunen Flamingos und Pelikane ganz aus der Nähe betrachten, ganzjährig kommen nahezu alle Greifvogelarten Europas in Griechenland vor. Einen der etwa 300 scheuen Braunbären oder der über 800 Wölfe wird man kaum zu Gesicht bekommen. Dachse und Schlangen sieht man meist nur überfahren auf der Straße, Wildschweine eher zerlegt auf den Tellern. Dafür kreuzen häufig Landschildkröten die Fahrbahnen und lassen sich geduldig fotografieren. Selten geworden sind im Meer die Delfine. Dafür legen wieder zunehmend mehr Meeresschildkröten vor allem an den Stränden im Ionischen Meer und an der Westküste des Peloponnes im Sommer ihre Eier ab.

Meeresschildkröten sind heute wieder weit verbreitet an den Stränden des Ionischen Meeres

Griechenlands Pflanzenwelt ist mit mehr als 6000 Arten äußerst vielfältig. Dafür sorgen zum einen die großen Höhenunterschiede auf engem Raum. Eine andere Ursache ist das Zusammentreffen von dem mediterranen Klima mit seinen trockenheißen Sommern und milden Wintern einerseits und dem montanen Kontinentalklima in den Bergen Nordgriechenlands andererseits. Vor allem in Nordgriechenland gibt es noch die für den Balkan typischen Buchenwälder aus Hain- und Hopfenbuchen sowie Tannen- und Eichenwälder. Kastanienwälder sind vor allem für Euböa, die Pílion-Halbinsel, das Píndos-Gebirge und Teile des Peloponnes typisch. Die Nadelwälder Griechenlands dominiert die Aleppo-Kiefer, die das Harz für den Retsína-Wein liefert. An feuchten Standorten wachsen viele Platanen, die teilweise stimmungsvolle

Olivenbäume gehören in Griechenland zum Landschaftsbild

Idyllisch: die Weinberge im Pindos-Gebirge

Wäldchen formen. Als Alleebaum ist der Eukalyptus besonders beliebt.

Unkultiviertes Gelände wird überall in Hellas von Macchia und Phrygana geprägt. Die Macchia besteht überwiegend aus ein bis fünf Meter hohen, immergrünen Büschen. Hier dominieren Stein- und Kermeseichen, Johannisbrot- und Erdbeerbäume, Mastix-Strauch und Terebinthe. Die trockene Böden bevorzugende Phrygana bildet eine Zwergstrauchformation, in der duftende Kräuter wie Thymian und Rosmarin, Salbei, Oregano und Lavendel, Ginster, Erika und die weiß, rosa oder violett blühenden Zistrosen mit ihren kleinen, klebrigen Blättern vorherrschen.

Alles dominierende Kulturpflanzen sind neben Getreide und Baumwolle vor allem Wein und Olivenbäume. Der Wein gedeiht bis in Höhenlagen von 1000 Metern. Die Zahl der Ölbäume wird auf über 120 Millionen Exemplare geschätzt. Den Wein kann man während der Reise selbst genießen – und vom guten Olivenöl vielleicht sogar einen ganzen Jahresvorrat mit nach Hause nehmen.

Die Víkos-Schlucht in Nordwestgriechenland gilt als tiefste Schlucht Europas

CHRONIK

DATEN ZUR GESCHICHTE DES GRIECHISCHEN FESTLANDS

Leonidas I., 490–480 v. Chr. König von Sparta

Eine menschliche Besiedlung des südwestlichen Balkans ist schon seit mindestens 300 000 Jahren nachweisbar.

5000–2500 v. Chr.
Jungsteinzeit (Neolithikum). Erste Dörfer und Steinbauten entstehen auf dem Gebiet des heutigen Griechenland. Gute Beispiele dafür haben sich in Lérna auf dem Peloponnes sowie in Sésklo und Dímini bei Vólos erhalten.

2500–1200 v. Chr.
Bronzezeit. Aus dem Orient dringen Kenntnisse der Erzgewinnung und Metallverarbeitung nach Europa vor. Um 2000 v. Chr. wandern die Achäer als erster griechischer Stamm ins heutige Griechenland ein. Ihr Machtzentrum liegt auf dem Peloponnes, der zur Heimat der Mykenischen Kultur wird, der ersten Hochkultur auf dem europäischen Festland. Gegen Mitte des Jahrtausends dringen die Mykener nach Kreta vor, wo schon gegen 2100 v. Chr. mit der Minoischen Kultur die erste Hochkultur Europas überhaupt entstanden war. Beide Kulturen erlöschen um 1200 v. Chr. – eventuell im Zusammenhang mit dem sagenhaften Trojanischen Krieg. Touristische Highlights aus mykenischer Zeit sind heute Mykene, Tirins und Pílos auf dem Peloponnes.

1200–900 v. Chr.
Dunkle Jahrhunderte (Dark Ages). Neue griechische Stämme wandern ein: Dorer, Ionier und Äoler. Das Kunstschaffen kommt weitgehend zum Erliegen; schriftliche Zeugnisse aus jener Zeit gibt es nicht.

Das Löwentor von Mykene, Gravur auf Holz, 1880

Rekonstruktion des antiken Olympia, Geburtsort der Olympischen Spiele

900–700 v. Chr.
Geometrische Zeit. Wirtschaftlicher Aufschwung, Bau vieler neuer befestigter Dörfer. Die Keramik jener Zeit ist überwiegend mit geometrischen Motiven verziert, daher der Name der Epoche. »Odyssee« und »Ilias« entstehen als erste große Epen der europäischen Literatur, Sappho wird zur ersten Lyrikerin der Literaturgeschichte. Für das Jahr 776 v. Chr. sind erstmals Olympische Spiele schriftlich bezeugt. Ähnliche Spiele finden auch an vielen anderen Orten Griechenlands statt.

700–490 v. Chr.
Archaische Zeit. Überall in Griechenland bilden sich voneinander unabhängige Stadt- und Inselstaaten heraus, von denen Athen, Sparta und Korinth besonders mächtig werden. Entwicklung von Tempelbau und Großplastik, Dichtkunst, Philosophie und Theater. Der Mensch entdeckt sich als Individuum. Viele griechische Städte und Inseln gründen Kolonien am gesamten Mittelmeer und am Schwarzen Meer, darunter die heutigen Städte Istanbul, Trabzon, Warna, Odessa, Agrigento, Siracusa, Nizza und Marseille.

490–479 v. Chr.
Perserkriege. Athen und seine Verbündeten verhindern den Vormarsch der Perser nach Europa. Ohne ihren Sieg gäbe es unsere europäische Kultur heute womöglich nicht.
Athen wird zur Großmacht, die viele andere griechische Städte und Inselstaaten unterdrückt und versklavt.

479–338 v. Chr.
Klassische Zeit. Bau der Akropolis in Athen, finanziert aus Zwangsbeiträgen von anderen griechischen Staaten zum von Athen beherrschten Attisch-Delischen Seebund. Hochblüte von Bildender Kunst, Theater und Philosophie. Doch im Peloponnesischen Krieg (431–404 v. Chr.) zwischen dem demokratischen Athen und dem aristokratischen Sparta sowie ihren jeweiligen Verbündeten wird Griechenland wirtschaftlich stark geschwächt.

338–168 v. Chr.
Hellenistische Zeit. Nach der Einigung von ganz Griechenland unter Führung des makedonischen Königs Philipp II. und der kurzfristigen Welteroberung durch seinen Sohn Alexander den Großen zerbricht das alexandrinische Weltreich in mehrere Teile. Griechenland ist politisch wieder zersplittert.

168 v. Chr.–395 n. Chr.
Römische Zeit. Rom vereint ganz Griechenland wieder unter einer Herrschaft. Korinth wird römische Provinzhauptstadt. Politisch ist Griechenland einflusslos, aber künstlerisch dient es Rom als Vorbild. Zahlreiche griechische Kunstwerke werden entwendet oder kopiert. Nach Missionsreisen des Apostels Paulus, die ihn vom heutigen Kavála und Philippi, Thessaloníki und Véria nach Athen und Korinth führen, entstehen überall im Land christliche Gemeinden.

395–1204
Oströmisch-byzantinische Zeit. 395 wird das Römische Reich geteilt. Griechenland fällt an Ostrom, das im 6. Jahrhundert unter Kaiser Justinian ganz Kleinasien, die Küstenregionen Vorderasiens und Nordafrikas, Teile Andalusiens und Süditaliens sowie den gesamten Balkan umfasst. Konstantinopel (heute Istanbul) wird Reichshauptstadt. Thessaloníki ist fortan die größte und bedeutendste Stadt auf dem griechischen Festland. Überall im Land entstehen Kirchen und Klöster, geschmückt mit prunkvollen Mosaiken und Wandmalereien. 1053 kommt es zum Bruch zwischen römisch-katholischer und orthodoxer Kirche, dem Schisma. Offizieller Grund ist ein Dogmenstreit über den Ursprung des Heiligen Geistes. De facto geht es aber um eine machtpolitische Auseinandersetzung zwischen römischem Kaiser und Papst im Westen und dem byzantinischen Kaiser im Osten. Geistliches Oberhaupt der einen ist fortan der Papst in Rom, der anderen der Patriarch von Konstantinopel.

Das pompejanische Mosaik zeigt den Kampf Alexander des Großen gegen den Perserkönig Darius III.

Kolorierter Kupferstich des Niederländers Frederick de Wit: »Napoli di Romania« (um 1680), Ansicht von Náfplio

1204–1453
Spätbyzantinische Zeit. 1204 lenken die Venezianer den vierten Kreuzzug zur Eroberung des christlichen Konstantinopel um. Griechenland fällt an die Kreuzritter und Venedig, die hier verschiedene Königreiche und Herzogtümer gründen. 1261 gelingt Byzanz zwar die Rückeroberung von Konstantinopel und weiter Teile des griechischen Festlands, aber entlang der Küsten unterhalten die Venezianer zahlreiche Burgen und Handelsniederlassungen. 1453 erobern die Türken Konstantinopel. Das Byzantinische Reich erlischt. Das Patriarchat verbleibt jedoch in der Stadt am Bosporus.

1453–1821
Osmanische Herrschaft. Das griechische Festland und die meisten Ägäis-Inseln werden dem Osmanischen Reich einverleibt. Kreta bleibt noch bis 1566 venezianisch, die Ionischen Inseln werden mit Ausnahme von Léfkas nie türkisch. Für Kunst und Kultur hat die osmanische Herrschaft schwerwiegende Folgen: Von Renaissance, Reformation und Aufklärung im übrigen Europa ist Griechenland weitgehend ausgeschlossen. Thessaloníki bleibt die wichtigste Stadt auf dem Festland. Die Bevölkerung dort ist überwiegend jüdischen Glaubens, seitdem der Sultan im späten 15. Jahrhundert zahlreiche aus Spanien und Italien geflüchtete sephardische Juden aufgenommen hatte.

Nationalheiligtum Agía Lávra: Hier begann der griechische Freiheitskampf gegen die Osmanen

1821–1830
Griechenland erhebt sich – vom Peloponnes ausgehend – gegen den Sultan und erkämpft die Gründung eines neugriechischen Staates. Er umfasst zunächst nur Süd- und Teile Zentralgriechenlands, den Peloponnes, Euböa und die Kykladen. Erster König wird auf Wunsch der europäischen Großmächte, die eine Republik verhindern wollen, der Wittelsbacher Otto I., ein Sohn des

bayerischen Königs Ludwig I. Seine Gemahlin Amalia stammt aus Oldenburg bei Bremen. Erste Hauptstadt wird Náfplio auf dem Peloponnes (1834 dann Athen).

Otto I., König von Griechenland

1862
König Otto I. und seine Gattin Amalia werden durch einen Militärputsch aus Griechenland vertrieben. Sie verbringen ihre restlichen Lebensjahre im bayerischen Bamberg.

1863
Das Staatsgebiet Griechenlands vergrößert sich um Korfu und die Ionischen Inseln. Im selben Jahr setzen die europäischen Großmächte Prinz Wilhelm von Dänemark aus dem Hause Schleswig-Holstein-Sonderburg-Glücksburg als neuen griechischen König ein. Er nimmt den Namen Georg I. an. Seine Nachkommen stellen bis 1974 die griechischen Monarchen.

1896
In Athen finden die ersten Olympischen Spiele der Neuzeit statt. 241 Athleten nehmen teil. Griechenland erringt die meisten Medaillen (46), gefolgt von den USA (20) und dem Deutschen Reich (13).

1912/13
In zwei Balkankriegen weitet Griechenland sein Staatsgebiet nach Norden aus. Makedonien und der Epirus gehören jetzt dazu. Auch die Ägäis-Inseln mit Ausnahme des Dodekanes (1912–43 italienisch) werden griechisch.

1916
Griechenland tritt auf Seiten der Alliierten in den Ersten Weltkrieg ein, in dem die Türkei auf Seiten Deutschlands und Österreichs kämpft. Erschütterndstes Relikt aus jener Zeit ist der Soldatenfriedhof von Thessaloníki.

1919–1920
Das Abkommen von Neuilly spricht Griechenland den Westen des bis dahin türkisch verwalteten Thrakien zu. Ein weiterer Vertrag soll den Griechen die Souveränitätsrechte auch über Ost-Thrakien und Teile der türkischen Mittelmeerküste verleihen, falls deren Bewohner das nach fünf Jahren in einer Volksabstimmung beschließen.

1920–1923
Griechenland wartet die vereinbarte Zeit nicht ab. Es besetzt Ost-Thrakien und stößt von der Ägäisküste aus nach Ankara vor. Der in Thessaloníki geborene Gründer der »modernen« Türkei, Kemal Atatürk, wirft die griechischen Truppen zurück. Nach dem Erstarken der kommunistischen Sowjetunion haben die Westmächte kein Interesse mehr an einer Schwächung der Türkei und sehen zu, wie Griechenlands Feldzüge in der »Kleinasiatischen Katastrophe« enden. Über zwei Millionen Griechen werden aus der Türkei, eine halbe Million Türken aus Griechenland vertrieben. Um den griechischen Flüchtlingen Land geben zu können, wer-

den zahlreiche Ländereien von Kirche und Klöstern enteignet; als Gegenleistung übernimmt der Staat fortan die Gehaltszahlungen an den Klerus.

1940
Italien greift Griechenland an, das nach anfänglichen Erfolgen gegen Mussolinis Truppen von deutschen und im Nordosten auch von bulgarischen Truppen besetzt wird.

Briefmarke zu Ehren von Melina Mercouri, 1995

1941–1949
Die deutschen und österreichischen Truppen ermorden als Vergeltung für Partisanenüberfälle zahlreiche griechische Zivilisten und brennen ganze Dörfer nieder. Die jüdische Bevölkerung wird in die Vernichtungslager von Auschwitz deportiert und dort ermordet. Nach der Befreiung von den deutsch-österreichischen Besetzern bricht ein Bürgerkrieg zwischen bürgerlichen und kommunistischen Partisanenverbänden aus, der in Griechenland mehr Opfer fordert als der Zweite Weltkrieg. Dank kräftiger Unterstützung durch Großbritannien und die USA siegen die Bürgerlichen. Alle Kommunisten müssen das Land verlassen und dürfen erst nach 1974 in ihre Heimat zurückkehren.

1949–1967
Durch die Aufnahme in die NATO (1953, gleichzeitig mit der Türkei) und den Assoziierungsvertrag mit der EWG (1962) wird das innenpolitisch zerrüttete und wirtschaftlich schwache Griechenland ins westliche Wirtschafts- und Verteidigungssystem eingebunden.

1967
Am 21. April 1967 übernehmen Obristen mit Billigung der USA die Macht. Politisch Andersdenkende werden verhaftet, gefoltert und interniert oder gehen wie Mikis Theodorákis und Melina Mercouri ins Exil.

1974
Nach einem missglückten, von der griechischen Junta initiierten Putsch auf Zypern, der eine türkische Invasion der Insel zur Folge hat, bricht die Militärherrschaft zusammen. Die Demokratie wird wieder hergestellt, die Monarchie abgeschafft. Binnen kurzer Zeit entwickelt sich ein demokratisches System westlicher Prägung.

1981
Griechenland wird Vollmitglied in der EU.

2002
Der Euro ersetzt die Drachme als Landeswährung.

2004
Olympische Sommerspiele in Athen. Griechenland ist kurz zuvor mit Trainer Otto Rehhagel Fußball-Europameister geworden.

2002 ersetzte der Euro die Drachme als Währung

2010–2018

Griechenlandkrise. Nachdem der neu gewählte Ministerpräsident Giórgos Papandréou das ganze Ausmaß der griechischen Staatsverschuldung offenbart hat, schnüren die EU, die Europäische Zentralbank und der Internationale Währungsfonds 2010 ein Hilfsprogramm. Für die gewährten Kredite verlangen sie strikte Einschnitte ins Sozial- und Steuersystem und weitreichende Reformen. Arbeitslosigkeit und Verarmung der Bevölkerung steigen rasch an, zahlreiche große Staatsbetriebe werden privatisiert und von ausländischen Investoren übernommen.

2019

Nach der Befreiung von der europäischen Vormundschaft werden der Mindestlohn und einige Renten angehoben. Griechenland kann wieder Kredite auf dem freien Geldmarkt aufnehmen. Wirtschaftlich ist der Tourismus die einzige große Hoffnung. Im Anschluss an die Parlamentswahl im Juli wird Kyriákos Mitsotákis von der konservativen Néa Dimokratía neuer Ministerpräsident.

2020/21

Die Corona-Pandemie führt zu einem starken Rückgang des Tourismus. 2020 nimmt Griechenland damit 76,2% weniger ein als im Vorjahr, die Touristenzahl sinkt um 78,2%. Die Zahl der Kreuzfahrtpassagiere geht sogar um 98,2% zurück. Die meistbesuchten Festlandsregionen sind Athen und Attika sowie Ost-Makedonien und Thrakien.
Die erste Infektion wird am 26. Februar 2020 in Thessaloniki diagnostiziert. Bereits am 10. März 2020 werden Schulen und Universitäten geschlossen, ab dem 23. März 2020 gelten strenge Ausgangsbeschränkungen. Touristen werden erst ab dem 1. Juli 2020 wieder ins Land gelassen. Dadurch bleiben die Opferzahlen während der ersten Welle relativ gering. Eine zweite Welle führt am 7. November 2020 zu einem erneuten Lockdown im ganzen Land. Eine Öffnung für den Tourismus wird für den 15. Mai 2021 geplant. Die Impfquote liegt Anfang Mai 2021 bei knapp 20%, die Zahl der insgesamt gezählten Infektionen bei etwa 343.000 und die Zahl der Corona-Toten bei etwas über 10.300. Detaillierte aktuelle Zahlen für alle Regionen des Landes liefert www.lab.imedd.org/covid19/?lang=en.

POLITISCHES SYSTEM UND VERWALTUNGSEINHEITEN

Seit 1975 ist Griechenland Republik. Das etwa 300-köpfige Einkammerparlament wird mindestens alle vier Jahre neu gewählt. Staatsoberhaut ist ein alle fünf Jahre gewählter Präsident, der überwiegend repräsentative Aufgaben wahrnimmt. Die Regierungsgeschäfte führt der vom Parlament gewählte Premierminister.

Verwaltungsmäßig ist das Land in sieben dezentrale Einheiten untergliedert. Niedrigere Verwaltungsebenen sind 13 Regionen und 325 Landkreisen ähnliche Gemeinden. Landgrenzen besitzt Griechenland mit Albanien, Bulgarien, Nordmazedonien und der Türkei.

DIE »KRÍSIS«

Giórgos Papandréou von der sozialdemokratischen PASOK

Die sogenannte Griechenlandkrise, von den Einheimischen schlicht »i krísis« genannt, hat das Leben vieler Hellenen grundlegend verändert, Politik, Wirtschaft und Finanzmärkte kräftig erschüttert. Alles begann mit vorgezogenen Neuwahlen im Jahr 2009. Der neu gekürte Premier, Giórgos Papandréou von der sozialdemokratischen PASOK, nahm die Staatsverschuldung unter die Lupe und stellte fest, dass die Vorgängerregierungen beider Couleurs das Ausmaß der griechischen Wirtschafts- und Finanzkrise kleingeredet hatten. Die neuen Zahlen, die er auf den Tisch legte, offenbarten, dass das Land kurz vor dem Staatsbankrott stand und seine Banken völlig marode waren. Die EU, die Europäische Zentralbank und der Internationale Währungsfonds sagten schon 2010 ein erstes Hilfsprogramm zu, das bis 2018 mehrfach verlängert wurde. Diese drei von den Griechen abfällig als »Troika« bezeichneten Institutionen forderten als Gegenleistung jedoch zahlreiche Einschnitte im Sozialsystem. Mindestlohn, Renten und die Gehälter der staatlichen Angestellten und Beamten mussten stark gekürzt, viele Staatsbedienstete entlassen werden. Zahlreiche Steuern und Gebühren stiegen drastisch an, die Steuererhebung wurde effizienter organisiert, das Renteneintrittsalter erhöht. Massendemonstrationen und viele Streiks waren die Folge, verzeichneten jedoch keinerlei Erfolg. Viele Banken verlängerten vergebene Kredite nicht, etliche Griechen verloren ihre Häuser und Wohnungen. Die Arbeitslosigkeit stieg auf über 25 Prozent, unter Jugendlichen überschritt sie sogar die 50-Prozent-Marke.

Schon 2011 war Premierminister Papandréou zurückgetreten. Nach Neuwahlen im folgenden Jahr bildeten die konservative Néa Dimokratía unter Antónios Samarás und das Linksbündnis SYRIZA unter Aléxis Tsípras eine Koalitionsregierung. Auch diese scheiterte an der Krisenbewältigung. Das verzweifelte Volk gab daraufhin bei zwei Wahlen im Jahr 2015 dem Linksbündnis SYRIZA seine Stimme. Aléxis Tsípras konnte nun (bis 2018 mit einem kleinen rechtspopulistischen Koalitionspartner) die Regierung übernehmen. Anfangs wurde er dabei von dem unvergesslichen linken Poltergeist Yánis Varoufákis als Finanzminister unterstützt. Tsípras löste sein Wahlversprechen nicht ein – stärker noch als die Vorgängerregierungen unterwarf er sich dem Diktat der »Troika«. Kritiker warfen ihm Verrat vor, andere priesen ihn als lernfähigen Realpolitiker. Nach den Neuwahlen am 7. Juli 2019 wurde er als Ministerpräsident von Kyriákos Mitsotákis (Néa Dimokratía) abgelöst.

Zumindest gab Tsípras' Regierungszeit dem Land so viel politische Stabilität zurück, dass es 2019 wieder eigene Anleihen auf den Finanzmärkten platzieren konnte. Erste soziale Verbesserungen wurden durchgesetzt, so eine Erhöhung der Kleinstrenten und des Mindestlohns. Vor allem stieg die Wirtschaftskraft wieder an, da sich der Tourismus angesichts der ruhigen Lage im Land erholte. Förderlich war sicherlich auch die Vergabe vieler langfristiger Pachtverträge für ehemals staatliche Einrichtungen an ausländische Unternehmen. Die Containerhäfen von Athen und Piräus werden jetzt von einem chinesischen Unternehmen modernisiert, ausgebaut und verwaltet, 14 Flughäfen im Land einschließlich dem von Thessaloníki gingen an die deutsche Fraport. Die italienischen Eisenbahnen kontrollieren nun die ehemals griechische Staatseisenbahn, an der Telekommunikationsgesellschaft COSMOTE hält die deutsche Telekom maßgebliche Anteile. Viele Griechen bedauern das als vom Ausland erzwungenen Ausverkauf von Volkseigentum. Einige erkennen darin aber auch die Chance, die Infrastruktur des immer noch sehr finanzschwachen Landes auf internationales Niveau zu bringen. Leider macht die Verbesserung des Sozialsystems keine entsprechenden Fortschritte. Schulen, Kranken- und Waisenhäuser, soziale Einrichtungen aller Art darben vor sich hin und freuen sich sehr über Spenden der vielen in aller Welt für sie sammelnden Solidargruppen.

Klosterglocke – in Griechenland häufig neben dem Eingang zu finden

DIE SCHÖNSTEN REISEREGIONEN DES GRIECHISCHEN FESTLANDS

Region 1
Athen

ATHEN

THEATER, TEMPEL, LEBENSLUST – EINE STADT, DIE NIEMALS SCHLÄFT

Das gewaltige Häusermeer von 1 Athen ist in eine typisch griechische Landschaft eingebettet. Auf drei Seiten wird es von Gebirgszügen umgeben, die bis zu 1413 Meter Höhe erreichen. Auf der vierten Seite grenzt es ans Meer, an den Saronischen Golf. In ihn sind mehrere Inseln eingestreut, dahinter erhebt sich schon eine weitere Hochgebirgslandschaft: der Peloponnes. Von zwei markanten Aussichtspunkten im Stadtzentrum aus kann man dieses grandiose Panorama besonders gut auf sich wirken lassen. Auch diese vereinen Kontraste in für Griechenland kennzeichnender Art: Der schroffe Gipfel des Lykabettós wird von einem weißen Kirchlein gekrönt, das Plateau des Götterfelsens der Akropolis von drei anti-

Das Erechtheion, Tempel auf der Akropolis

ken Tempeln. Und unterhalb dieser Sakralbauten sprudelt trotz der Krise im Land junges, modernes Leben. Im Großraum Athen lebt mehr als ein Drittel aller Griechen, studieren mehr als 100 000 junge Griechen und Griechinnen, tummeln sich alljährlich über fünf Millionen Touristen.

Athen ist eine äußerst besucherfreundliche Metropole. Fast alle Sehenswürdigkeiten, Einkaufs- und Szeneviertel liegen ganz zentral zwischen Akropolis, Metrostation Thisío, Lykabettós und Omónia-Platz. Alles ist gut zu Fuß zu erreichen und ohne öde Strecken zwischendurch miteinander verbunden. Nur für Fahrten zur Hafenstadt Piräus benötigt man Tram oder Metro. Besonders dicht gestreut sind die historischen Monumente und archäologischen Stätten im Altstadtviertel Pláka, das auch viele kleine Hotels in absolut zentraler Lage bietet. Auf einer Seite wird es von der (nachts effektvoll angestrahlten) Akropolis begrenzt, auf den anderen vom Flohmarkt- und Marktviertel sowie dem Emborikó Trígono, wo vor allem Einheimische shoppen gehen. Nur ein paar Minuten entfernt sind auch die Szeneviertel Psirrí, Thisío und Gázi, in denen abends besonders viel los ist, und das Edelwohnviertel Kolonáki unterhalb des Lykabettós. So ist in Athen für beste Unterhaltung rund um die Uhr gesorgt.

Über den Dächern Athens, im Hintergrund der Lykabettós-Hügel

ATHEN RUND UM DIE AKROPOLIS

Etappe 1: Vom Síntagma- über den Monastiráki-Platz zur Akropolis

Die **Platía Syntagmátos**, der Verfassungsplatz, ist Athens größter und bedeutendster Platz. Er war und ist auch Ziel aller großen Demonstrationen, denn an seinem oberen Rand

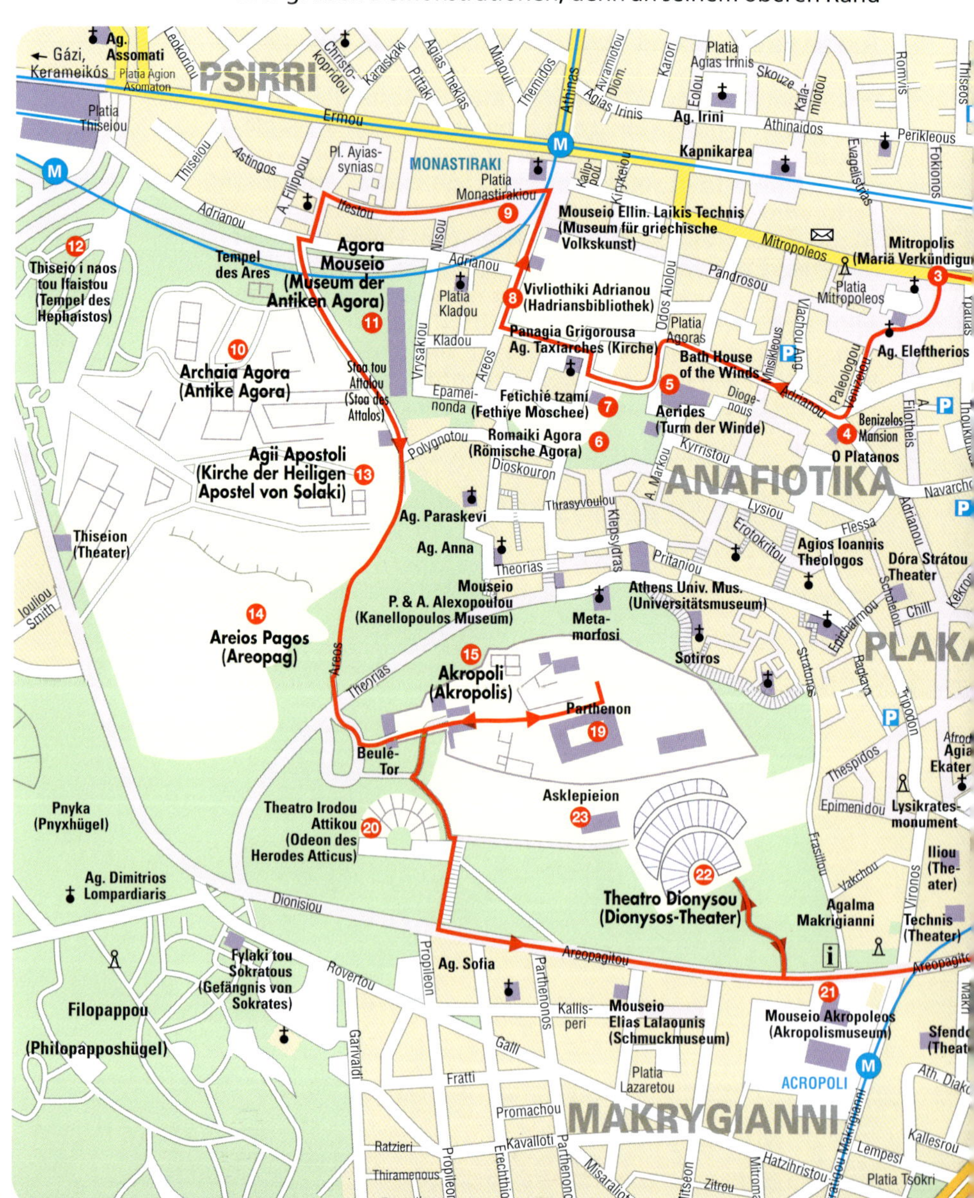

steht das ❶ **Parlamentsgebäude**. Zwischen 1835 und 1838 errichtet diente es bis 1910 als königliche Residenz. 1935 wurde es zum Parlament umgebaut. Vor dem Prachtbau halten die Evzonen in einer Tracht aus dem 19. Jahrhundert die Ehrenwache am **Grabmal des unbekannten Soldaten**. Eine sehr fotogene Wachablösung findet zu jeder vollen Stunde, eine Parade jeweils sonntags um 11 Uhr statt. In der Metrostation unter dem Platz sind zahlreiche antike Objekte ausgestellt,

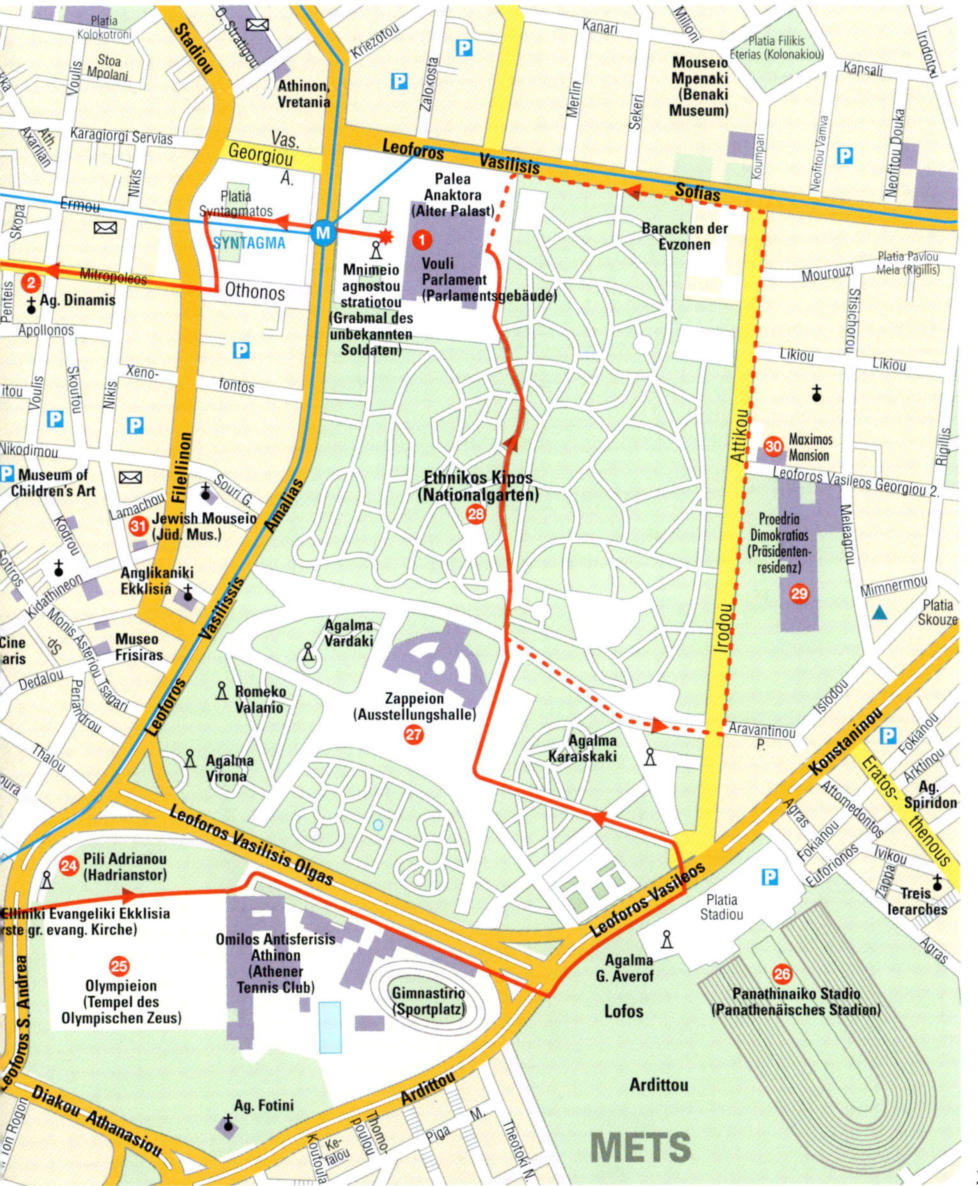

die bei den Ausschachtungsarbeiten für die U-Bahn gefunden wurden.

Die neben einem Postamt mit Philatelieschalter beginnende Odós Mitropóleos führt vorbei an der Kirche ❷ **Agía Dinamís** aus dem 17. Jahrhundert, die sich heute unter den Vorbau eines Luxushotels duckt. Viele Athener zünden hier allmorgendlich auf dem Weg zur Arbeit eine Kerze an. An der Platía Mitropóleos mit dem goldfarbenen Denkmal Kaiser Konstantin XI., der 1453 Konstantinopel den Osmanen überlassen musste, erhebt sich die Bischofskirche der Metropole, die ❸ **Mitrópolis** aus den Jahren 1842–62. Sehr viel schöner und stimmungsvoller ist die **Kleine Mitrópolis** gleich daneben, für deren Bau im 11./12. Jahrhundert zahlreiche antike und frühchristliche Spolien verwendet wurden. So erkennt man über dem Eingang an der Westseite einen byzantinischen Türsturz mit einem Kreuz im Zentrum und entlang der ganzen Westseite ein Relieffries aus dem 4. Jahrhundert v. Chr. mit der Darstellung antiker Feste.

Nun geht es weiter auf der **Odós Adrianoú**, der Haupteinkaufsgasse im Altstadtviertel **Pláka**. Ihr ältestes erhaltenes Haus ist das ❹ **Benizélos Mansion**, das sich eine reiche Kaufmannsfamilie im frühen 18. Jahrhundert erbauen ließ. Von der Südwestecke der angenehm grün gestalteten Platía Agorás führt die Odós Aiólou direkt auf den ❺ **Turm der Winde** zu. Der außen mit einem Relieffries von acht Windgöttern und mehreren Sonnenuhren geschmückte, achteckige Turm beherbergte in der Antike eine Wasseruhr, eine Wetter- und eine Sternwarte. Gleich daneben sind anschauliche Reste einer antiken Gemeinschaftslatrine, die über 60 Nutzern gleichzeitig Platz bot, erhalten. Turm und Latrine sind Teil der ❻ **Römischen Agorá**. Das 112 mal 96 Meter große Forum war von vier Säulenhallen umgeben. Im 17. Jahrhundert entstand am Rande des Geländes zudem die jetzt gut restaurierte ❼ **Fethiye-Moschee**.

Evzonen, die Wohlgegürteten, bei ihrer täglichen Wachablösung vor dem Grabmal des unbekannten Soldaten

Nächstes Ziel ist die 8 **Hadriansbibliothek**. Die Überreste aus der Zeit um 130 n. Chr. lassen noch erahnen, wie tiefenentspannt die antiken Büchereibesucher hier im Innenhof an den Wasserspielen sitzen, in Wandelhallen diskutieren und in Vortragssälen klugen Rednern lauschen konnten. Richtig quirlig geht es heute hingegen am nahen, sehr kleinen 9 **Monastiráki-Platz** zu. Die historische Metrostation ist die schönste der Stadt. Hier stoßen das Altstadtviertel Pláka, das Markt- und das Flohmarktviertel sowie das Szeneviertel Psirrí aneinander. Die Hauptflohmarktgasse Iféstou führt von hier zum Eingang der 10 **Antiken Agorá**. Diese hangaufwärts zu durchqueren ist der stimmungsvollste Weg auf die Akropolis.

In der gesamten Antike war diese Agorá der wirtschaftliche und soziale Mittelpunkt der Stadt. Hier hatte der grandios philosophierende Schuster Sokrates seine Werkstatt, hier lagen auch alle wichtigen Gebäude der Stadtverwaltung. Auf einer Seite des heute parkähnlichen Geländes, vom Weg bergauf linker Hand, haben die Archäologen eine zweigeschossige antike Markthalle rekonstruiert. Die Stoa des Attalos wird heute als 11 **Agorá-Museum** genutzt. Unter anderem sind interessante Objekte aus dem privaten und öffentlichen Leben im Altertum ausgestellt: Reste von Sandalen, ein Kindernachttopf und eine Wahlmaschine. Abseits vom Weg liegt rechter Hand der eindrucksvolle 12 **Hephaistos-Tempel**, Griechenlands besterhaltener Tempel. Der Bau aus dem 5. Jahrhundert v. Chr.

Die Agorá aus der Zeit der Römerherrschaft nördlich der Akropolis

Dem Gott des Feuers und der Schmiede geweiht: der Hephaistos-Tempel der Griechischen Agorá

Athen soweit das Auge reicht

ATHENS DACHGÄRTEN

Bars, Cafés und Restaurants auf den Dächern sind im Zentrum Athens groß in Mode. Fast alle geben der Akropolis die Möglichkeit, sich aus den verschiedensten Blickwinkeln zu zeigen. Mal bilden Pláka und Hadriansbibliothek den Vordergrund, manchmal ist es die Antike Agorá. Immer hat man auch viel Grün im Auge, von manchen Rooftops aus ist sogar die Ägäis zu sehen. Besonders empfehlenswert sind **A for Athens** und **Athens 360°** am Monastiráki-Platz sowie das **Thisío View** zwischen der Metrostation Thisío und dem Odeon des Herodes Atticus. Alle Dachgärten sind schon ab etwa 10 Uhr morgens geöffnet, die Preise sind gehoben, aber nicht horrend.

war dem Schmiedegott geweiht und wurde danach bis 1834 als christliche Kirche genutzt.

Am oberen Rand der Agorá steht die Kirche ⓭ **Ágii Apóstoli** aus dem 11. Jahrhundert. Erhalten ist hier auch ein Teilstück des **Panathenäischen Weges** – über diese gepflasterte Straße zogen in der Antike die Festumzüge auf die Akropolis und neben ihr zieht sich der Weg auch heute noch hinauf. Kurz vor dem Eingang der Akropolis liegt der niedrige Felsen ⓮ **Areopag**, auf dem in der Antike das oberste Gericht Athens unter freiem Himmel tagte. Eine Plakette am Aufgang erinnert daran, dass im Jahr 50 der Apostel Paulus hier predigte und einen der hohen Richter, der als Dionysios Areopagitos in die Religionsbücher einging, zum Christentum bekehrte.

Etappe 2: Die Akropolis

Die Athener ⑮ **Akropolis** gilt als eines der bedeutendsten Bauensembles weltweit. Auf dem Plateau eines 156 Meter hohen, direkt im Stadtzentrum aufragenden Felsklotzes stehen seit dem 5. Jahrhundert v. Chr. drei gut restaurierte Tempel und die Propyläen als monumentale Eingangshalle. Sie alle entstanden kurz nach dem Sieg der Athener über die Perser, die die Vorgängerbauten auf dem Felsen vollständig vernichtet hatten.

Der Blick vom Felsen reicht über das weiße Häusermeer der Metropole bis zu den sie umgebenden Bergen und weit aufs Meer hinaus bis zu den Inseln im Saronischen Golf und den Gebirgen des Peloponnes. Die Schönheit der Bauten und das mediterrane Panorama allein sind schon ein nachhaltiges Erlebnis. Ewige Bedeutung aber erhält der Besuch hier oben, wenn man das Ensemble als Symbol für Demokratie versteht. Hier hat kein Alleinherrscher eine Architektur mit Symmetrien und zentralen Achsen, die in einem bestimmten Bau ihren Höhepunkt finden, geschaffen. Die Akropolis ist Ergebnis eines demokratischen Kompromisses zwischen Traditionalisten und Neuerern, verbindet historisch Gewachsenes mit einem gewandelten ästhetischen Sinn. Und der größte ihrer Tempel, der Parthenon, ist zugleich Ausdruck einer architektonischen Raffinesse, eines technischen Fortschritts und einer handwerklichen Exaktheit, wie sie selten wieder erreicht worden sind.

Das Symboltier Athens: die Eule

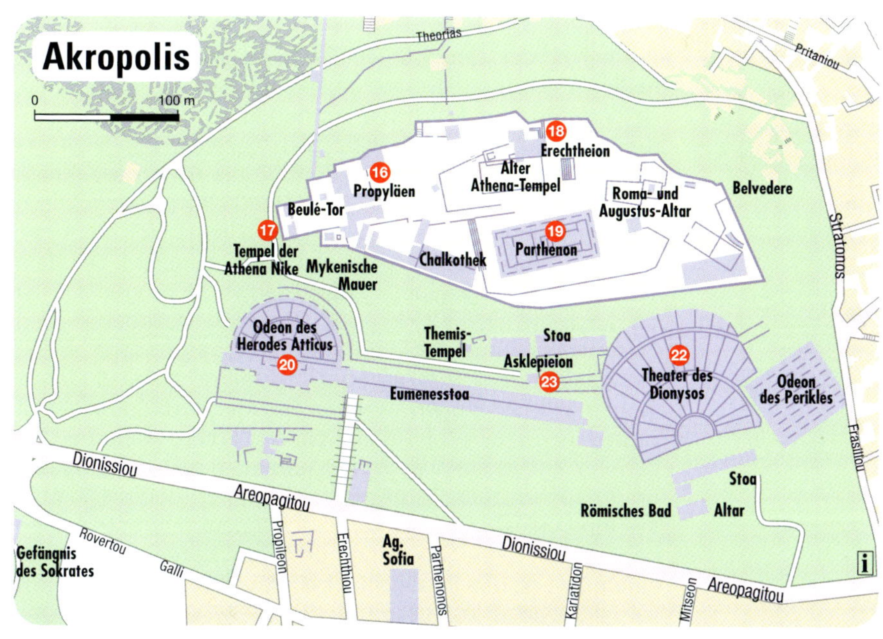

Vom heutigen Eingang auf der Westseite führt eine breite Freitreppe zum Dreiflügelbau der 437–432 v. Chr. errichteten ⑯ **Propyläen**, dem monumentalen fünftürigen Torgebäude zum Heiligtum. Im rechten Seitenflügel war eine Pinakothek untergebracht, doch die einst dort ausgestellten Werke sind nicht erhalten. Rechts neben den Propyläen fällt der zierliche ⑰ **Nike-Tempel** ins Auge, der 421 v. Chr. fertiggestellt wurde. Er nimmt die traditionellen Bauelemente antiker Tempel gänzlich wieder auf und war Kultstätte für die Siegesgöttin, die den Athenern doch erst den Triumph über die Perser ermöglicht hatte.

Vor dem Parthenon

Hat man die Propyläen durchschritten, liegt links voraus das ⑱ **Erechtheion**, einer der ungewöhnlichsten Tempel ganz Griechenlands. Er besteht aus höchst unterschiedlichen Gebäudeteilen, die zudem noch auf verschiedenem Geländeniveau ruhen. Er wirkt, als sei er im Laufe der Zeiten durch Hinzufügungen erstanden, wurde aber genau so geplant. Er sollte die Verbindung zu den Kulten und Kultbauten aus der Zeit vor den Perserkriegen herstellen. Der Tempel war explizit gedacht als »Götterpalast«, in dem verschiedene Gottheiten verehrt wurden. Auch die berühmten Koren, Säulen in Mädchengestalt, erinnern in Gestaltung, Gestus und Kleidung eher an Skulpturen der vorangegangenen archaischen Zeit als an die dynamischen Meisterwerke der griechischen Klassik im 5. Jahrhundert v. Chr.

Perfekter Ausdruck der Ideale jener neuen Zeit ist der größte Tempel auf der Akropolis, der ⑲ **Parthenon**. Er war nicht nur heilige Stätte, sondern vor allem auch Repräsentationsbau, der Athens neue Macht verkünden sollte, und Aufbewahrungsort der Bundeskasse des Attisch-Delischen Bundes, in die viele Inseln und Stadtstaaten zum Wohle Athens einzahlen mussten. Im Tempel stand ein zwölf Meter hohes, vergoldetes Standbild der Göttin Athena. Beim Bau ließen sich die Architekten Iktinos und Kallikratis viel Neues einfallen. Die dem menschlichen Auge eigenen optischen Verzerrungen glichen sie durch mehrere »Tricks« aus. Unterbau, Dachgebälk und Giebel waren um zwölf Zentimeter nach oben gewölbt, sodass die Waagerechten fürs Auge auch waagerecht blieben. Trotzdem sind die Stoßfugen zwischen den Marmorblöcken genau waage- und senkrecht. Jeder Stein war exakte Maßarbeit für den ihm vorbestimmten Platz. Außerdem waren die Säulen um sieben bis zehn Zentimeter nach innen und die Wände des Innenbaus, der Cella, teils nach innen, teils nach außen geneigt. All diese Neigungen und Kurvaturen dienten nur einem Zweck: den Bau nicht schematisch, sondern möglichst lebendig wirken zu lassen.

Durch die antike Agorá hinauf zur Akropolis

Etappe 3: Von der Akropolis über das Akropolismuseum zum Síntagma-Platz

Wendet man sich sogleich nach Verlassen der Akropolis nach links, kommt man auf die breite Fußgängerpromenade, die den Akropolisfelsen von der Metrostation Thisío bis zum Akropolismuseum umzieht. An ihr liegt zunächst der – leider nur zu Aufführungen geöffnete – Eingang zum 20 **Odeon des Herodes Atticus**, heute die Hauptspielstätte des allsommerlichen Athens Festival. Auf den 32 Rängen des im Jahr 161 errichteten Theaters mit einem 28 Meter hohen Bühnengebäude finden 5000 Zuschauer Platz. Die Promenade führt dann als Odós Dionysíou Areopagítou weiter. Athener nutzen sie gern für einen Sonntagsspaziergang, zahlreiche Straßenkünstler und -musiker sind dann vor Ort.

Eines der berühmtesten Exponate im Akropolismuseum: »Der Kalbträger« (6. Jh. v. Chr.)

Schließlich liegt rechts das 2009 eröffnete 21 **Akropolismuseum**, eine Meisterleistung des Schweizer Stararchitekten Bernard Tschumi. Der viergeschossige Bau mit 25 000 Quadratmeter Ausstellungsfläche steht zum Teil auf hohen Stelzen: Beim Ausheben der Baugrube stieß man auf umfangreiche Überreste eines Stadtviertels aus dem 4. und 5. Jahrhundert n. Chr. Durch auf dem Vorplatz und im Museum selbst in den Boden eingelassene Glasplatten kann man in die Ausgrabungen hinunterschauen.

Schräg gegenüber vom Museum liegt der Eingang zum 22 **Diónysos-Theater**, das als Geburtsstätte des europäischen Theaters gilt. Hier wurden die Tragödien von Aischylos, Sophokles und Euripides sowie die Komödien des Aristophanes uraufgeführt, die bis heute weltweit auf Theaterspielplänen zu finden sind. Ein Stück weiter den Abhang zur Akropolis

ERLEBNIS AKROPOLISMUSEUM

Das Museum ist bestens durchdacht. Vom großzügigen Vestibül führt eine breite Rampe – analog zum einstigen Zugang auf die Akropolis – ins erste Obergeschoss hinauf. Zu beiden Seiten dieser Rampe werden Funde gezeigt, die man an den Hängen der Akropolis machte. Das erste Obergeschoss ist dann den drei Tempeln und den Propyläen gewidmet. Modelle machen ihr einstiges Aussehen deutlich, zahlreiche Statuen und Architekturfragmente zeugen von ihrem üppigen Schmuck. Auch einige grell bemalte Bauglieder sind zur Schau gestellt. Ein Höhepunkt sind die Originale der Karyatiden, also jener Mädchenstatuen, die einst die Vorhalle des Erechtheion trugen. Studierte Archäologen stehen bereit, um individuelle Fragen von Besuchern zu beantworten.

Im zweiten Obergeschoss erwarten den Besucher ein guter Museumsshop und eine ausgezeichnete Cafeteria, die zu günstigen Preisen auch ausgefallene (flüssige und feste) Spezialitäten aus ganz Griechenland anbietet. Mit etwas Glück ergattert man einen freien Platz auf der Terrasse mit frontalem Akropolis-Blick.

Im rundum verglasten Dachgeschoss sind die berühmten Friese des Parthenon exakt so angeordnet, wie sie einst den größten Tempel der Akropolis zierten. Viele Friesteile sind original. Kopien ersetzen die als »Elgin Marbles« bekannten Teile, die noch im British Museum in London aufbewahrt werden, die Griechenland jedoch zurückfordert.

hinauf sind die Archäologen noch immer eifrig tätig. Schon länger freigelegt sind die Überreste des 23 **Asklepieion**, einer Art Kurhalle der Antike.

Wer nun genug von der Antike hat, kann von hier ganz schnell ins Altstadtviertel Pláka gelangen, dort shoppen, essen und trinken. Fleißige Urlauber gehen weiter zum 24 **Hadrianstor**, das reiche Römer Kaiser Hadrian zu Ehren im Jahr 125 errichten ließen, um den Übergang vom alten Athen zur von Hadrian geplanten Neustadt zu markieren.

Ein Tor für den Kaiser: das Hadrianstor

Eine große Grünfläche hinter dem Tor nimmt das 25 **Olympieion** ein. Im Gegensatz zur Akropolis ist dieser **Tempel des Olympischen Zeus** kein Bauwerk aus Zeiten der Athener Demokratie, sondern Ausdruck des Größenwahns von Tyrannen und Kaisern. 15 seiner einst 104 über 17 Meter hohen Säulen stehen noch, eine weitere liegt am Boden. Den Grundstein legten die Söhne des Tyrannen Peisistratos 515 v. Chr. Schon fünf Jahre später wurden die Bauarbeiten eingestellt, weil das inzwischen demokratische Athen die Steinblöcke angesichts der persischen Bedrohung lieber zum Ausbau der Stadtmauern verwandte. Erst 174 v. Chr. ordnete ein hellenistischer König den Weiterbau an, den der römische Kaiser Hadrian schließlich vollendete.

Vom Olympieion ist es nicht mehr weit zum 26 **Panathenäischen Stadion**. An dieser Stelle wurde schon im 4. Jahrhundert v. Chr. um sportliche Lorbeeren gerungen. Im 2. Jahrhundert n. Chr. entstand dann ein Stadion, dessen Nachbau wir heute sehen. Dieser wurde für die ersten Olympischen Spiele der Neuzeit ganz aus Marmor errichtet und fasst bis zu 70 000 Zuschauer.

Der Weg zurück zum Síntagma-Platz und in die Pláka führt vorbei am 27 **Zappeíon**, einem klassizistischen Ausstellungsgebäude aus dem späten 19. Jahrhundert. Hinter ihm betritt man den 28 **Nationalgarten**, den die aus Oldenburg bei Bremen stammende griechische Königin Amalia im 19. Jahrhundert als Palastgarten anlegen ließ. Heute ist er eine grüne Oase im Herzen der Stadt. Wer politische Bauten den Bäumen vorzieht, kann stattdessen auf der Odós Iródou Áttikou am östlichen Parkrand entlanggehen: Da stehen der 29 **Amtssitz des griechischen Staatspräsidenten** und der 30 **Amtssitz des griechischen Ministerpräsidenten**, das Maximos Mansion.

Römische Agorá, Zappeíon

ATHEN AM LYKABETTÓS

Der 277 Meter hohe Lykabettós ist der zweite markante Felsen im Zentrum. Von unten betrachtet wirkt er fast wie ein Mönch mit Tonsur und weißer Kapelle auf dem Kopf. Zu seinen Füßen liegen das Edelviertel Kolonáki, die Universität, das Studentenviertel Exárchia, Athens klassizistische Trilogie und viele Museen.

Eine ausgiebige Erkundungstour beginnt in der Nordostecke des Síntagma-Platzes gleich neben dem ❶ **Parlamentsgebäude** und führt am Nationalgarten entlang. An dessen Ende steht auf der anderen Straßenseite das ❷ **Bénaki-Museum**. Es birgt ein wertvolles Sammelsurium von archäologischen Funden aus allen Epochen, griechische Malerei des 19. und 20. Jahrhunderts und eine großartige Sammlung von Werken

Ikone im Bénaki-Museum: Heiliger Georg im Kampf gegen den Drachen (um 1450–99)

der Volkskunst. Nächstes Museum auf derselben Straßenseite ist das ❸ **Museum kykladischer und altgriechischer Kunst**. Der Schwerpunkt liegt auf der kykladischen Kunst des 3. und 2. Jahrtausends v. Chr. mit zahlreichen ganz modern anmutenden Kykladenidolen, stark abstrahierten Menschendarstellungen unterschiedlicher Größe.

Schräg gegenüber schließt sich auf der anderen Seite des Leofóros Vas. Sofías das ❹ **Byzantinische und christliche Museum** an. Gezeigt werden zahlreiche Ikonen aus byzantinischer Zeit, aber auch schöne frühchristliche Werke. Direkt daneben steht das vom griechischen Militär verwaltete ❺ **Kriegsmuseum**, in dem vor allem die historischen Fotos deutscher Gräueltaten während des Zweiten Weltkriegs Beachtung finden sollten.

Nun wechselt man erneut die Straßenseite und steigt über die Odós Ploutárchou zur Talstation der Standseilbahn hinauf, die einen bequem auf den ❻ **Gipfel des Lykabettós** hinaufbringt. Dort oben stehen eine Georgs-Kapelle und ein luxuriöses Restaurant mit fantastischer Aussicht. Unterhalb des Gipfels liegt ein Freilufttheater, in dem u. a. bereits mehrmals die Scorpions aufgetreten sind. Vom Gipfel führt ein angenehmer Weg an bis zu acht Meter hohen Blütenstängeln von Agaven vorbei ins Edelviertel Kolonáki, das man beim Luxushotel St. George Lycabettus erreicht. Durch Straßen mit Wohnhäusern und Geschäften gehobener Kategorie bummelt man nun zum ❼ **Kolonáki-Platz**, an dem sich die Athener High Society gern zum Kaffee oder auf ein Glas Champagner niederlässt. Ein wenig unterhalb widmet sich das private ❽ **Museum der antiken Technologie** den naturwissenschaftlichen Erkenntnissen der alten Griechen und den Maschinen, die sie auf deren Basis erfanden – vom Wecker bis hin zu Automatiktüren und Getränkeautomaten. Der Museumsgründer hat alle funktionstüchtigen Modelle auf der Grundlage antiker Texte und Vasenmalereien selbst rekonstruiert.

Die Gruppe Aphrodite, Pan und Eros (ca. 100 v. Chr.) wurde auf Delos gefunden (Archäologisches Nationalmuseum, Athen)

Vorbei an teuren Juwelier- und Modegeschäften geht es nun durch die Odós Voukourestíou weiter zum Boulevard Leofóros El. Venizélou, der im Volksmund auch Panepistímiou genannt wird. Dort wendet man sich nach rechts und steht sogleich vor dem ❾ **Numismatischen Museum**, das seine umfassende Münzsammlung in einer Stadtvilla zeigt, die sich einst der deutsche Kaufmann und Archäologe Heinrich Schliemann erbauen ließ. Auf derselben Straßenseite folgt kurz darauf die ❿ **Athener Trilogie**. Das so benannte Ensemble besteht aus drei großen klassizistischen Repräsentativbauten: der Akademie der Wissenschaften, dem alten Universitätsgebäude und der ehemaligen Nationalbibliothek. Innenbesichtigungen sind nicht möglich, doch von außen sind die Gebäude sehr fotogen.

Der Boulevard endet am ⓫ **Omónia-Platz**, dem zweiten Hauptplatz Athens. Wer will, erreicht auf der Odós 28is Oktov-

Blick von der Akropolis zur gegenüberliegenden Sternwarte auf dem Nymphenhügel

ríou, auch Patísion genannt, nach etwa 600 Metern das ⓬ **Archäologische Nationalmuseum**, für dessen Besichtigung man allerdings mindestens zwei Stunden ansetzen sollte. In dem schon 1874 eröffneten, inzwischen arg veralteten Bau werden Kunstschätze aus allen Epochen der vorhistorischen und antiken Epoche ganz Griechenlands gezeigt. Die drei ersten Säle sind der kykladischen und der mykenischen Kunst gewidmet, danach geht es chronologisch weiter von der archaischen bis zur hellenistisch-römischen Kunst. Sonderabteilungen widmen sich antiken Vasen, antiken Inschriften und den über 3500 Jahre alten Wandfresken von der Insel Santorini.

Geht man vom Omónia-Platz über die Odós Athinás auf die Akropolis zu, passiert man das ⓭ **Athener Rathaus** und das benachbarte, eher unscheinbare Denkmal für die Drachme (die Landeswährung vor der Einführung des Euro). Danach geht es vorbei am ⓮ **Athener Wochenmarkt**. Rechts wird unter freiem Himmel mit Obst, Gemüse, Oliven und Nüssen gehandelt, links in über 100 Jahre alten Markthallen mit Fleisch und Fisch. Die Tour endet am ⓯ **Monastiráki-Platz**. Nun kann man sich ins nächtliche Treiben des Szeneviertels Psirrí oder ins Altstadtviertel Pláka begeben.

SPAZIERGANG VON DER METROSTATION THISÍO ZUM ODEON DES HERODES ATTICUS

Wer das Odeon nicht im Rahmen des Rundgangs rund um die Akropolis besucht hat und die ungewöhnliche Perspektive von dort auf Altstadt und Akropolis dennoch erleben möchte, kann einen etwa 90-minütigen Spaziergang ab der Metrostation Thisío unternehmen. Zunächst steigt man vorbei an der wenig interessanten Kirche Agía Marína zur 1843 erbauten **Sternwarte** auf dem Nymphenhügel hinauf. Dann geht man über die **Pnyka**, wo in der Antike die Volksversammlungen der Athener Männer im Anblick der Akropolis abgehalten wurden, weiter zur idyllischen Kirche **Ágios Dimítrios Loumbárdis**, die die Athener gern für Hochzeiten und Taufen aufsuchen. Anschließend steigt man wieder hügelan zum **Philopáppos-Denkmal** und geht von dort durch ein Wäldchen hinab zum ⓴ **Odeon des Herodes Atticus**.

Ausflugsziel: Niárchos Cultural Centre
Jüngster Stolz der griechischen Hauptstadt ist das nahe Piräus und schon fast am Meer gelegene ❾ *Niárchos Cultural Centre. Ein reicher Reeder hat Athen 2017 einen großen neuen Park mit langem Wasserlauf, eine neue Nationalbibliothek und ein neues Opernhaus geschenkt. Architekt ist der Italiener Renzo Piano.*

DIE HAFENSTADT PIRÄUS

Athens älteste Metrostrecke führt vom Zentrum Athens direkt zum Haupthafen von Piräus. Hier liegen vor allem kleine und große Inselfähren, riesige Kreuzfahrtschiffe und ein paar kleinere Frachter. Betrieb herrscht rund um die Uhr. Hafenrundfahrten werden nicht angeboten, aber man kann auf den Kais frei herumspazieren.

Am besten geht man von der ❶ **Metrostation** links am Hafen entlang, überquert die ❷ **Platía Karaiskáki** mit Fährbüros und einigen Cafés und wendet sich dann nach etwa 500 Metern links stadteinwärts. An der Odós Char. Trikoúpi passiert man das ❸ **Archäologische Museum**. Zu seinen ganz besonderen Ausstellungsobjekten gehören fünf antike Bronzestatuen und ein Grabdenkmal aus dem 4. Jahrhundert v. Chr., dessen Vorbild eins der sieben Weltwunder der Antike war: das Mausoleum von Halikarnassós, dem heute türkischen Bodrum. Kurz darauf führt die Odós Trikoúpi zum größten Yachthafen von Piräus hinab. In dieser ❹ **Zéa Marína** liegen auch die Luxusyachten an den Kais. Im Süden des ausgedehnten Hafenbeckens erzählt das ❺ **Nationale Schifffahrtsmuseum** die Geschichte der griechischen See-

fahrt – u. a. mit Modellen vergangener Seeschlachten.

Immer am Meeresufer entlang erreicht man die Hafenidylle der Stadt, den 6 **Mikrolímano**. Den kleinen Hafen säumen Cafés, Bars und teure Fischrestaurants, an den Kais dümpeln noch kleine Fischerboote vor sich hin. Von hier spaziert man nun weiter bis zur 7 **Straßenbahnhaltestelle Néo Faliró**.

Auf dem Weg mit der Tram zurück ins Stadtzentrum kann man an der Haltestelle Trocadero aussteigen und ein paar Schritte zum Athener 8 **Museumshafen Trocadéro** gehen. An Land liegt der seetüchtige Nachbau eines antiken Kriegsschiffes, einer Trireme. Außerdem können zwei Kriegsschiffe aus dem 20. Jahrhundert besichtigt werden: das **Schlachtschiff Averof** aus dem Ersten und ein Zerstörer aus dem Zweiten Weltkrieg.

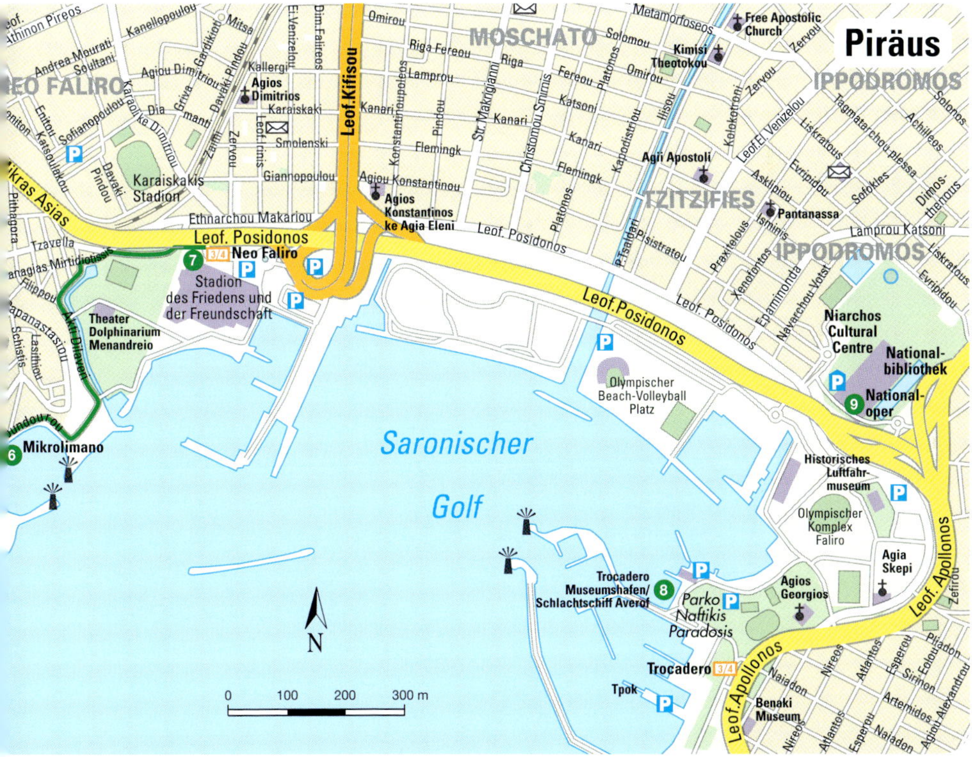

Piräus ist im Passagiertransport der größte Hafen Europas

Kopf einer kolossalen Zeusstatue aus Egira (Archäologisches Nationalmuseum, Athen)

Entworfen vom Schweizer Architekten Bernard Tschumi bietet das Akropolismuseum viel Platz für die zahlreichen Funde von der Akropolis

SERVICE & TIPPS

Tourist Information
Odós Dionisíou Areopagítou 18–20 (gegenüber vom Akropolismuseum)
10552 Athen
✆ 210 33 31 05 29
www.cityofathens.gr
Zudem gibt es ein Büro am Flughafen auf der Ankunftsebene.

Athens Elefthérios Venizélos Airport
Spáta (ca. 25 km östlich vom Zentrum Athens)
✆ 21 03 53 00 00, www.aia.gr
Vom Flughafen kommt man am preiswertesten (Normaltarif € 6, Jugendliche 7–18 J., Studenten und Senioren aus EU-Staaten ab 65 J. € 3, bis 6 J. frei) mit der Buslinie E 95 zum Síntagma-Platz im Stadtzentrum. Geringfügig teurer (€ 10/5) ist die Metro. Sie verbindet den Airport mit dem Síntagma- und dem Monastiráki-Platz. Die Busse verkehren rund um die Uhr, die Metro ca. 6–24 Uhr. Für Taxifahrten in die Innenstadt gelten Pauschalpreise: zwischen 0 und 5 Uhr € 54, sonst € 38. Zahlreiche Mietwagenfirmen haben ihr Büro auf der Ankunftsebene, den Parkplatz der großen Mietwagenfirmen erreicht man von dort aus in 3–5 Minuten.

Metro, Tram, Busse, Trolleybusse
www.oasa.gr
Drei Metrolinien (M1, M2, M3), die noch weiter ausgebaut werden, verbinden u. a. den Flughafen mit dem Zentrum und das Zentrum mit Piräus.

Eine Straßenbahnlinie führt vom Síntagma-Platz ans Meer und verzweigt sich dort in Richtung Néo Faliró/Piräus und Glífada/Voúla.

Busse kreuzen durch die ganze Stadt. Im Internet werden zwar Fahrpläne veröffentlicht, doch der Verkehr macht ihre Einhaltung schwierig.

Tickets sind grundsätzlich für alle öffentlichen Verkehrsmittel gültig. Man kauft sie am besten an Automaten – teilweise auch an Schaltern – in den Metro-

stationen. An einigen Bushaltestellen im Zentrum werden ebenfalls Tickets verkauft. Ein Einzelticket kostet € 1,40/0,60 (Jugendliche 7–18 J., Studenten und Senioren aus EU-Staaten ab 65 J.) und ist 90 Min. gültig. Sehr günstig ist das 5-Tage-Ticket für € 9. Ein 24-Std.-Ticket ist für € 4,50 zu haben.

6 Teleferík Likavéttou
✆ 21 07 21 07 01
www.lycabettushill.com
Tägl. 9–2.30 Uhr ca. alle 30 Min.
Ticket einfache Fahrt € 5, hin und zurück € 7
Die Standseilbahn fährt zum Gipfel des Lykabettós.

21 Akropolismuseum
Odós Dionisíou Areopagítou 15
✆ 21 09 00 09 00
www.theacropolismuseum.gr
April–Okt. Mo 8–16, Di–So 8–20, Fr bis 22 Uhr, Nov.–März Mo–Do 9–17, Fr 9–22, Sa/So 9–20 Uhr
Eintritt € 10/5, im Winter € 5/3
Meisterwerk moderner Architektur voller Funde von der Akropolis.

12 Archäologisches Nationalmuseum
Odós 28is Oktovríou 44, Omónia
✆ 21 08 21 77 24
www.namuseum.gr
Mitte April–Okt. Di 12.30–20, Mi–Mo 8–20, Nov.–Mitte April Di 13–20, Mi–Mo 8.30–16 Uhr
Eintritt € 10, Nov.–März € 5
Griechenlands bedeutendste archäologische Sammlung.

2 Bénaki-Museum
Leof. Vas. Sofías/Odós Koumbári Síntagma
✆ 21 03 67 10 00
www.benaki.gr
Mi, Fr 9–17, Do, Sa 9–24, So 10–15 Uhr
Eintritt € 9/7, jeden Do frei
Hochwertiges Sammelsurium von der Antike bis zur Gegenwartskunst.

Der schöne Garten des Byzantinischen und christlichen Museums

4 Byzantinisches und christliches Museum
Leof. Vas. Sofías 22
Evangelismós
✆ 21 32 13 95 72
www.byzantinemuseum.gr
Tägl. 9–16 Uhr
Eintritt € 4
Sakrale Kunst aus über einem Jahrtausend.

31 Jüdisches Museum
Odós Níkis 39, Pláka
✆ 21 03 22 55 82
www.jewishmuseum.gr
Mo–Fr 9–14.30, So 10–14 Uhr
Eintritt € 6/3
Geschichte des Athener Judentums bis zum Holocaust.

5 Kriegsmuseum
Odós Rizári 2, Evangelismós
✆ 21 03 24 61 64
www.warmuseum.gr
Tägl. 9–19, Nov.–April bis 17 Uhr, Eintritt € 4
Geschichte des neugriechischen Militärs.

8 Museum der antiken Technologie
Píndarou 7, Kolonáki
✆ 21 14 11 00 44
www.kotsanas.com
Tägl. 9–17 Uhr
Eintritt € 5/2,50

Meist aktuelle Angaben zu den Öffnungszeiten findet man auf http://odysseus.culture.gr, einer Website des Kultusministeriums.

Kinder und Jugendliche unter 18 J., Studenten aus EU-Ländern und Journalisten haben mit einem entsprechenden Nachweis **freien Eintritt** *zu staatlichen Museen und archäologischen Stätten.*

Für das Archäologische Nationalmuseum, das Byzantinische und christliche Museum und das Numismatische Museum gibt es ein Kombiticket zum Preis von € 15/8. Es ist an drei aufeinanderfolgenden Tagen gültig.

Region 1
Athen

Überreste der nach Kaiser Hadrian benannten Bibliothek

Die Informationen zu den Museen in Piräus finden sich am Ende von Service & Tipps zu Athen.

Kombiticket für archäologische Stätten
Das Ticket berechtigt zum Besuch zahlreicher archäologischer Stätten in der Innenstadt. Dazu zählen: Akropolis, Agorá, Diónysos-Theater, Hadriansbibliothek, Kerameikós, Römische Agorá, Tempel des Olympischen Zeus. Jede Stätte darf an fünf aufeinanderfolgenden Tagen jeweils einmal aufgesucht werden. Preis: April–Okt. € 30, Nov.–März € 15. Das Ticket ist bei allen beteiligten Stätten erhältlich.

Anhand antiker Texte und Vasenbilder wurden Erfindungen des Altertums rekonstruiert.

16 Museum der Stadt Athen
Odós Venizélou Paparrigopoúlou 5–7, Síntagma
✆ 21 03 23 13 87
www.athenscitymuseum.gr
Mo, Mi–Fr 9–16, Sa/So 10–15 Uhr
Eintritt € 5/3
Entwicklung der Stadt im 19. und frühen 20. Jh.

3 Museum kykladischer und altgriechischer Kunst
Odós Neofítou Doúka 4
Kolonáki
✆ 21 07 22 83 21
www.cycladic.gr
Mo, Mi, Fr/Sa 10–17, Do 10–20, So 11–17 Uhr
Eintritt € 7/3,50
Modern anmutende Meisterwerke aus prähistorischer Zeit.

Nationalmuseum zeitgenössischer Kunst (EMST)
Odós Kallirróis/Odós Amvrosíou, Koukáki
Metro: Syngroú-Fix
✆ 21 11 01 19 00, www.emst.gr
Tägl. außer Mo 11–19, Do bis 22 Uhr
Eintritt € 3/1,50, Preise und Zeiten variieren bei Sonderausstellungen
Riesige Ausstellungsflächen in einer ehemaligen Brauerei, von denen nur ein sehr geringer Teil für die ständige Ausstellung genutzt wird.

KERAMEIKÓS UND GÁZI

Nur einen kurzen Spaziergang von der Metrostation Thisío entfernt erforschen deutsche Archäologen seit 1913 das antike Stadtviertel **Kerameikós** mit Töpferwerkstätten, Stadtmauer, Stadttor und einem bedeutenden Friedhof. Vom Stadttor sind noch Grundmauern erhalten, in dem parkähnlichen Gelände hat man Kopien antiker Grabdenkmäler aufgestellt. Hier lässt sich im Sommer auch gut ein Mittagspäuschen auf grünem Rasen einlegen. Von Kerameikós aus sieht man im Westen das nahe **Gasometer**, das heute mit dem dazugehörigen ehemaligen Gaswerk Teil eines Ausstellungsgeländes und eines Technischen Museums ist. In seinem Umfeld gibt es im Viertel Gázi zahlreiche Restaurants, Theater und vor allem auch Diskotheken.

9 Numismatisches Museum
Odós Venizélou 12, Síntagma
✆ 21 03 63 20 57
www.nummus.gr
Tägl. außer Di 9–16 Uhr
Eintritt € 6/3
Münzen von der Antike bis zur Gegenwart.

15 Akropolis
Eingang auf der Westseite, Pláka
✆ 21 03 21 41 72
Tägl. April–Okt. 8–20, Nov.–März 8–17 Uhr
Eintritt April–Okt. € 20/10, Nov.–März € 10/5
Meisterwerk klassisch-antiker Architektur.

10 Antike Agorá (Ancient Agorá)
Haupteingang Odós Adrianoú Monastiráki
✆ 21 03 21 01 85
Tägl. April–Okt. 8–20, Nov.–März 8–17 Uhr, Museum ganzjährig Mo erst ab 11 Uhr
Eintritt € 8/4
Marktplatz und Verwaltungszentrum der antiken Stadt.

4 Benizélos Mansion
Odós Adrianoú 96, Pláka
✆ 21 03 24 88 61
www.archontiko-mpenizelon.gr
Di und Do 10–13, So 11–16 Uhr
Eintritt frei
Ein christliches Wohnhaus aus dem 18. Jh.

22 Diónysos-Theater
Odós Dionisíou Areopagítou, am Südhang der Akropolis
✆ 21 03 22 46 25
Tägl. April–Okt. 8–20, Nov.–März 8–17 Uhr
Eintritt € 6
Die Geburtsstätte des europäischen Theaters.

8 Hadriansbibliothek
Odós Aréos, Monastiráki
✆ 21 03 24 52 20
Tägl. 8–17 Uhr, Eintritt € 4/2
Überreste einer Bibliothek aus dem 2. Jh.

Weibliches Idol (2800–2300 v. Chr.) von der Insel Keros im Museum kykladischer und altgriechischer Kunst

Originalgetreu rekonstruiert: die Stoa des Attalos aus dem 2. Jahrhundert v. Chr. auf dem Areal der Antiken Agorá

Region 1
Athen

Aufführungsstätte bis in die Gegenwart: das Diónysos-Theater aus der griechischen Antike am Südhang der Akropolis ▷

Kerameikós
Odós Ermoú 148, Kerameikos
✆ 21 03 46 35 53
Tägl. April–Okt. 8–20, Nov.–März 8–15 Uhr, Eintritt € 8/4
Ein antiker Friedhof und ein bedeutendes Stadttor.

3 Mitrópolis
Mitropoleos, Pláka
✆ 21 03 22 13 08
Mo–Fr 6.30–19, Sa/So 7.30–19 Uhr, So Messe 6.30 Uhr
Die orthodoxe Kathedrale ist zwar bombastisch, aber jung und kunsthistorisch belanglos.

26 Panathenäisches Stadion
Leof. Vas. Konstantínou, Pangrati
✆ 21 07 52 29 84
www.panathenaicstadium.gr
Tägl. März–Okt. 8–19, Nov.–Feb. 8–17 Uhr, Eintritt € 5/2,50
Ganz aus Marmor für die Olympischen Spiele 1896 erbaut.

6 Römische Agorá (Roman Agorá)
Odós Pelopída, Pláka
✆ 21 03 24 52 20
Tägl. 8–17 Uhr, Eintritt € 6/3
Das antike Forum aus römischer Zeit.

Das Schlachtschiff Averof ist heute ein Museum

8 Schlachtschiff Averof
Leofóros Posidónos, Marina Trocadero, Paléo Faliró
Tram: Trocadero (ab Síntagma-Platz Richtung Piräus)
✆ 21 09 88 82 11
www.averof.mil.gr
Di–Fr 9–14, Sa/So/Fei 10–17 Uhr
Eintritt € 3/1,50
Koloss aus dem Ersten Weltkrieg.

25 Tempel des Olympischen Zeus/Olympieion
Odós Vas. Sofías, südl. vom Síntagma und östl. der Akropolis
✆ 21 09 22 63 30
Tägl. April–Okt. 8–19, Nov.–März 8–17 Uhr, Eintritt € 6/3
Monument antiken Größenwahns.

Psará
Odós Erechtéou 16, Pláka
✆ 21 03 21 87 33
Das beste Fischrestaurant in der Altstadt hat schöne Außenplätze zwischen kleinen historischen Häusern. €€€

Melína
Odós Lisíou 22, Pláka
✆ 21 03 24 65 01
Tägl. ab 9 Uhr
Das Café, in dem auch Salate, Pasta und Snacks sowie exzellente Weine serviert werden, versteht sich als Huldigung an die Schauspielerin, Sängerin und Kultusministerin Melina Mercouri. Drinnen erinnern zahlreiche Fotos und Filmplakate an die Frau, die auch die Institution der »Europäischen Kulturhauptstadt« initiierte. €€

Tzitzíkas ke Mermígas
Odós Mitroóleos 12–14
Síntagma
✆ 21 03 24 76 07
Tägl. außer So 13–1 Uhr
Das zentral gelegene Restaurant, dessen Name »Ameise und Heuschrecke« sich auf eine Fabel des Äsop bezieht, bietet in modernem Ambiente kreative griechische Küche zu angemessenen Preisen und ist stets gut mit Athenern gefüllt. €€

In der Plaka am Fuße der Akropolis ist das Angebot an Restaurants groß

Venéti 1948
Platía Oónias/Odós Dórou 1
✆ 21 05 23 07 40
www.fournosveneti.gr
Tägl. 6–23 Uhr
Drinnen sitzt man unter einer Stuckdecke aus den 1920er Jahren, draußen auf dem lebhaften Platz. Aus der Backstube dringt der Duft von über 50 Brot- und Brötchensorten, in den Tresen liegt Süßes aller Art. Auch preisgünstige, täglich wechselnde Tagesgerichte werden serviert. €

Das Niárchos Kulturzentrum umfasst neben der Nationaloper auch die griechische Nationalbibliothek

A for Athens
Odós Miaoúli 2–4, Monastiráki
✆ 21 03 24 42 44
http://aforathens.com
Eine der ältesten und renommiertesten der inzwischen zahlreichen Athener Dachgarten-Bars. Exzellente Cocktails, schöner Blick über die Altstadt auf die Akropolis.

Baba au Rum
Odós Klitíou 6, Emborikó Trígono
✆ 21 17 10 91 49
www.babaaurum.com
So–Fr 19–3, Sa 13–4 Uhr, Aug. geschl.
In einer der weltbesten Cocktailbars, die dabei recht unscheinbar ist, werden Klassiker und Signature-Kreationen in zwei Größen serviert; auch griechischer Sekt ist erhältlich.

Brettos
Odós Kidatahinéon 41, Pláka
✆ 21 03 23 21 10
www.brettosplaka.com
Tägl. 10–2 Uhr
Regale voller bunter Liköre, Fässer mit Ouzo und Brandy an

der Wand, viele griechische Flaschenweine – auch glasweise – erfreuen ein internationales Publikum, mit dem man hier leicht ins Gespräch kommt.

Half Note Jazz Club
Odós Trivonianoú 17, Mets
✆ 21 09 21 33 10
www.halfnote.gr
Mo–Sa ab 22.30, So ab 21 Uhr
Jeden Abend Livekonzerte, aktuelles Programm auf der Website.

Athens Festival
www.greekfestival.gr
Festivalbüro:
Odós El. Veneizélou 39, zwischen Síntagma und Omónia
Metro: Panepistímio
Mo–Fr 9–17, Sa 9–15 Uhr
Tickets auch online und an der Abendkasse
Zahlreiche Veranstaltungen zwischen Juni und September, darunter viele Konzerte, Opern-, Theater- und Ballettaufführungen im antiken Odeon des Herodes Atticus.

Opern und Theater mit englischsprachiger Untertitelung.

Dóra Strátou Theater
Odós Arakínthou & Mirtsiéfski Philopáppos
✆ 21 03 24 43 95
www.grdance.org
Ende Mai–Sept. Mi–Fr 21.30, Sa/So 20.30 Uhr
Griechenlands berühmtestes Volkstanzensemble präsentiert unter freiem Himmel Volkstänze aus allen Regionen des Landes in authentischen Trachten.

Konzerthalle Mégaro Moussikís (Athens Concert Hall)
Leof. Vas. Sofías, Kolonáki
✆ 21 07 28 23 33
www.megaron.gr
Ticketkauf online möglich
Die Konzerthalle mit exzellenter Akustik lädt Orchester, Interpreten, Opern- und Ballettensembles aus aller Welt zu Gastspielen ein. Zwischen Oktober und Juni nahezu täglich wechselndes Programm.

9 Nationaloper
Niárchos Cultural Centre, Leof. Singroú 364, Kalithéa
✆ 21 30 88 57 00
www.nationalopera.gr
Vorverkauf tägl. 9–21 Uhr und online
Griechenlands einziges festes Opernensemble bespielt eines der jüngsten Opernhäuser Europas, das 1400 Zuschauern Platz bietet.

Nationaltheater
Odós Agío Konstantínou 22–24 Omónia
✆ 21 05 28 81 70, www.n-t.gr
Vorverkauf Mi–So 9.30–21 Uhr oder online
Auf fünf Bühnen wird viel experimentiert, aber auch internationale Klassiker kommen zu ihrem Recht. In jeder Spielzeit stehen antike Tragödien und Komödien auf dem Programm. Alle Vorstellungen auf der Hauptbühne werden Fr–So englisch untertitelt.

Traditionelle Figuren für das Schattenspiel

Segelyachten und Fischerboote im Hafen Zéa Marína

Cine Paris
Odós Kidathinéon 22, Pláka
✆ 21 03 22 20 71
www.cineparis.gr, Mai–Okt.
Das touristisch am günstigsten gelegene Sommerkino ist auf dem Dach eines hohen Hauses angesiedelt, bietet eine Bar und Sitze auf mehreren Ebenen sowie teilweise Akropolis-Blick.

Thiseíon
Leof. Apóstolou Pávlou 7, Thisío
✆ 21 03 47 09 80
Mai–Okt.
Das eher schlichte Sommerkino lockt durch seine Nähe zu Akropolis und Antiker Agorá. Ein Besuch lässt sich gut mit einem Abend im Szeneviertel Thisío oder auch mit einem nächtlichen Rundgang um die angestrahlte Akropolis verbinden.

Attica
Odós El. Venizélou 9, Síntagma
www.atticadps.gr
Mo–Fr 10–21, Sa 10–19 Uhr
Athens Edelkaufhaus, fast schon vergleichbar mit dem berühmten Harrods in London.

Deutsche Buchhandlung
Odós Omiroú 4/Odós Stadíou 10 (in der Passage), zwischen Síntagma und Omónia
✆ 21 03 22 52 94, www.dbo.gr
Interessant vor allem, wenn man vor einem Theaterbesuch noch den Text eines antiken Dramas sucht.

14 Markthallen (Kentrikí Agorá)
Odós Athínas, Monastiráki/Omónia
Mo–Do 4–15, Fr/Sa 4–18 Uhr
Hier findet man alles, was essbar ist.

26 Panathenäisches Stadion
Leoforos Vasileos Konstantinou (gegenüber dem Zappeion-Park)
Tägl. 7.30–9 Uhr
Jeden Morgen trifft sich die Fitness-Crowd am Eingang zum historischen Stadion. Ein Gesundheitsformular (englisch) ist vorher online auszufüllen.

Pólis Hamam
Odós Avlíton 6–8, Psirrí
✆ 21 03 21 20 20
www.polis-hammam.gr
Mo–Fr 12–23, Sa/So 11–23 Uhr
Das moderne Türkische Bad bietet in schicker, aber durchaus noch orientalischer Atmosphäre Schwitzbäder und traditionelle Massagen an.

In Piräus:

3 Archäologisches Museum
✆ 21 04 52 15 98
Odós Chariláos Trikoúpi 31
Piräus
Tägl. außer Di März–Okt. 8–15.30, Nov.–Feb. 8–15 Uhr
Eintritt € 4
Bronzestatuen vom Meeresgrund und ein verkleinertes Weltwunder.

5 Nationales Schifffahrtsmuseum
Zéa Marína, Piräus
✆ 21 04 51 62 64
Tägl. außer Mo 9–14 Uhr
Eintritt € 4
Modelle von Schiffen aus 2500 Jahren.

Lust auf frisch gefangenen Tintenfisch? In Piräus kein Problem!

Seit mehr als 1850 Jahren wird das Panathenäische Stadion genutzt

ATTIKA UND SARONISCHE INSELN

ANTIKE STÄTTEN UND FOTOGENE INSELN IM UMFELD ATHENS

Schon in der Antike gehörte ein großes Gebiet rund um die Stadt zu Athen. Attika ist sein Name. Im Altertum waren seine Felder, Wälder und Rebgärten Lebensgrundlage der Athener, wurde in seinen Silberbergwerken der Grundstock für Athens Reichtum gelegt. Heute ist Attika die am dichtesten besiedelte Region ganz Griechenlands und eins seiner wenigen Industriezentren. Zudem nimmt der Athener Großflughafen viel Raum ein. Vor allem rund um Eleusis, das 2023 Kulturhauptstadt Europas werden wird, konzentrieren sich Raffinerien und Werften. Zahlreiche mittelständische Unternehmen haben sich entlang der Autobahn Richtung Thessaloníki angesiedelt. Zugleich ist Attika aber immer noch eine namhafte Weinbauregion. Neben kleinen Weingütern mit Qualitätsweinen wird vor allem der geharzte Weißwein Retsína produziert.

Die Nähe zur Millionen-Metropole hat dafür gesorgt, dass an den Küsten der attischen Halbinsel bis hin zum für seine Sonnenuntergänge berühmten Kap Soúnio viele Ferienhäuser und -wohnungen, Hotels, Restaurants und

Römische Skulptur am Hauptzugang zur archäologischen Stätte von Eleusis

sommerliche Musikclubs entstanden sind. Stille und idyllische Ferienorte darf man hier nirgends mehr erwarten, dafür volle Strände und nächtliches Highlife. Ein paar Urlaubstage verbringen Ausländer meist deshalb in Attika, um die hiesigen einst zum antiken Athen gehörenden Heiligtümer wie den Poseidon-Tempel am Kap Soúnio zu besuchen – oder auch Marathon, Schauplatz der namhaften Schlacht und Ursprungsort des Marathonlaufs.

Zu Attika gehören jedoch auch sechs ständig bewohnte Inseln im Saronischen Golf, auf denen – mit Ausnahme von Sálamis – ganz dicht vor den Toren der Hauptstadt echtes Inselflair zu erleben ist. Die Pistazieninsel Ägina ist am schnellsten zu erreichen und bietet die meisten historischen Sehenswürdigkeiten. Das fast autofreie Hydra betört mit seinem winzigen Hafen, prächtigen Kapitänshäusern aus dem 18./19. Jahrhundert und felsiger Kargheit. Spétses schließlich setzt früher Frauenpower ein Denkmal. Jede Insel ist anders, besuchenswert sind sie alle.

Kinder und Jugendliche unter 18 J., Studenten aus EU-Ländern und Journalisten haben mit einem entsprechenden Nachweis **freien Eintritt** *zu staatlichen Museen und archäologischen Stätten. Senioren ab 65 J. und Studenten aus Nicht-EU-Ländern erhalten eine* **Ermäßigung**, *zumeist sind es 50 Prozent.*

❶ ÄGINA (ÉGINA, AÍGINA)

Am Fähranleger der Inselhauptstadt wird der Besucher von Pferdekutschen und Pistazienverkäufern empfangen. Die Insel (84 km^2, 13 100 Einw.) ist der größte Pistazienproduzent Europas. Über 40 000 dieser Nussbäume erbringen jährlich zwischen Mitte August und Mitte September eine Ernte, die etwa drei Prozent der gesamten Weltproduktion ausmacht. Die **Pistazienhaine** reichen bis unmittelbar an die Stadt heran. Diese lädt mit vielen klassizistischen Häusern zu einem entspannten Bummel ein. Nicht weit vom Fähranleger haben deutsche Archäologen am **Kap Kolónna** die Wehr- und Grundmauern eines Dorfs freigelegt, das zwischen 3000 und 1000 v. Chr. mehrfach zerstört und wieder aufgebaut wurde. Über seinen Ruinen entstand um 520 v. Chr. ein Apollon-Heiligtum, von dessen Tempel noch eine Säule aufrecht steht.

Der Linienbus, der nahe dem Fähranleger startet, fährt die Gäste bequem und preiswert quer über die Insel bis zum gut erhaltenen **Aféa-Tempel** (altgriechisch: Aphaia) über dem Badeort Agía Marína. Die 1811 entdeckten Giebelskulpturen des Tempels stehen seit Langem in der Münchner Glyptothek. Säulen und Gebälk aber sind noch vor Ort und werden durch ausführliche Tafeln auch auf Deutsch gut erklärt. Auf dem Weg von der Stadt zum Tempel liegt linker Hand das erst im 20. Jahrhundert gegründete **Kloster Ágios Nektários** mit dem größten Kirchenbau Griechenlands. Ihm gegenüber zeugen über einen Hang verstreut zum Teil noch freskengeschmückte Kapellen von der mittelalterlichen Inselhauptstadt **Paleochóra**.

Aféa-Tempel: Schon in mykenischer Zeit wurden hier der Fruchtbarkeitsgottheit Aphaia Opfergaben dargebracht

SERVICE & TIPPS

Fährverbindungen
www.aeginagreece.com

Linienbusfahrplan
www.aeginaportal.gr/ktel

Aféa-Tempel
Oberhalb von Agía Marína
✆ 22 97 03 23 98
Tempel tägl. 10.30–17.30 Uhr, Grabungsmuseum Mai–Sept. tägl. außer Di 9–16, Okt.–April Sa/So 10.30–16 Uhr
Eintritt Tempel mit Museum € 6
Gut erhaltener Tempel aus klassischer Zeit.

Ausgrabungen am Kap Kolónna
Stadt Ägina
✆ 22 97 02 22 48
Tägl. außer Mo 10–17.30, Nov.–April nur bis 17 Uhr, Eintritt € 4
Eine Säule und Reste von Gebäuden aus zwei Jahrtausenden.

Agorá
Uferpromenade, in der Fischmarkthalle, Stadt Ägina
✆ 22 97 02 73 08
Tägl. ab 8 Uhr
Marktfrisch kommt der Fisch hier auf den Tisch, denn die Taverne liegt im Fischmarkt und der Wirt kauft je nach Bedarf durch Zuruf beim benachbarten Fischhändler ein. Gern kann der Gast sich seinen Fisch auch selbst am Marktstand aussuchen. €€

In der Kirche des Ágios Nektários

2 BRAURON (VRAVRÓNAS)

Nahe dem ganz auf den Inlandstourismus eingestellten Küstenweiler liegen die Ruinen eines **Artemis-Heiligtums**. Die Göttin, die die Römer später Diana nannten, war für die alten Griechen nicht nur die Göttin der Jagd, sondern auch die Beschützerin der Schwangeren, Gebärenden und Kinder. Diese vor allem pilgerten vom 5. Jahrhundert v. Chr. bis zum Ende der heidnischen Antike hierher. Vom Tempel der Göttin stehen noch 13 Säulen aufrecht. An der Südostecke der Tempelterrasse öffnet sich ein schmaler Felsspalt mit den Fundamenten eines viel kleineren Tempels, der über dem legendären Grab der Artemis-Priesterin Iphigenie errichtet wurde. Ein bedeutendes technisches Baudenkmal der Antike ist in der Nordwestecke des Heiligtums zu entdecken: eine **Straßenbrücke** aus dem 5. Jahrhundert v. Chr. Im **Archäologischen Museum** auf dem Grabungsgelände sind zahlreiche von den Pilgerinnen dargebrachte Weihegaben für die Göttin ausgestellt, darunter schöne Kinderstatuetten, die in den Händen Geschenke wie Kaninchen, Vögel oder Obst tragen.

Heiligtum der Artemis, Göttin der Jagd, bei Brauron ▷

SERVICE & TIPPS

Ausgrabungen und Museum
Brauron (Vravrónas)
✆ 22 99 02 70 20
Tägl. außer Di 8.30–16, Nov.–Feb. nur bis 15.30 Uhr
Eintritt € 6
Antikes Artemis-Heiligtum und eine Brücke aus dem 5. Jh. v. Chr.

❸ DAFNÍ (MONÍ DAFNÍOU)

Eine ganze Reihe schöner und aussagestarker mittelalterlicher Mosaike birgt die Kirche des ehemaligen Kloster Dafní an der Schnellstraße zwischen Athen und Eleusis. Bei einem Erdbeben 1999 wurden sie schwer beschädigt, seitdem werden sie nun sehr sorgfältig restauriert. Um die Arbeit der Restauratoren nicht zu beeinträchtigen, sind die Öffnungszeiten stark eingeschränkt. Passen diese zum Reiseplan, ist ein Besuch jedoch ein intensives Erlebnis.

Das Kloster in Dafní gehört zu den drei wichtigsten byzantinischen Sakralbauten des 11. Jahrhunderts in Griechenland

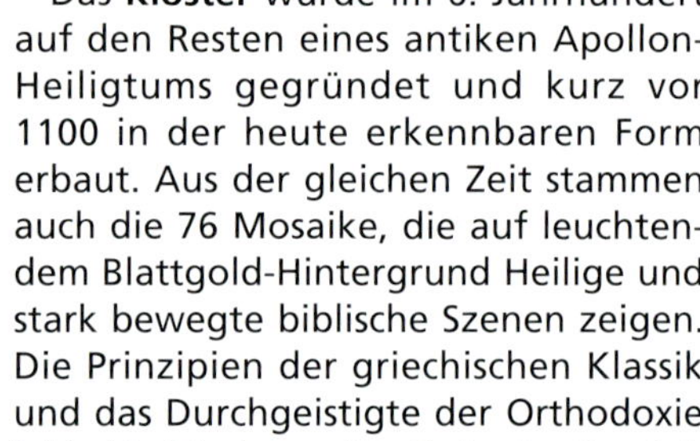

Das **Kloster** wurde im 6. Jahrhundert auf den Resten eines antiken Apollon-Heiligtums gegründet und kurz vor 1100 in der heute erkennbaren Form erbaut. Aus der gleichen Zeit stammen auch die 76 Mosaike, die auf leuchtendem Blattgold-Hintergrund Heilige und stark bewegte biblische Szenen zeigen. Die Prinzipien der griechischen Klassik und das Durchgeistigte der Orthodoxie gehen hier eine perfekte Verbindung ein, die in der Darstellung der Höllenfahrt Christi wohl am eindrucksvollsten zur Geltung kommt: Christus steigt nach seiner Auferstehung sogleich in die Unterwelt hinab, bricht gewaltsam deren Tore auf, steht mit seinen Füßen auf Hades, dem Herrn des Totenreichs. Stellvertretend für die gesamte Menschheit reicht Christus Adam und Eva seine Hände und zieht sie aus ihren Gräbern zum Ewigen Leben.

Die Wehrmauern, die das Kloster umgeben, stammen aus dem 13. Jahrhundert, als der Konvent während der Jahre der Kreuzritterherrschaft von Zisterziensermönchen übernommen worden war.

SERVICE & TIPPS

Linienbus ab Athen
Buslinie A 16 ab Platía Eleftherías/Platía Koundourióti bis zur Haltestelle Psychiiatríou

Kloster Dafni
Ierá Odós/Leofóros Athínon Chaidári
✆ 21 05 81 15 58, April–Okt. Di, Do/Fr 9–14 Uhr, Eintritt frei
Prächtige mittelbyzantinische Mosaike auf Goldgrund.

❹ EGÓSTHENA (AIGÓSTHENA)

Abseits aller gängigen Touristenrouten locken Egósthena und der dazugehörige Ort **Porto Germéno** vor allem Griechen an, die hier viele Ferienhäuser besitzen. Gebadet wird an einem langen Kiesstrand im Korinthischen Golf. Sehr eindrucksvoll sind die größtenteils in Originalhöhe erhaltenen Mauern der antiken **Festung Egósthena** aus dem 4. Jahrhundert v. Chr. Sogar 16 ihrer hohen, viereckigen Türme recken sich noch in den Himmel. Jenen in der Südostecke haben die Archäologen vollständig restauriert, er kann auch innen besichtigt werden. Nahe dem Nordtor haben Archäologen die Grundmauern einer fünfschiffigen frühchristlichen Basilika freigelegt.

Burgreste von Egósthena

SERVICE & TIPPS

Festung Egósthena
Egósthena
Festung und Basilika jederzeit frei zugänglich
Südostturm nur Mi und So 10–14 Uhr, Eintritt frei
Ein Turm der antiken Festung kann von innen besichtigt werden.

Mákis
An der Uferstraße, Porto Germéno
✆ 22 63 04 13 92
Tägl. ab 10 Uhr
Da fast nur Griechen als Gäste kommen, wird serviert, was jenen schmeckt. Fisch und Meeresfrüchte stehen im Vordergrund, doch auch die Fleischgerichte schmecken. €€

Feriendomizil vieler Griechen: Porto Germéno

❺ ELEUSIS (ELEFSÍNA)

Eleusis, auf Neugriechisch Elefsína genannt, galt bisher als eine der hässlichsten Industrie- und Hafenstädte ganz Griechenlands. Nur der Blick auf die zahllosen zwischen Eleusis und der Insel Sálamis liegenden Tanker und Frachter war bisher reizvoll. Trotzdem hat man es zur **Europäischen Kulturhauptstadt 2023** gewählt. Inwiefern sich das Stadtbild dadurch verändern wird, bleibt abzuwarten. Auf jeden Fall hofft man, das von hoher Arbeitslosigkeit und Leerstand geplagte Städtchen voranbringen zu können.

Blick von der Ausgrabungsstätte über die Stadt Eleusis

Bisher war Eleusis jedenfalls nur Liebhabern antiker Stätten ein lohnenswertes Ziel. Hier lag für die Athener des Altertums in einem niedrigen Fels einer der Eingänge zur Unterwelt und damit auch zum Totenreich; hier vor allem verehrten sie Demeter als Göttin des Getreides und der Fruchtbarkeit. Alljährlich feierte man einen **Mysterienkult**, an dem nur Eingeweihte teilnehmen durften und über den zu sprechen oder gar zu schreiben bei Todesstrafe verboten war. Im Mittelpunkt des Kults stand wohl Persephone: Die Hälfte des Jahres musste sie bei ihrem Gemahl Hades, dem Gott der Unterwelt, verbringen, bis sie für ein halbes Jahr zu ihrer Mutter Demeter ans Licht durfte. Hielt sich Persephone im Hades auf, war die Erde unfruchtbar, also im Herbst und Winter. Kehrte sie auf die Erde zurück, begann das Frühjahr. Wahrscheinlich wurden der Einzug in die und der Auszug aus der Unterwelt während des Festes in einer Art Mysterienspiel nachvollzogen. Das zentrale Gebäude dafür war das Telesterion, das die Archäologen freilegen konnten. Im **Grabungsmuseum** sind einige ihrer Fundobjekte ausgestellt, die schönsten wurden jedoch ins Athener Nationalmuseum gebracht.

Amphore aus Eleusis (660 v. Chr.)

SERVICE & TIPPS

i www.2023elevsis.eu
Aktuelle Informationen rund um die Europäische Kulturhauptstadt 2023 (auf Englisch).

Linienbusse ab Athen
Die Stadtbusse der Linie A 16 fahren von der Platía Eleftherías/Platía Koundourióti in Athen bis ins Zentrum von Eleusis.

Ausgrabungen und Grabungsmuseum
Im Stadtzentrum, Eleusis
✆ 21 05 54 60 19
Mai–Okt. tägl. außer Di 8.30–16 Uhr, Eintritt € 6
Mysterienstätte am Eingang zum Hades.

6 2 HYDRA (ÝDRA)

Hydra (ausgesprochen: Ídra, 55 km², 2000 Einw.) ist eine eigentlich menschenfeindliche, weitgehend karge und wasserarme Insel. Trotzdem wurde sie reich und ist heute ein sommerlicher Tummelplatz des internationalen Jetsets. Im 18. Jahrhundert machten seine Bewohner aus der Not eine Tugend. Weil das Land sie nicht ernährte, fuhren sie zur See. Einige von ihnen erwarben als Kapitäne und Reeder, Händler und Piraten Reichtümer, mit denen sie sich große, oft festungsartige Häuser an den Hängen über dem winzigen Hafenbecken erbauten. Diese prägen noch heute das Bild des Ortes, durch dessen enge, stufenreiche Gassen kein Auto passt. Esel und Maultiere befördern hier, von zahllosen Katzen begleitet, Lasten und müde Besucher. Viele historische Gebäude sind heute Hotels, andere wurden von reichen Griechen und Ausländern in stilvolle Villen verwandelt.

Im Hof der Kirche **Kímisis tis Theotókou** am Hafen erinnern mehrere Denkmäler an hydriotische Helden des griechischen Freiheitskampfes von 1821 bis 1829. Sie stellten all ihre 124 Schiffe in den Dienst der Nation und büßten viele davon in Kampfhandlungen ein. Das sichert Hydra bis heute einen Ehrenplatz in griechischen Schulbüchern.

Wer auf Hydra ein wenig wandern möchte, kann vom Hafen aus in etwa 90 Minuten zu den bewohnten Klöstern **Profítis Ilías** und **Efpraxía** mit grandiosem Weitblick hinaufsteigen. Ein kürzerer Spaziergang führt in westlicher Richtung am Ufer entlang ins 20 Minuten entfernte Kamíni, einen noch etwas beschaulichen, kleinen Weiler am Wasser.

Maultiere im Hafen von Hydra

SERVICE & TIPPS

Fährverbindungen
www.hydradirect.com

Ómilos
An der Westseite des Hafens Hydra
✆ 22 98 05 38 00
Tägl. 10–13 und 16–23 Uhr
Eines der schicksten und am schönsten gelegenen Restaurants der Insel. Nach 23.30 Uhr verwandelt es sich in einen familientauglichen Nachtclub.
€€€

7 LÁVRIO

Lávrio ist die einzige griechische Stadt, von der aus (seit 2019) eine Autofährverbindung in die Türkei (nach Cesme bei Izmir) besteht. Die Hafenstadt war noch bis weit ins 20. Jahrhundert hinein vor allem ein Bergbauzentrum. Schon in der Antike wurde in zahlreichen Gruben in der Umgebung Silber gefördert. Heute lohnt das Städtchen bestenfalls wegen seiner klassizistischen Bauten und seiner teilweise restaurierten historischen Industriearchitektur einen Kurzbesuch.

Im nahen, stets frei zugänglichen Grabungsgelände von **Thórikos** (an der Straße von Lávrio nach Mikrolímano) liegt eines der ältesten griechischen Theater. Es stammt bereits aus dem späten 6. Jahrhundert v. Chr. Damals experimentierte man noch mit der Idealform. So legte man das Theater nicht als Halbrund an, sondern gab ihm – dem natürlichen Gelände angepasst – eine fast elliptische Form. Unmittelbar neben dem Theater liegt der Eingang zu einem rekonstruierten Bergwerksstollen, in dem in der Antike Sklaven, darunter auch viele Kinder, Silbererz zum Wohle Athens schürfen mussten. In der Waschanlage davor wurde das Edelmetall vom Stein getrennt.

SERVICE & TIPPS

☒ **Karafáki**
Psaragorá (Fischmarkt)
Lávrio
✆ 22 92 06 92 91
Tägl. ab 10 Uhr
Traditionelle Taverne im Ortszentrum, große Auswahl nicht nur an Fisch. €€

Wahrscheinlich das älteste griechische Theater

❽ LOUTRÁKI

Thermalheilbäder bei Loutráki

Die Stadt am Korinthischen Golf ist eines der größten und modernsten Thermalheilbäder Griechenlands und Standort eines viel besuchten Spielcasinos. Der Badeort bietet Besuchern den Vorteil, dass viele bedeutende historische Sehenswürdigkeiten mit dem Auto in höchstens einer Stunde zu erreichen sind.

Zu den Sehenswürdigkeiten in unmittelbarer Umgebung zählt neben dem **Kanal von Korinth**, durch den von Loutráki aus Ausflugsfahrten mit dem Boot angeboten werden, vor allem das **Hera-Heiligtum** auf dem **Kap Iréo**. Vom 1897 erbauten Leuchtturm auf dem Kap führt ein Weg hinunter in die ständig frei zugänglichen Ausgrabungen, die direkt am Meer der Stadt Korinth gegenüberliegen. Schon im 6. Jahrhundert v. Chr. stand hier ein steinerner Tempel für die Gemahlin des Zeus. Zu sehen sind zwar nur noch einige Grundmauern, doch die einsame Lage in schönster Natur ist großartig. Baden kann man an einem winzigen Kiesstrand.

Strand in der Nähe der Ausgrabungsstätte Heraion

SERVICE & TIPPS

www.loutrakispa.gr
Umfassende offizielle Informationen zu Kuren in Loutráki.

Alpha II
Ab dem Hafen am kanalfernen Ende der Uferpromenade Loutráki
✆ 69 44 88 22 16 oder 27 44 02 19 37, www.canalcruises.gr
Fahrten durch den Kanal werden mehrmals wöchentlich angeboten, meist um 13.45, 17.45 oder 20 Uhr, Hin- und Rückfahrt kosten ca. € 25.

Casino Loutraki
Aktí Possidónos 48, Loutráki
✆ 27 44 06 03 00
www.casinoloutraki.com
Außer am Karfreitag tägl. 24 Std. geöffnet
80 Spieltische, 1000 Spielautomaten.

9 MARATHON (MARATHÓNAS)

Das beschauliche Landstädtchen gab einer der großen Schlachten der Weltgeschichte – 490 v. Chr. zwischen Athenern und Persern – ebenso seinen Namen wie dem Marathonlauf, den man allerdings in der Antike noch nicht als Sportdisziplin kannte. Man führte ihn für die ersten Olympischen Spiele der Neuzeit ein, die 1896 in Athen ausgetragen wurden. Heute findet alljährlich ein Lauf zwischen Marathon und Athen statt – mit jeweils rund 50000 Teilnehmern aus aller Welt. Der erste Marathonläufer der Geschichte brachte der Legende nach 490 v. Chr. die Nachricht vom Sieg der Athener über die Perser zur Akropolis und brach danach tot zusammen. Der erste Marathonsieger 1896 hatte unterwegs sogar noch Zeit für einen Kaffee in seinem Lieblings-Kafenío am Wegesrand.

Zwei **Grabhügel** zeugen bis heute von der historischen Schlacht, die etwa 10000 Griechen aus Athen und Platäa gegen eine gigantische Übermacht gewannen. Damit verhinderten sie ein Vordringen der Asiaten nach Europa, das sicherlich die gerade erblühende griechische Kultur vernichtet hätte. Der Grabhügel der Athener erinnert an die 192 Opfer aus dieser Stadt, der für die Platäer beim kleinen Archäologischen Museum ist ein Mahnmal für die gefallenen Verbündeten.

SERVICE & TIPPS

Grabhügel und Museum
Marathon
✆ 22 94 05 54 62
Tägl. außer Di 8.30–16, Nov.–März nur bis 15.30 Uhr
Eintritt € 6
Schauplatz der Schlacht von Marathon.

Grabhügel von Marathon: Zeugnis der Schlacht zwischen Athen und Persien

⑩ PÓROS

Póros (33 km², 4000 Einw.) ist wegen seiner Lage ganz dicht vor der Küste des Peloponnes reizvoll. Das Schiff schlängelt sich in langsamer Fahrt durch die flussartige, an der engsten Stelle nur 250 Meter breite Meerenge und legt direkt vor den schmucken Häusern, die sich an einem 80 Meter hohen Hügel mit markantem Uhrturm emporstaffeln, an der Uferpromenade von Póros an. Einzige antike Sehenswürdigkeit sind die stets frei zugänglichen spärlichen Überreste eines Poseidon-Heiligtums im Inselinnern.

Blick auf Póros und die Meerenge zum Peloponnes

SERVICE & TIPPS

Fährfahrpläne
www.poros.com.gr

Sti Róta
Platía Iróon, Póros
✆ 22 98 02 56 27, tägl. ab 9 Uhr
Griechische Küche mit Pfiff wird hier fast direkt am Fähranleger serviert. €

⑪ RAMNOÚS

Das weitläufige Ausgrabungsgelände der antiken Stadt Ramnoús nahe dem Meer wird nur selten besucht; hier kann man noch ungestört innerhalb der Überreste antiker Stadtmauern herumschlendern. Durch einen Gräberbezirk aus dem 4./3. Jahrhundert v. Chr. mit erkennbaren Plattformen, auf denen einst Grabstelen standen, kommt man zu den Fundamenten und Säulenstümpfen eines Tempels für die Rachegöttin Nemesis und für Themis, Göttin der Gerechtigkeit, mit besonders schönem polygonalen Mauerwerk aus dem 6. Jahrhundert v. Chr. Noch näher am Meer folgen dann die Ruinen weltlicher Bauten wie Agorá, Theater und Gymnasion.

SERVICE & TIPPS

Ausgrabungen
Ramnoús
✆ 22 94 06 34 77
Tägl. außer Di 8.30–16, Nov.–Feb. nur bis 15.30 Uhr
Eintritt € 4
Weitläufige antike Stadt, die sich in Ruhe erkunden lässt.

Region 2
Attika und Saronische Inseln

Direkt am Meer ▷ gelegen: der Poseidon-Tempel von Soúnio

⑫ SÁLAMIS (SALAMÍNA)

Die Insel (96 km^2, 39 300 Einw.) mit dem historisch so klangvollen Namen kommt einem Wohnvorort für die Industriestadt Eleusis und für Athen und Piräus gleich. Stark zersiedelt ist sie ohne jeden touristischen Reiz. Für Geschichtsbewusste ist es jedoch womöglich ein Erlebnis, von Piräus oder Pérama aus hinüberzufahren: Man befindet sich dann genau in der Meerenge, in der 479 v. Chr. die berühmte Seeschlacht zwischen Griechen und Persern geschlagen wurde.

SERVICE & TIPPS

Fährverbindungen
www.salamina.gr

⑬ SOÚNIO

Das 60 Meter hohe Kap ist der südöstlichste Punkt des attischen Festlands. Hier fuhren und fahren alle Schiffe vorbei, die von Piräus aus zu den griechischen Inseln, ins Schwarze Meer und in die Levante unterwegs waren und sind. Hier erblickte ihre Besatzung bei der Rückkehr erstmals wieder attische Erde. Darum errichteten die alten Griechen genau hier dem Meeresgott Poseidon 44 v. Chr. einen Tempel. An Bord oder auch vor dem Tempel selbst brachte man ihm Opfer dar – als Bitte um eine glückliche Reise oder als Dank für die gesunde Heimkehr. Zudem war hier ab 431 v. Chr. eine Garnison stationiert, die das Eindringen feindlicher Schiffe in den Saronischen Golf unterbinden sollte.

Mamorstatue eines Kouros (600 v. Chr.), ausgegraben am Kap Soúnio

Der Weg vom Kassenhaus zum **Tempel** durchbricht die noch gut erkennbare Festungsmauer. Die markante Bastion mit abgerundeten Ecken linker Hand stammt allerdings aus – späterer – hellenistischer Zeit. Der Weg macht einen Knick, rechts voraus ist jetzt die meterhohe Terrassenmauer zu sehen, die den eigentlichen Tempelbezirk begrenzt. Rechts markieren zwei mit Marmor eingefasste, verwitterte Säulenstümpfe und der Ansatz einer marmornen Rampe das antike Propylon, durch das man im Altertum den heiligen Bezirk betrat. Daran schließen sich die Grundmauern eines Bankettsaals und einer Säulenhalle an. Schließlich steht man vor dem Poseidon-Tempel. 16 seiner Säulen stehen noch aufrecht, tragen sogar noch einen Architrav. Dieses Meisterwerk wurde wahrscheinlich vom selben Baumeister errichtet wie der Hephaistos-Tempel der antiken Agorá Athens. Die dorischen Säulen wirken außerordentlich schlicht und elegant. Viel los ist hier besonders zu Sonnenuntergang, der als einer der schönsten in der Ägäis gilt.

SERVICE & TIPPS

Linienbusse ab Athen
www.ktelattikis.gr, Fahrpreis hin und zurück ca. € 14
Linienbusse fahren auf zwei verschiedenen Routen von Athen zum Kap. Die eine führt an der attischen Riviera entlang, die andere am Flughafen vorbei und über Markópoulo durchs attische Binnenland. Beide Linien starten und enden am Athener Busbahnhof Pedíon Areós. Die Küstenlinie hat zentrale Zustiegshaltestellen an der Platía Klafthmónos, in der Odós Filellinon und an der Metrostation Singrou-Fix.

Poseidon-Tempel
Am Kap Soúnio
✆ 22 92 03 93 63
April–Okt. ab 9, Nov.–März ab 9.30 Uhr, jeweils bis Sonnenuntergang, Eintritt € 8
Gut erhaltener Tempel direkt überm Meer.

⓮ SPÉTSES

Die grünste der zu Attika gehörenden Inseln (27 km², 4000 Einw.) liegt schon nicht mehr im Saronischen, sondern in der Einfahrt zum Argolischen Golf, der bis nach Nauplia (Náfplio) auf dem Peloponnes reicht. In der sich weitläufig am Ufer entlangziehenden Inselhauptstadt sind viele klassizistische Villen erhalten. Man kann sie auch auf etwa 20-minütigen Rundfahrten mit Pferdedroschken erkunden.

Die Küste ist von langen, schmalen Kiesstränden gesäumt, an die der duftende Kiefernwald der Insel meist unmittelbar heranreicht. Inselrundfahrten unternimmt man am besten per Vespa oder Fahrrad.

Im Ortszentrum steht – bestens ausgeschildert – das **Bouboulínas House**. Es erinnert an die Reederstochter Laskarína Bouboulína, die im Freiheitskampf gegen die Türken nicht nur ihr Vermögen und ihre Schiffe opferte, sondern auch selbst aktiv mitkämpfte.

Haus der griechischen Freiheitskämpferin Laskarína Bouboulína

SERVICE & TIPPS

Fährverbindungen
www.gtp.gr

Bouboulínas House
In Hafennähe, Spétses
✆ 22 98 07 20 77
Tägl. 11.15–13.30, Sa schon ab 10.30 Uhr
Eintritt € 3
Erinnerung an eine Freiheitskämpferin aus den 1820er Jahren.

Tarsanás
Am alten Hafen, Spétses
✆ 22 98 07 44 90
Mo–Do ab 18, Fr–So ab 12 Uhr
Eine schön gelegene Taverne, die den Schwerpunkt auf Fisch und Krustentiere legt. €€€

⑮ VOULIAGMÉNI

Von allen Stränden am Saronischen Golf in der Nähe Athens ist das **Strandbad Plaz Vouliagménis** am schönsten. Hier gibt es Umkleidekabinen, Liegen und Sonnenschirme sowie Strandbewachung. Etwa einen Kilometer weiter entlang der Straße zum Kap Soúnio liegt der natürliche **See von Vouliagméni**. Einst füllte er eine große Höhle 50 Meter über dem Meeresspiegel aus – bis deren Decke einstürzte. Sein brackiges, sehr mineralhaltiges Thermalwasser entspringt im Fels aus zwei 22 bis 29 Grad warmen Quellen und ist ganzjährig mindestens 20 Grad warm. Hier kann man zu jeder Jahreszeit etwa 100 Meter lange Bahnen unter einer Felswand ziehen oder im markierten flacheren Teil mit Muße die Heilkraft des Thermalwassers nutzen. Ein Café-Restaurant am Seeufer, in dem an Sommerabenden oft Konzerte stattfinden, und eine gepflegte Liegewiese machen den Ausflug noch attraktiver.

Vouliagméni am Saronischen Golf

SERVICE & TIPPS

Anfahrt mit Metro und Bus ab Athen
Metro bis Ellinikó, dann Bus 122

Límni Vouliagménis (See)
Vouliagméni
✆ 21 08 96 22 37
www.limnivouliagmenis.gr
Tägl. 10–18 Uhr, im Hochsommer länger
Hier können die Besucher im angenehm warmen Seewasser schwimmen und entspannen. Mit Café-Restaurant.

GRIECHENLANDS INSELN

Das Festland macht über 80 Prozent der Gesamtfläche Griechenlands aus, knapp 20 Prozent entfallen auf ungefähr 3000 Inseln und Schären. Etwa 100 Inseln ganz unterschiedlicher Größe sind ganzjährig besiedelt. Zusammen zählen sie etwa 1,4 Millionen Bewohner. Viele Inseln gleichen Hochgebirgen im Meer. Über 2000 Meter hohe Gipfel tragen Kreta und Euböa, über 1000 Meter hoch ragen die Berge auf Ikaría, Chíos, Kárpathos, Kefalloniá, Léfkas, Náxos, Rhodos, Samothráki, Sámos und Thássos auf.

Die Inseln im Saronischen Golf gehören zu den kleineren Eilanden. Größte griechische Insel ist Kreta, gefolgt von Euböa, Lesbos und Rhodos. Nur zwei Inseln sind über Brücken mit dem Festland verbunden: Euböa und Léfkas. Beide kann man gut in Festlandsrundfahrten einbeziehen. 17 der Inseln erreicht man per Flugzeug, alle per Fähre. Wirtschaftlich sind die Inseln noch viel stärker als das griechische Festland vom Tourismus abhängig – und im Sommerhalbjahr auch von ihm geprägt.

Region 3
Peloponnes

PELOPONNES

GESCHICHTE ÜBERALL ZWISCHEN HOCHGEBIRGEN UND STRÄNDEN

Der Kanal von Korinth macht den Peloponnes seit 1893 zur größten griechischen Insel – zweieinhalb Mal größer als Kreta. Über eine äußerst fotogene, moderne Brücke bei Patras und mehrere Kanalbrücken ist die »Insel des Pelops« mit dem Festland verbunden. Geschichtlich bildet der Peloponnes neben Attika, seinem steten Konkurrenten in Sachen Historie, die Kernlandschaft der griechischen Kultur. Mykene, Sparta und Olympia sind die geschichtlich bedeutsamsten Namen. Seit der Antike ist der Peloponnes in sieben Regionen unterteilt: Korinthía, Árgolis, Arkadien, Lakonien, Messenien, Élis und Achaía. In dieser oder genau umgekehrter Reihenfolge wird man sie bei einer Rundreise ab Athen oder Patras durchqueren.

Zahlreiche mittelalterliche Burgen, archäologische Ausgrabungsstätten, byzantinische Kirchen und Klöster sind dicht an dicht in eine Landschaft eingestreut, in der Meer und Hochgebirge eine faszinierende Symbiose gelingt. In den Städten ist das Leben jung und modern. Die Hafenstadt Patras ist mit 164 000 Bewohnern die größte

Für Wanderbegeisterte ein Muss: ein Stopp im idyllisch gelegenen Bergdorf Dimitsána

von ihnen, die anderen Provinzhauptstädte haben weit unter 100 000 Einwohner. Zahlreich sind die oft recht urigen Bergdörfer, in denen das Leben noch seinen althergebrachten Gang geht. Auf den Landstraßen stoppen Schafs- und Ziegenherden häufig den Straßenverkehr. Und in fast allen Kafenía – den urgriechischen Kaffeehäusern – auf dem Lande haben die Griechen noch immer Zeit für ein Gespräch mit den Fremden.

Die markantesten Merkmale des Peloponnes sind seine vier weit in die Ägäis hineinragenden Finger und seine vielen Hochgebirge. In drei von ihnen gibt es sogar gut organisierte Wintersportzentren. In der wärmeren Jahreshälfte sind für die meisten Urlauber freilich die vielen Strände attraktiver. Besonders reich damit gesegnet ist die gesamte Westküste des Peloponnes. Großhotels stehen da nur ganz punktuell, Massentourismus auf All-inclusive-Basis ist auf dem Peloponnes – Zeus sei Dank – noch ein Fremdwort.

Kinder und Jugendliche unter 18 J., Studenten aus EU-Ländern und Journalisten haben mit einem entsprechenden Nachweis **freien Eintritt** *zu staatlichen Museen und archäologischen Stätten. Senioren ab 65 J. und Studenten aus Nicht-EU-Ländern erhalten eine* **Ermäßigung**, *zumeist sind es 50 Prozent.*

❶ BASSAE (VÁSSAI)

Der antike Tempel des Apollon-Epikoúrios thront seit fast 2400 Jahren völlig einsam in 1130 Metern Höhe weitab von jedem Dorf in grandioser Berglandschaft und wirkt heute wie von Verpackungskünstler Christo verhüllt. Er gehört zum UNESCO-Weltkulturerbe. Sein Architekt war Iktínos, der auch den Parthenon auf der Athener Akropolis maßgeblich prägte. Die inneren und äußeren Säulen stehen fast vollständig aufrecht, sind heute aber von außen gar nicht mehr zu sehen. Man hat den gesamten Tempel in ein weißes Zelt gehüllt. Das darf zwar von Besuchern betreten werden, erfordert bei der Betrachtung allerdings kunstvolle Verrenkungen. Das heute nächstgelegene Dorf ist das 15 Kilometer entfernte Andrítsena, wo es kleine Hotels und einige Tavernen gibt.

SERVICE & TIPPS

Apollon-Tempel
An der Straße von Andrítsena nach Figalía
✆ 26 26 02 22 75
Tägl. Mai–Sept. 8 Uhr bis kurz vor Sonnenuntergang, Okt.–April 8–15 Uhr
Eintritt € 6, Nov.–März € 3
Bestens erhaltener Tempel, wie von Christo verpackt.

❷ EPIDAURUS (EPÍDAVROS)

Die weitläufigen Ausgrabungen des bedeutendsten griechischen Äskulap-Heiligtums und Kurorts auf dem Festland erstrecken sich nahezu eben in einer parkähnlichen, sanft geschwungenen Landschaft, in der die Zikaden im Pinienwald fast pausenlos konzertieren. Selbst während der Aufführungen antiker Dramen, die im Juli und August am Wochenende im großen antiken Theater stattfinden, lassen sie ihre Hintergrundmusik erklingen.

In Epidaurus wurden Apoll und sein Sohn Asklípios (Äskulap) als Gott der Heilkunst verehrt. Ab dem 4. Jahrhundert v. Chr. kamen immer mehr Kranke, um hier mit Hilfe der vom Gott inspirierten Ärzte Heilung zu finden. Es gab Gasthäuser und **Thermen**, Sportanlagen und ein großes **Theater** mit Platz für 14 000 Zuschauer. Eine ganz besondere Rolle spielte die **Thólos**, ein kleiner Rundtempel über einer Schlangengrube. Um ihn herum standen die **Heilschlafhallen**. Darin legten sich die Pilger nach Gebeten und vielleicht auch der Einnahme von Rauschmitteln nieder, damit ihnen im Traum der Gott erscheine. Diese Träume wurden anschließend von den Priesterärzten in Diagnose und Therapie umgesetzt. Im kleinen **Grabungsmuseum** sind antike chirurgische Instrumente und eine Teilrekonstruktion des Rundtempels zu sehen.

Säulen des Abaton von Epidaurus

Sonnenuntergang im Hafen von Kalamáta

SERVICE & TIPPS

Ausgrabungen und Museum
Epidaurus
✆ 27 53 02 32 34
Tägl. ab 8, Mai–Aug. bis 20, März/April, Sept. bis 19, Okt. bis 18, Nov.–Feb. bis 17 Uhr
Eintritt März–Okt. € 12, Nov.–Feb. € 6
Der größte Kurort der Antike mit großem Theater.

Festspiele
Epidaurus
www.greekfestival.gr
Juli–Mitte Aug. Fr/Sa
Programm und Ticketreservierung online, Kartenverkauf während der Festspielzeit auch in Epidaurus
Theaterbusse zu den Aufführungen ab Nauplia (Náfplio) und Toló
Aufführungen antiker Dramen im antiken Theater.

Giebelfigur einer Nereide vom Asklípios-Tempel in Epidaurus (um 380 v. Chr.)

3 KALAMÁTA

Die zweitgrößte Stadt des Peloponnes (49 000 Einw.) ist eine moderne Stadt am Meer mit langem Strand und einem nur kleinen Altstadtviertel. Hauptsehenswürdigkeiten sind die **Kirche Ágii Apóstoli** aus dem 11. Jahrhundert und das modern und schön gestaltete **Archäologische Museum**, das in der ehemaligen Markthalle vor allem Funde aus Messene zeigt.

30 Kilometer nördlich von Kalamáta befindet sich in den Bergen beim Dorf Mavromáti die **Ausgrabungsstätte des antiken Messene** – ab 371 v. Chr. Hauptstadt des von der spartanischen Knechtschaft befreiten Messenien –, das Archäologen seit 1987 erforschen und teilweise sogar restaurieren.

Die neun Kilometer lange und bis zu drei Meter dicke, jederzeit frei zugängliche **Stadtmauer** ist samt ihrer Türme noch weitgehend gut erhalten, ihr **Arkadisches Tor** ist das besterhaltene antike Stadttor Griechenlands überhaupt. Zur Stadt gehörten mehrere Tempel, eine Agorá und zwei Theater. Besonders eindrucksvoll ist das teilrekonstruierte **Stadion** mit 18 steinernen Sitzreihen und bis zu 110 Meter langen Säulenhallen. Im heutigen Dorf **Mavromáti** zeigt das kleine Grabungsmuseum einige Funde.

Kolonnade in der Ausgrabungsstätte des antiken Messene

SERVICE & TIPPS

Archäologisches Museum
Odós Agíou Ioánnou 3
Kalamáta
✆ 27 21 02 62 09
Mo 12–20, Di–So 8–20 Uhr
Eintritt € 4
Das Grabungsmuseum ist zwar nicht groß, präsentiert die Funde aus Messenien jedoch auf moderne Weise.

Ausflugsziel:

Ausgrabungen des antiken Messene und Museum
Mavromáti
✆ 27 24 05 12 01
www.ancientmessene.gr
Tägl. April–Okt. 8–20, Nov.–März 9–16 Uhr, Eintritt € 12/6
Weitläufige, noch laufende Ausgrabungen; bestens erhaltene Stadtmauern und -tore.

4 KALÁVRITA

Die so friedlich scheinende Kleinstadt (2100 Einw.) am Rande einer weiten Ebene auf 750 Metern Höhe war im Dezember 1943 Schauplatz eines deutschen Massakers an der Zivilbevölkerung. Ein großes weißes Kreuz am Hang eines Hügels markiert den als **Gedenkstätte** gestalteten ehemaligen Erschießungsplatz, ein kleines **Holocaust-Museum** in der alten Schule im Ortszentrum dokumentiert das Verbrechen.

Das nach dem Krieg neu erstandene Kalávrita ist heute eine beliebte Sommerfrische und zugleich ein Wintersportzentrum, denn nur eine halbe Fahrstunde entfernt liegt auf 1650–2100 Metern Höhe eins der modernsten Skizentren Griechenlands.

Die schönste Art, sich Kalávrita zu nähern, ist die gut einstündige Fahrt mit der **Zahnradbahn** ab Diakoptó. Der Schienenstrang, dem auch der europäische Fernwanderweg E4 folgt, durchquert auf teils geländerlosen Brücken die wilde Vouraíkos-Schlucht, führt an Wasserfällen vorbei und durch Wälder mit Erdbeerbäumen und Platanen. Weit oberhalb dieser Bahnstrecke und dicht oberhalb der Straße schmiegen sich die acht Stockwerke des Mönchsklosters **Méga Spíleo** an eine hohe Felswand; die Klosterkirche ist in eine Grotte hineingebaut.

Ein Kreuz erinnert an die Ermordung Hunderter Zivilisten 1943 in Kalávrita

Sieben Kilometer südwestlich von Kalávrita befindet sich das Kloster **Agía Lávra**, das als Nationalheiligtum gilt. Hier gab Bischof Germanós von Patras am 25. März 1821 das Signal zum Beginn des griechischen Freiheitskampfes gegen die Osmanen. Eine großartige Natursehenswürdigkeit ist die mit »cave of the Lake« ausgeschilderte Tropfsteinhöhle **Spíleo ton Límnon** 17 Kilometer südlich von Kalávrita an der Straße Richtung Trípoli. Sie wird von einem (im Hochsommer manchmal ausgetrockneten) Bach durchflossen, der kleine Sinterterrassen und Seen bildet. Auf einer Länge von 500 Metern ist sie im Rahmen von Führungen zugänglich.

SERVICE & TIPPS

www.ekalavrita.gr
Gibt im Winter auch Auskunft über die aktuellen Schneehöhen.

Zahnradbahn
Fahrplanauskünfte und Reservierungen online unter www.trainose.gr und auf allen griechischen Bahnhöfen
Mo–Fr 3-mal tägl., Sa/So 5-mal tägl.
Tolle Strecke zwischen Diakoptó und Kalávrita.

Holocaust-Museum
Odós Singroú 1–5
Kalávrita
✆ 26 92 92 36 46
Tägl. außer Mo 9–16 Uhr
Eintritt € 3, striktes Fotografierverbot
Gedenkstätte für die Gräueltat der großdeutschen Wehrmacht.

Stáni
Odós 25is Martíou 3
Kalávrita
✆ 26 92 90 23 00
Tägl. ab 9 Uhr
Trotz ihrer Größe ausgezeichnete Taverne mit vielen für die Region typischen Gerichten. €

Ausflugsziele:

Kloster Agía Lávra
7 km südwestlich von Kalávrita
✆ 26 10 62 30 05
Tägl. 10–13 und 16–17 Uhr
Eintritt Museum € 2
Der Ursprungsort des griechischen Freiheitskampfes gegen die Osmanen.

Kloster Méga Spíleo
An der Straße Diakoptó–Kalávrita
Sonnenauf- bis -untergang, Mittagsruhe 13–14 Uhr
Eintritt frei
Altes Kloster, das an einer Felswand klebt.

Spíleo ton Límnon
An der Straße Kalávrita–Trípoli beim Dorf Kastriá
✆ 26 92 03 10 01
Tägl. 9.30–16.30 Uhr, im Sommer länger, Eintritt € 9
Tropfsteinhöhle mit Sinterterrassen.

Das Kloster Méga Spíleo schmiegt sich in 940 Metern Höhe an die Felswand

❺ KORINTH

Schon seit der Antike profitiert die Hafenstadt (30 000 Einw.) von ihrer Lage an der Landenge, die den Peloponnes mit dem Festland verbindet. Im Altertum besaß die Stadt je einen Hafen am Golf von Korinth und am Saronischen Golf. Schiffe wurden hier auf ihrem Weg zwischen Ionischem Meer und Ägäis über Land transportiert und warfen ordentlich Zölle ab, die Korinth im 7./6. Jahrhundert v. Chr. zu einer der wohlhabendsten Städte Griechenlands machten. Seit 1893 schafft der 6,3 Kilometer lange **Kanal von Korinth** eine direkte Verbindung. Seine Ufer ragen bis zu 76 Meter fast senkrecht in die Höhe, fünf Brücken überspannen ihn. Einen Blick von oben in den Kanal erlaubt einzig die alte Straßenbrücke, die man über die Autobahnausfahrt **Loutráki** erreicht.

Die moderne Stadt Korinth wurde in den letzten 170 Jahren mehrfach von schweren Erdbeben und Bränden heimgesucht, sodass sie kaum alte Gebäude besitzt. Dafür sind die Relikte aus dem Altertum im drei Kilometer entfernten Dorf **Alt-Korinth (Archéa Kórinthos)** umso sehenswerter. Dort haben Archäologen mitten im heutigen Dorf die antike Agorá mit ihren Tempeln freigelegt und innerhalb der archäologischen Stätte ein kleines Museum errichtet. Noch außerhalb der Umzäunung sind vor dem Eingang deutliche Spuren des antiken Theaters erhalten. Im Grabungsareal stehen die gedrungenen, kleinen Säulen eines römischen Octavia-Tempels und die eines sehr viel größeren archaischen Apollon-Tempels mit dorischen Säulen. An der Agorá sieht man die Grundmauern von Läden und Marktschenken und eine *bema* genannte Rednertribüne, von der aus, so sagt es die Legende, der Apostel Paulus in den Jahren 51/52 zu den Korinthern predigte. Das **Archäologische Museum** zeigt neben römischen Mosaiken auch Vasen im korinthischen Stil des 7. Jahrhunderts v. Chr., den orientalische Motive wie Sphingen und andere Fabelwesen kennzeichnen.

Auch der Apostel Paulus wandelte schon über die Straßen auf der Agorá von Alt-Korinth

Hinter dem antiken Korinth erhebt sich weithin sichtbar der von Mauerringen einer großen mittelalterlichen Burg überzogene Burgberg von **Akrokórinthos**. Deutlich sind dabei Teile antiker Mauern zu erkennen. Die wilde Natur innerhalb der Festungsmauern ist ebenso eindrucksvoll wie der Blick über Wasser und Meer.

Stattliche Mauern umgeben noch immer den Burgberg Akrokórinthos

SERVICE & TIPPS

Agorá und Museum
Ortszentrum von Archéa Kórinthos
✆ 27 41 03 12 07
Tägl. ab 8, Mitte April–Sept. bis 20, Okt. bis 18, Nov.–Mitte April bis 17 Uhr, Eintritt € 8
Ausgrabungen der antiken Stadt und Ausstellung der dortigen Funde.

Akrokórinthos
Auf dem Felsen oberhalb von Archéa Kórinthos
✆ 27 41 03 12 66
Tägl. ab 8, Mitte April–Okt. bis 20, Nov.–Mitte April bis 15 Uhr
Eintritt € 8
Die Festung mit der größten Ausdehnung auf dem Peloponnes.

Gémelos
Kentrikí Platía, Archéa Kórinthos
✆ 24 71 03 13 81
Tägl. ab 10 Uhr
Noch schöner als im mit alten Waffen dekorierten Innenraum und draußen auf dem Dorfplatz sitzt man auf der kleinen Dachterrasse direkt über der antiken Agorá. €

Ausflugsziele:

Zulu Bungy
An der Kanalbrücke, nahe der Ausfahrt Loutráki von der Autobahn E 94
✆ 69 32 70 25 30
www.zulubungy.com
Am einzigen Bungeeseil des griechischen Festlands springen Mutige über 40 m tief dem Kanalbett entgegen. Ein Video dokumentiert den Mut.

Kanalfahrten
Etwa 90-minütige Kanaldurchquerungen werden unregelmäßig ab Loutráki und ab dem Ostende des Kanals angeboten. Aktuelle Auskünfte per Telefon:
– M/V Alpha II
Loutráki
✆ 27 44 02 19 37
www.canalcruises.gr
– M/V Argo
Ostausgang des Kanals
✆ 69 37 10 55 12
www.spanopoulos-group.com

Nur etwas für Wagemutige: ein Bungee-Sprung gen Kanal von Korinth

6 KORÓNI

Koróni (1700 Einw.) ist ein mediterranes Idyll inmitten einer sanften Landschaft mit vielen Zypressen, Ölbäumen und Rebstöcken. Die oberste Häuserreihe steigt von der venezianischen **Burg** am Kap einer kurzen Halbinsel sanft landeinwärts an, darunter staffeln sich die alten und neuen Ziegeldächer mehrerer Häuserreihen über- und hintereinander. An den Gassen trocknen Fischer ihre Netze, die kurze Uferpromenade ist von guten Fischtavernen gesäumt. Strände beginnen unmittelbar an den Ortsrändern. Innerhalb der Burgmauern stehen noch einige bewohnte Häuschen, der Friedhof neben der Kirche wird noch immer für Bestattungen genutzt. Vor dem Eingang zum verwinkelten **Nonnenkloster Timíou Stavroú** in der frei zugänglichen Burganlage liegen die Grundmauern einer frühchristlichen Basilika, in die die Osmanen ihre Burgmoschee hineinsetzten.

Die venezianische Burg von Methóni wurde im 12. Jahrhundert errichtet, fiel aber bereits im 15. Jahrhundert in osmanische Hände

Wie Koróni diente auch das 30 Kilometer entfernte **Methóni** den Venezianern als Stützpunkt für die Sicherung ihres Seefahrtwegs aus der Ägäis in die Adria. Die venezianische Seefestung in Methóni bedeckt fast auf Meereshöhe eine felsige Halbinsel und war bis zum Ende des 15. Jahrhunderts eine von über 2000 Menschen bewohnte Stadt mit dem größten Sklavenmarkt des griechischen Mittelalters.

SERVICE & TIPPS

Ausflugsziele:

Burg von Methóni
Methóni
✆ 27 23 02 87 58
Tägl. außer Mo ab 8, April–Aug. bis 20, 1.–15. Sept. bis 19.30, 16.–30. Sept. bis 18, Nov.–März bis 15 Uhr
Eintritt frei
Die imposante venezianische Burganlage direkt am Meer ist gut erhalten.

Pferdehof Peripetía
1,3 km abseits der Straße zwischen den Dörfern Chráni und Kalamáki
✆ 27 69 73 65 02
https://peripetiahorses.com/de
Professionell geführter Reiterhof, auf dem man auch wohnen kann. Reitunterricht und täglich Ausritte.

7 LOÚSIOS-SCHLUCHT

Die tief in die grüne Bergwelt eingegrabene, ganzjährig von einem wasserreichen Bach durchströmte Schlucht ist ein besonders schönes und auch gut markiertes Wanderareal, dessen zahlreiche Sehenswürdigkeiten sich aber auch mit dem Auto ansteuern lassen. Nahe dem wie ein Adlerhorst auf einem Fels gelegenen Bergdorf **Dimitsána** mit viel historischer Bausubstanz erinnert das **Museum der Wasserkraft** als Freilichtmuseum sehr anschaulich daran, dass der Wasserreichturm der Region intensiv als Energiequelle für Getreide- und Pulvermühlen, Gerbereien und Waffenschmieden genutzt wurde. Von dort kann man auch in die Schlucht absteigen und in etwa vier bis fünf Stunden bis zu den Überresten der antiken Stadt **Górtys** hinunterwandern (Taxi für die Rückfahrt vorab bestellen). Am schattigen Weg, der mehrmals den Fluss quert, liegen die alten Männerklöster Filosódou und Prodrómou. Letzteres schmiegt sich sehr fotogen direkt an eine Felswand.

SERVICE & TIPPS

Museum der Wasserkraft
Keffalári Ái-Ioánni, Dimitsána
✆ 27 95 03 16 30
www.piop.gr
Tägl. außer Di März–Mitte Okt. 10–18, Mitte Okt–Feb. 10–15 Uhr, Eintritt € 3
Freilichtmuseum oberhalb der Loúsios-Schlucht.

Für die Rückfahrt von Górtys nach Dimitsána benötigen Wanderer ein **Taxi**. Man bestellt es am besten vorab persönlich bei einem der Taxifahrer in Dimitsána.

Das aus dem 16. Jahrhundert stammende Männerkloster Prodrómou liegt auf dem Weg nach Górtys

8 3 MÁNI

Die Halbinsel zwischen Messenischem und Lakonischem Golf ist eine in Europa einzigartige Natur- und Kulturlandschaft. Sie wird vom über 2400 Meter hohen Taygéttos-Gebirge durchzogen, bietet kaum natürliche Häfen und nur ganz wenige Strände. Im südlichen Teil ist sie äußerst karg und wasserarm, im nördlichen Teil entlang des Messenischen Golfs bringen die Olivenhaine einige der besten Öle Griechenlands hervor. Was die Máni so einzigartig macht, ist vor allem der Charakter ihrer Dörfer. Hier lebten die Menschen in Familienclans innerhalb festungsartig angelegter Höfe mit einem fast fensterlosen Wehr- und Wohnturm in der Mitte. Sie fürchteten weniger fremde Angreifer als vielmehr ihre eigenen Nachbarn – die Blutrache war hier noch bis vor 140 Jahren ehernes Gesetz. Viele dieser Wohn- und Wehrtürme sind heute stimmungsvolle Ferienhäuser und Hotels, doch ebenso gibt es fast menschenlose Wehrdörfer. Nur zwei Straßen führen in die unwegsame Máni: eine ab der lakonischen Hafenstadt Gíthio, die andere ab der messenischen Hauptstadt Kalamáta.

Der lebhafte Fischerhafen, die vielen Fischtavernen am Ufer und das über einen Damm erreichbare, vorgelagerte Inselchen **Marathonísi** (in der Antike: Kranä) mit einem maniotischen Wehrturm verleihen der kleinen Hafenstadt **Gíthio**

Einzigartige Dorfansicht: In Vathiá steht Wehrturm neben Wehrturm

(4500 Einw.) einen besonderen Reiz. Auf Marathonísi soll Páris seine erste Liebesnacht mit der von ihm geraubten schönen Helena verbracht haben.

Areópolis (300 Einw.) ist die Hauptstadt der Máni. Ihr Name bedeutet »Stadt des Kriegsgottes Ares«. Im Ortszentrum ragen mehrere Wehrtürme auf, mit Fresken ausgemalte alte Kirchen stehen den ganzen Tag über offen. Von hier aus kann man die gesamte Máni gut auf Tagesausflügen erkunden.

Fünf Kilometer südlich liegt **Pírgos Diroú** mit einer Tropfsteinhöhle, die man lautlos in Elektrobooten auf einem Fluss durchgleitet, fast direkt am Meer. 33 Kilometer südlich drängen sich im Wehrdorf **Vathlá** mehrere zwei- bis viergeschossige Wohntürme hoch über der Küste dicht aneinander. Stichstraßen führen von hier zum einzigen Sandstrand der lakonischen Máni, dem **Marmári Beach**, und zum **Kap Ténaro**, dem südlichsten Punkt des griechischen Festlands. Dort sind am Ende der Straße unterhalb einer Taverne die Überreste eines antiken Poseidon-Heiligtums frei zugänglich.

Der Untergang Trojas nahm wohl auf Marathonísi seinen Anfang

SERVICE & TIPPS

Tropfsteinhöhle Pírgos Diroú
Unterhalb des Dorfes
✆ 27 33 05 22 22
Tägl. Juni–Sept. 8–17.30, Okt.–Mai 8.30–15.30 Uhr
Eintritt inkl. Bootsfahrt € 13
Tropfsteinhöhle, durch die man mit dem Elektroboot fährt.

Bárba-Pétros
An der Hauptgasse von Areópolis
✆ 27 33 05 12 05
Tägl. ab 19 Uhr
Die kleine Taverne mitten im historischen Ortskern tischt viel Gemüse aus eigenen Gärten auf und serviert ein ganz besonderes Spanferkel in Trockenpflaumensauce. €€

Adoulóti Máni
Kentrikí Platía, Areópolis
Hier bekommt man alles zum Thema Máni, vor allem Bücher, Wanderkarten, Musik und T-Shirts mit Máni-Motiven.

2407 Kardámili
An der Hauptstraße von Kardámili
✆ 27 21 07 37 52
www.2407m.com
Das Büro bietet regelmäßig geführte Bergwanderungen, Fahrradtouren, Rock Climbing und einen Kochkurs an.

Lautlos gleitet man in Booten durch die Tropfsteinhöhle Pírgos Diroú in der Máni

9 MONEMVASIÁ

Die alte venezianisch-osmanische Stadt gleicht einem großen Freilichtmuseum. Von Mauern umgeben kauert sie auf einem schmalen Küstenstreifen unter einem mächtigen, sonst fast senkrecht aus dem Meer aufragenden Fels. 1500 Meter ist er lang, 600 Meter breit und bis zu 300 Meter hoch. Ein gepflasterter Weg windet sich von dieser **Unterstadt** in Serpentinen zum Felsplateau mit den Ruinen der ehemaligen **Oberstadt** hinauf. Noch am besten erhalten thront dort über dem Abgrund die im 13. Jahrhundert geweihte Kirche **Agía Sophía**, die die Türken in eine Moschee umwandelten. Ansonsten fühlt man sich in der Oberstadt eher in eine mit historischen Mauerresten gespickte Wildnis versetzt, während in der Unterstadt im Hochsommer und an Wochenenden modernes Leben pulsiert. Etliche der alten Gebäude wurden zu Hotels mit viel Flair umgebaut, an den autofreien Hauptgassen locken Tavernen, Cafés, Bars und ein paar Filialen von Athener Boutiquen zum Besuch.

SERVICE & TIPPS

Anfahrt
Vom Festland führt ein Damm bis vor das Stadttor. Parkplätze gibt es da kaum. Man lässt sein Auto besser in Géfira am Ansatz des Damms stehen und fährt mit dem regelmäßig verkehrenden Kleinbus hinüber. In Géfira gibt es auch Unterkünfte und sogar schmale Strände.

To Kanóni
An der Hauptgasse der Unterstadt
Monemvasiá
✆ 27 32 06 13 87
www.tokanoni.com
Tägl. ab 10 Uhr
In dieser Traditionstaverne sitzt man am schönsten und genießt gehobene griechische Küche und exzellente griechische Weine. €€

⑩ MYKENE (MIKÍNI)

Das kleine Dorf hat der ältesten Hochkultur auf europäischem Festlandsboden ihren Namen gegeben: der mykenischen Kultur. Ein Kilometer oberhalb des heutigen Ortes erhebt sich am äußersten Rand der bis ans Meer reichenden argivischen Ebene die mächtige **Burg** der Achäer, die von etwa 1500 bis 1200 v. Chr. das Machtzentrum ganz Griechenlands war. Der Mecklenburger Heinrich Schliemann legte sie 1876 erstmals frei, entdeckte einen großen Goldschatz und verschiedene Kuppelgräber.

Goldmaske des Agamémnon, 1876 ausgegraben von Heinrich Schliemann in Mykene

Vom Parkplatz geht man zunächst zum monumentalen Burgtor, wegen eines Reliefs über dem Türsturz auch Löwentor genannt. Gleich dahinter liegt der von Schliemann entdeckte Kreis der Königsgräber. Von dort windet sich ein Pfad an Gebäuderuinen entlang auf das Hügelplateau, auf dem die Grundrisse des mykenischen Herrscherpalasts deutlich zu erkennen sind.

Vorbei an einem tunnelartigen Gang, der über 101 Stufen zu einem Brunnen hinunterführte, verlässt man die Burg durch das ehemalige Nordtor, unternimmt einen kurzen Rundgang durch das moderne **Grabungsmuseum** und schaut sich vor dem Verlassen des eingezäunten Geländes noch die Kuppelgräber links unterhalb des Weges an. Dann geht man die Asphaltstraße etwa fünf Minuten bergab und kommt zum sogenannten **Schatzhaus des Atreus**, einem besonders prächtigen und gut erhaltenen Kuppelgrab aus dem 13. Jahrhundert v. Chr.

SERVICE & TIPPS

Mykenische Burg und Schatzhaus des Atreus
Am oberen Rand des heutigen Dorfes Mikíni
✆ 27 51 07 65 85
Tägl. ab 8, April bis 19, Mai–Mitte Sept. bis 20, Mitte Sept.–Okt. bis 18, Nov.–März bis 15 Uhr, Eintritt € 12, Nov.–März € 6
Der zentrale Ort der ersten Hochkultur auf europäischem Boden.

Ausflugsziel:

Fichtí
Besser als in den sehr touristischen Lokalen in Mikíni isst man urgriechisch in den Grilltavernen an der Durchgangsstraße des Nachbardorfes Fichtí. €

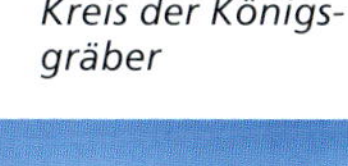

Kreis der Königsgräber

⓫ 4 NAUPLIA (NÁFPLIO)

Nauplia (22 000 Einw.) ist die griechische Kleinstadt mit dem meisten historischen Flair, eine Art mediterranes Rothenburg ob der Tauber am Argolischen Golf. Die Altstadt mit ihren stattlichen, ziegelgedeckten Häusern und zumeist autofreien Gassen zieht sich vom Hafen bis an den Hang des Burgbergs **Akronáfplio**, der im Südosten von der viel größeren **Festung Palamídi** überragt wird. Nauplia ist das ganze Jahr über ein beliebtes Wochenendausflugsziel der Athener. Das sorgt für eine Vielzahl guter Tavernen und stilvoller Hotels in historischen Gebäuden, für originelle Modeboutiquen, Antiquitäten- und Kunsthandwerkerläden. Zur besonderen Atmosphäre tragen auch die deutlichen Spuren osmanischer Herrschaft bei, insbesondere zwei Moscheen und viele Brunnen sowie die nachts effektvoll angestrahlten Mauern der drei Burgen der Stadt.

Vor allem aber befindet man sich hier am Anfang der neugriechischen Geschichte. Nauplia war 1829–34 die erste Hauptstadt des befreiten Griechenland. Hier fand das griechische Parlament seine erste feste Bleibe (in einer der beiden Moscheen), hier wurde 1833 pro forma der von den Großmächten designierte Prinz Otto von Bayern zum ersten griechischen König gewählt. Hier residierte Otto I. dann auch von seiner Ankunft in Hellas am 25. Januar 1833 bis zu seinem Umzug nach Athen im Dezember 1834.

An der **Platía Syntagmátos**, dem »Verfassungsplatz«, stehen die drei historisch bedeutsamsten Gebäude: die beiden Moscheen und eine 1713 von den Venezianern erbaute Kaserne, die heute das **Archäologische Museum** beherbergt. Ein **Militärmuseum** hat in der 1829 gegründeten Kadettenschule einen angemessenen Platz gefunden. Erschütternd ist hier die Sammlung von Fotos aus der Zeit der deutschen Besetzung im Zweiten Weltkrieg. Erfreulicher sind die Ausstellungsobjekte im **Volkskundlichen Museum**, vor allem Trachten, bäuerliche Gerätschaften und kunsthandwerkliche Produkte aus den letzten 250 Jahren. Am Eingang der kleinen, 1702 erbauten **Kirche Ágios Spirídonos** erinnert ein Einschussloch neben der Kirchentür

Die erste Hauptstadt des modernen Griechenland: Nauplia

daran, dass hier 1831 Griechenlands erster Ministerpräsident, Giánnis Kapodístrias, von einem Manioten erschossen wurde. An die bayerische Zeit der Stadt erinnert das **Felsrelief eines Löwen** im Vorort Prónia, das ein bayerischer Bildhauer im Auftrag König Ludwigs I. von Bayern als Gefallenendenkmal aus dem Fels schlug.

Zwei der drei **Burgen** Nauplias kann man mit dem Auto ansteuern oder erwandern. Die dritte Festung, **Boúrtzi**, liegt auf einem kleinen Felseiland in der Hafeneinfahrt. Sie ist den ganzen Sommer über per Boot zu erreichen und frei zugänglich.

SERVICE & TIPPS

Städtische Tourist Information
Platía Iatroú, 21100 Nauplia (Náfplio)
✆ 27 52 02 44 44
www.nafplio.gr

Cyclopolis
Nauplia
www.nafplio.cyclopolis.gr
An vier Stationen im Stadtgebiet kann man nach kurzer Registrierung Fahrräder stunden- und tageweise ausleihen.

Archäologisches Museum
Platía Syntagmátos, Nauplia
✆ 27 52 02 75 02
Tägl. außer Di 8.30–16 Uhr
Eintritt € 6
Antikes in einer ehemaligen venezianischen Kaserne.

Militärmuseum
Odós Amalías-Othónas 22
Nauplia
✆ 27 52 02 55 91
Tägl. außer Mo 9–14 Uhr
Eintritt € 3
Geschichte des griechischen Militärs.

Volkskundliches Museum
Odós Vas. Alexándrou, Nauplia
✆ 27 52 02 89 47, www.pli.gr
Mo–Sa 9–14.30, So 9.30–15 Uhr
Eintritt € 5
Trachten, Haushaltsutensilien, Werkzeuge, alles ansprechend präsentiert.

Festung Palamídi
Oberhalb von Nauplia
✆ 27 52 02 80 36
Tägl. Mai–Sept. 8–20, Nov.–April 8–16.30 Uhr, Eintritt € 8
Die größte der drei venezianisch-osmanischen Festungen der Stadt.

Nur 5 Gehminuten von der Altstadt entfernt badet man im **Strandbad Arvantiá** direkt unter der Festung Akronáfplio. Auch mit Linienbussen schnell zu erreichen ist der 4 km entfernte, 1,7 km lange Kiesstrand **Karathónas Beach**.

Christóforos
Odós Staikopoúlou 26
Nauplia Altstadt
✆ 27 52 02 11 31
Tägl. ab 12 Uhr
Alteingesessene, romantische Taverne an einer der schönsten Altstadtgassen. €€€

Náfplio
Odós Bouboulínas 43/Odós Singroú, Nauplia
✆ 27 52 09 79 99
Tägl. ab 12 Uhr
Moderne Taverne an der Uferstraße, riesige Auswahl, große Portionen. €€

Wochenmarkt
An jedem Mittwoch- und Samstagvormittag an der Grenze zwischen Alt- und Neustadt in den Straßen Odós 25is Martíou und Leofóros Kíprou.

Griechischer Wein kommt oft aus Neméa

⓬ NEMÉA

Neméa ist heute eins der berühmtesten Weinanbaugebiete Griechenlands. Mehrere **Weinkellereien** laden zu Besichtigungen und Verkostungen ein. In der Antike stand hier – wie im viel berühmteren Olympia – ein bedeutendes Zeus-Heiligtum, zu dem – wie dort auch – alle vier Jahre ausgetragene Spiele gehörten. Sehr viel besser als in Olympia ist das **antike Stadion** erhalten. Von den einstigen Umkleidekabinen der Athleten aus führt ein überwölbter Gang ins Stadion hinein. An seinen Wänden sind noch Graffitis zu erkennen, die die antiken Sportler in die Wände ritzten. Die Wälle, auf denen die Zuschauer saßen, sind vollständig erhalten, einstige Start- und Ziellinie sind noch zu erkennen. 500 Meter südlich stehen sieben der einst 32 Säulen des **Zeus-Tempels** aufrecht. Ein gutes **Archäologisches Museum** auf dem Tempelgelände erläutert Stadion und Heiligtum sehr anschaulich.

SERVICE & TIPPS

Museum, Stadion und Tempel
Archéa Neméa
✆ 27 46 02 27 39
Mai–Okt. tägl. 8–16 Uhr, ev. auch länger, Nov.–April tägl. außer Di 8–15 Uhr
Eintritt € 6
Gut erhaltenes Zeus-Heiligtum und antikes Stadion.

Weinkellerei Palívou
An der Hauptstraße in Archéa Neméa
✆ 27 46 02 41 90, www.palivos.gr
Tägl. April–Sept. 10–18, Okt.–März 9–17 Uhr, Eintritt frei
Hier kann verkostet werden.

⓭ 5 OLYMPIA

Der Olympische Stier im Archäologischen Museum von Olympía

Die Geburtsstätte der Olympischen Spiele ist heute ein kleiner, ganz auf den Tourismus ausgerichteter Ort in einer sanften, immergrünen Hügellandschaft. Ein Weg führt vom Ortszentrum in nur fünf Minuten am klassizistischen Bahnhof vorbei über das Flüsschen Kladéos zum Archäologischen Museum und in drei Minuten weiter zum Eingang der Grabungen, die deutsche Archäologen hier seit 1875 durchführen. Am Rückweg ins Zentrum liegen drei weitere Museen. Insgesamt geht man nur etwa zweieinhalb Kilometer – kann dafür aber gut einen ganzen Tag ansetzen.

Das **Archäologische Museum** dokumentiert sehr anschaulich und auch mit deutschen Infotafeln die Entwicklung Olympias und der griechischen Kunst in mehr als 1000 Jahren. Wertvollste Objekte des eingeschossigen Museums sind die Statue der Siegesgöttin Nike, die auf einem acht Meter hohen Sockel vor dem Zeus-

KLEINE GESCHICHTE DER OLYMPISCHEN SPIELE

Seit 776 v. Chr. sind die Olympischen Spiele dokumentiert. In jenem Jahr wurden erstmals die Namen und Herkunftsorte der Sieger aufgezeichnet. Damit begann dann auch die griechische Zeitrechnung in Olympiaden. Als Olympiade bezeichnete man damals nicht die Spiele selbst, sondern den Zeitraum zwischen den alle vier Jahre ausgetragenen Spielen. Benannt wurden die einzelnen Olympiaden nach dem jeweils letzten Sieger im einfachen Stadionlauf, der über eine Strecke von exakt 192,98 Metern ging. Die Vorbereitung der Spiele nahm jeweils zehn Monate vorher mit der Wahl der Schiedsrichter ihren Anfang. Anschließend wurden Gesandte ausgeschickt, die das Datum der Spiele verkündeten – im Juli oder August zur Zeit des Vollmonds. Die Athleten erschienen 30 Tage vorher, um gemeinsam zu trainieren. Die eigentlichen Spiele dauerten bis 472 v. Chr. nur einen Tag, danach wurden sie auf fünf Tage erweitert. 1169 Jahre nach der ersten schriftlichen Aufzeichnung erloschen die Olympischen Spiele in der 293. Olympiade, als Kaiser Theodosius 394 n. Chr. die Ausübung aller heidnischen Kulte verbot.

Tempel stand, und der um 330 v. Chr. geschaffene »Hermes des Praxiteles«, beide aus parischem Marmor. Im Mittelsaal des Museums haben die Giebelskulpturen des Zeus-Tempels Aufstellung gefunden.

Im **Ausgrabungsgelände** kommt man an Palästra und Gymnasion als Übungsstätten der Athleten vorbei zum Heiligen Bezirk, der **Altis.** Dort zeugen eindrucksvolle Überreste von **Zeus-** und **Hera-Tempel** als wichtigste Kultstätten. Westlich davon liegt die **Werkstatt des Phidias**, in der dieser Bildhauer 440–430 v. Chr. eine zwölf Meter hohe Zeus-Statue aus Gold, Elfenbein und Edelsteinen schuf. Sie fand im Zeus-Tempel Auf-

Entstehungsort eines der Sieben Weltwunder der Antike – die Zeus-Statue fiel der Legende nach im 5. Jh. n. Chr. einem Brand zum Opfer

stellung und wurde zu den Sieben Weltwundern gezählt. Das **Leonidaion** in der Südwestecke der Altis war das vornehmste Gästehaus von Olympia.

Nördlich der Altis leitet die Terrasse mit **Schatzhäusern** der verschiedenen griechischen Stadt- und Inselstaaten, in denen deren Weihegeschenke an Zeus untergebracht waren, zum **Stadioneingang** über. Ihn markiert ein minimaler Rest des einst gewölbten Zugangs. Das Stadion selbst wird von niedrigen Erdwällen gesäumt, auf denen die Zuschauer lagerten. Eine steinerne Loge gab es nur für die Kampfrichter.

Die Entfachung des Olympischen Feuers in Olympia

Das **Museum der Olympischen Spiele** zeigt u. a. antike Sportgeräte wie Diskusscheiben und Speere sowie Vasenmalereien mit Darstellungen von Athleten und Wettkämpfen. Hier wird auch angedeutet, dass es bereits in der Antike gesonderte, bis heute kaum erforschte Olympische Spiele für Frauen gab. Im unmittelbar benachbarten **Museum der Ausgrabungsgeschichte** dokumentieren vor allem historische Fotos die schon über 100 Jahre währende Arbeit der Archäologen. An der Straße zurück ins Ortszentrum steht dann noch das private **Museum der antiken Technologie**. Hier wird anhand von zahlreichen funktionstüchtigen Modellen demonstriert, dass unsere moderne Technologie auf Erkenntnissen von antiken griechischen Philosophen beruht. Stolz wird postuliert: Ohne die alten Griechen gäbe es heute keine Autos!

SERVICE & TIPPS

i www.olympiatravelguide.com

Ausgrabungen und staatliche Museen
Am Dorfrand von Olympia
✆ 26 24 02 25 17
Tägl. ab 8, Mai–Sept. bis 20, April, Okt. bis 19, Nov.–März bis 17 Uhr, Eintritt € 12, Nov.–März € 6
Beeindruckende Überreste aus der Antike und drei Museen.

Museum der antiken Technologie
An der Hauptstraße von Olympia in Richtung Ausgrabungen
✆ 69 31 83 15 30
Tägl. 8–20 Uhr, im Winter evtl. kürzer, Eintritt frei
Modelle zu den Ursprüngen moderner Technik.

Praxitélis
Odós Spiliopoúlou (neben der Polizeistation), Olympia
✆ 26 24 02 35 70, tägl. ab 8 Uhr
Einfache, moderne Taverne, reiner Familienbetrieb. €

L'Orphée
An der Hauptstraße von Olympia Richtung Ausgrabungen
Griechische Literatur in deutschen Übersetzungen, exzellente Weine, moderne griechische Kunst.

14 PATRAS

Die größte Stadt des Peloponnes (215 000 Einw.) und der bedeutendste Fährhafen Griechenlands im Verkehr mit Italien liegt landschaftlich äußerst reizvoll am Übergang vom Patraischen zum Korinthischen Golf. Gleich südlich der Stadt steigt das Panachaikó-Gebirge bis auf 1926 Meter Höhe an. Auf dem nahen Festland gegenüber erheben sich bizarre Felsklötze aus der flachen, oft im Dunst nur schemenhaft zu erkennenden Lagunenlandschaft. Ganz in der Ferne ist sogar die Insel Kefalloniá zu erahnen.

Trotz einer Umgehungsautobahn steht Patras rund um die Uhr meist kurz vor dem Verkehrsinfarkt. Man parkt sein Fahrzeug am besten auf dem Großparkplatz am Ufer vor der orthodoxen **Kathedrale Ágios Andréas** und erkundet die Stadt zu Fuß.

Die monumentale, 1908 geweihte Kathedrale ist mit prachtvollen Wandmalereien im traditionellen byzantinischen Stil geschmückt. Besondere Verehrung genießt die Schädelreliquie des Apostels Andreas, der der Schutzheilige von Patras ist. Ein grandioser Ort zum Relaxen ist der gegenüber an der Einfahrt zum Fischereihafen gelegene kleine **Leuchtturm** mit dem Panoramacafé Fáros.

Vorbei am 1872 nach Plänen des deutschen Architekten Ernst Ziller erbauten klassizistischen **Stadttheater** und den gut erhaltenen Überresten des römischen **Odeon** aus dem Jahr 160 mit 26 Sitzreihen kann man anschließend zur mittelalterlichen **Burg** hinaufsteigen und von dort den Blick über die Stadt auf Meer und Festland genießen. Durch das geschäftige Zentrum geht es danach wieder ans Ufer zurück, wo der klassizistische **Bahnhof** zu einer Einkehr mit historischem Flair einlädt.

Fährt man nun mit dem Auto Richtung Athen, ist das monumentale, sehr modern gestaltete **Archäologische Museum** schnell erreicht. Sehr anschaulich informiert es über antike Bestattungsformen und zeigt großflächige römische Bodenmosaike – teils liegend, teils schräg in den Räumen hängend. Ein-

Wer mit der Fähre nach Griechenland kommt, beginnt seine Reise häufig in Patras

Blick über Patras ▷ zum Festland bei Sonnenuntergang

zigartig ist auch das rekonstruierte Badezimmer einer römischen Stadtvilla. 700 Meter nordöstlich liegt dann rechts der Nationalstraße unter einem Schutzdach eine gut erhaltene Straßenbrücke aus dem 2./3. Jahrhundert.

Sechs Kilometer nordöstlich von Patras überspannt seit 2004 die bildschöne **Trikoúpis-Brücke** den Golf von Korinth. 2252 Meter ist die mautpflichtige Schrägseilbrücke zwischen Río auf dem Peloponnes und Antírio auf dem Festland lang. Parallel zur Brücke verkehren auch Autofähren. Einen schönen Vordergrund für ein Brückenfoto liefert das aus dem 16. Jahrhundert stammende Fort **Kástro Moréas** in Río.

Die Kirche Ágios Andréas ist dem Schutzheiligen von Patras geweiht

SERVICE & TIPPS

www.patrasinfo.com
Kommerzielle Seite mit Infos zu Patras.

Archäologisches Museum
Néa Ethnikí Odós, an der Nationalstraße von Patras nach Athen, Patras
✆ 26 13 61 61 00
www.ampatron.gr
März–Okt. tägl. 8.30–16, Nov. – April tägl. außer Di 8.30–15 Uhr
Eintritt € 4
Modernes Museum mit großflächigen antiken Mosaiken.

Ágios Andréas
Odós Agíou Andréou, Patras
Tägl. ca. 7–20 Uhr, Eintritt frei
Moderne Kirche, die die Reliquien des Apostels birgt.

Burg
Patras
Tägl. außer Mo 8.30–15 Uhr
Eintritt frei
Ein guter Aussichtspunkt über der Stadt.

Odeon
Platía Agíou Georgíou, Patras
✆ 26 10 27 62 07
Tägl. außer Di 8.30–16, Nov.–März nur bis 15.30 Uhr
Eintritt frei
Noch zeitweise bespieltes römisches Musiktheater.

Ángyra
Odós Agíou Andréou (nahe dem kleinen Leuchtturm)
Patras
✆ 26 10 33 37 78
Tägl. ab 12 Uhr
Das moderne, lichtdurchflutete Fischrestaurant bietet eine Riesenauswahl an frischem Fisch und Meeresfrüchten gleich neben dem alten Fischereihafen. €€€

Fáros
Aktí Dimaíon (beim Leuchtturm), Patras
✆ 26 10 36 21 91
Tägl. 0–24 Uhr
Das Panoramacafé ist rund um die Uhr für Gäste da. Abends gibt es häufig griechische Livemusik. €€

Karneval
www.carnivalpatras.gr
Patras ist Griechenlands Karnevalshochburg. Am großen Festumzug am orthodoxen Faschingssonntag nehmen über 16 000 Karnevalisten und 100 000 Zuschauer teil, für die Hotels gelten dann Höchstpreise.

Ausflugsziel:

Kástro Moréas
Río, zwischen den Fähranlegern
April–Okt. tägl. außer Di 8.30–16, Nov.–März tägl. außer Mo 8.30–15.30 Uhr
Eintritt € 2
Kleine venezianisch-osmanische Hafenfestung.

⑮ PÍLOS

Das von den Venezianern früher Navarino genannte Städtchen (2100 Einw.) liegt am südlichen Ende der Bucht von Navarino, die durch die lang gestreckte, unbewohnte Insel Sfaktiría nahezu vollständig von der offenen See abgeschirmt wird. In dieser Bucht fand im Oktober 1827 eine der berühmtesten Seeschlachten der Weltgeschichte statt, und zwar zwischen einer osmanischen Flotte und einer Flotte der christlichen Großmächte Frankreich, Großbritannien und Russland. Die der Moslems wurde vollständig vernichtet, was die Griechen in ihrem Freiheitskampf ein erhebliches Stück voranbrachte.

Beschaulich: die Gassen von Pílos

Die angenehme Kleinstadt nennt eine besonders schöne, von Cafés und traditionellen Geschäften unter Arkaden gesäumte Platía fast direkt am Meer ebenso ihr Eigen wie eine weitläufige, parkähnlich anmutende **Burganlage** zehn Gehminuten vom Stadtzentrum entfernt. In der Burg ist auch das **Archäologische Museum** von Pílos untergebracht, das sich besonders der Unterwasserarchäologie in der Region widmet. Mit Ausflugsbooten kann man zur Insel **Sfaktiría** und anderen unbewohnten Inselchen übersetzen, auf denen Denkmäler an die christlichen Gefallenen der Seeschlacht erinnern.

Sieben Kilometer nördlich von Pílos liegt der Weiler **Giálova** am Nordostufer der Bucht von Navarino. Hier beginnt ein langer Sandstrand, der sich am besonders vogelreichen, sumpfigen Naturschutzgebiet der **Osman-Aga-Lagune** (Limnothálassa Divári) entlangzieht. Dort leben noch viele seltene Reptilien, darunter sogar Chamäleons. Der Strand reicht fast bis zur **Voidokília-Bucht** mit einem halbkreisförmigen, von hohen Sanddünen gesäumten Strand. Diese ist nur durch eine enge Öffnung, wo oft die Wellen spektakulär an die Felsen branden, mit dem Ionischen Meer verbunden. Von der Voidokília-Bucht aus kann man zur **Nestor-Höhle** und zur 1278 errichteten Festung **Paléo Kástro** hinaufsteigen. Unmittelbar nördlich der Lagune beginnen die langen, sehr breiten Sandstrände der **Costa Navaríno** mit mehreren Luxushotels und zwei international sehr renommierten Golfplätzen.

Die Straße von Giálova Richtung Norden passiert nach elf Kilometern den mykenischen **Palast des Nestor**. Seine Grundmauern aus dem 13. Jahrhundert v. Chr. sind vollständig erhalten. Die hier gemachten Funde sind im **Archäologischen Museum** des kurz darauf an der Straße liegenden Dorfes **Chóra** ausgestellt.

SERVICE & TIPPS

Burg und Archäologisches Museum Pílos
Unmittelbar oberhalb des Stadtzentrums von Pílos
✆ 27 23 02 29 55
April–Okt. tägl. 8–20, Nov.–März tägl. außer Di 8.30–15.30 Uhr, Eintritt € 6
Weitläufige Burg mit byzantinischer Kirche und modernem Museum.

Aétos
Westliche Hafenseite in Pílos
✆ 27 23 02 27 83, tägl. ab 10 Uhr
Hier sitzt man schön am Hafen, erhält große Portionen und auch regionale Spezialitäten. €€

Bootsfahrten nach Sfaktiría
Ab dem Parkplatz am Hafen von Pílos
✆ 27 23 02 31 55
Tägl. 11 Uhr, Ticket € 15

Ausflugsziele:

Archäologisches Museum Chóra
Im Dorfzentrum von Chóra
✆ 27 63 03 13 58
Tägl. außer Di mind. 8.30–15.30 Uhr, Eintritt € 2
Funde aus der Region.

Nestor-Palast
Links der Straße von Pílos nach Chóra
✆ 27 63 03 14 37
Tägl. außer Di April–Okt. 8.30–20, Nov.–März 8.30–16 Uhr
Eintritt € 6
Mykenischer Palast des ältesten Troja-Kämpfers.

Sonnenaufgang an der Bucht von Voidokília

Statue des Leonidas, König von Sparta

16 6 SPARTA (SPÁRTI) UND MISTRÁS

Das legendäre **Sparta** (griechisch: Spárti) präsentiert sich heute als angenehme und moderne Provinzhauptstadt (14 000 Einw.), die von einem fast rechtwinkligen Straßennetz durchzogen wird. An diesem steht eine Reihe schöner klassizistischer Bauten; antike Überreste hingegen gibt es nur wenige. Traumhaft schön ist die Lage in einer weiten Ebene voller Oliven- und Orangenbäume direkt vor der über 2000 Meter hohen, aus der Ebene schroff ansteigenden Kette des **Taygéttos-Gebirges,** dessen Gipfel zwischen November und März schneebedeckt sind. An einem der Vorberge ziehen sich – nur sechs Kilometer von Sparta entfernt – unterhalb einer Burg die Überreste der mittelalterlichen Stadt **Mistrás** mit Klöstern, Kirchen und Palästen über den recht steilen Hang. Hier lebten noch vor 320 Jahren über 40 000 Menschen. Heute ist das sich zwischen 380 und 629 Höhenmetern erstreckende Stadtgebiet ein ausgedehntes Freilichtmuseum, dessen Durchwanderung etwas Kondition und mindestens einen halben Tag Zeit erfordert.

Vom antiken Sparta zeugen nur wenige Mauern auf dem einstigen **Akropolis-Hügel** am Stadtrand. Mit schönem Blick auf Mistrás und den Taygéttos liegen da zwischen Eukalyptus- und Olivenbäumen Reste des hellenistisch-römischen Theaters und die Fundamente eines Athena-Tempels aus dem 6. Jahrhundert v. Chr. sowie einer frühchristlichen Basilika.

Im klassizistischen Bau des **Archäologischen Museums** im Stadtzentrum sind neben vielen Kleinfunden vor allem ein marmorner spartanischer Krieger aus der Zeit um 480 v. Chr. und die älteste griechische Skulptur einer unbekleideten Frau (um 600 v. Chr.) sehenswert. Ganz modern gestaltet ist das **Museum der Olive und des Olivenöls** in einem alten Elektrizitätswerk, in dem man alles rund um die bedeutendste Baumfrucht des antiken und des heutigen Griechenland erfährt.

Für einen Ausflug nach **Mistrás** empfiehlt sich der Stadtbus. So kann man bis zum oberen Eingang hinauffahren, von dort

Spartas Archäologisches Museum glänzt mit Funden aus ganz Lakonien

Die byzantinische Kirche Agía Sofía wurde unter türkischer Besatzung als Moschee genutzt

durch die Geisterstadt hinabwandern und im heutigen Dorf Mistrás wieder in den Bus steigen. Wer mag, kann vom oberen Eingang auch zunächst zur 1249 von westlichen Kreuzrittern errichteten **Burg** aufsteigen und den Panoramablick genießen. Die Wanderung hinab in die Unterstadt führt u. a. vorbei an den **Kirchen** Agía Sofía, Ágios Nikólaos, Panagía Odigítria, Ágii Theodóri und Mitrópolis sowie an den **Klöstern** Perivléptos und Pandanássa, das noch von Nonnen bewohnt wird. Besonders beeindruckend ist der gewaltige Palast der byzantinischen Herrscher von Mistrás, der gerade aufwendig restaurierte **Despotenpalast**. Im ehemaligen **Bischofspalast** ist ein kleines Museum untergebracht. Alle diese Bauten stammen aus der Zeit zwischen 1262 und 1460, als Mistrás das Zentrum eines byzantinischen Fürstentums (Despotats) war, das weite Teile des Peloponnes – mit Ausnahme der vielen venezianischen Küstenstädte – beherrschte.

SERVICE & TIPPS

Archäologisches Museum Sparta
Odós Evrótas/Odós Likoúrgos
Sparta
✆ 27 31 02 85 75
Tägl. außer Di 8.30–16 Uhr
Eintritt € 2
Funde aus ganz Lakonien.

Museum der Olive und des Olivenöls
Odós Othónos-Amalías 127
Sparta
✆ 27 31 08 93 15, www.piop.gr
Tägl. außer Di 10–18, Mitte Okt.–Feb. nur bis 17 Uhr, Eintritt € 4
Alles zum Thema in einem alten Elektrizitätswerk.

Akropolis-Hügel
Am Stadtrand von Sparta
✆ 27 31 082 85 75
Tägl. außer Di 8.30–16 Uhr, im Sommer ev. länger
Eintritt € 3
Wenig zu sehen, aber sehr schöne Lage.

Mittelalterliche Stadt Mistrás
Oberhalb vom heutigen Dorf Mistrás
✆ 27 31 08 33 77
Tägl. ab 8, April–Aug. bis 20, Sept. bis 19, Okt. bis 18.30, Nov.–März bis 17 Uhr
Eintritt € 12, Nov.–März € 6
Kirchen und Klöster sowie Despoten- und Bischofspalast

Byzantinische Kunst: »Thronender Christus« (14. Jh.) im Museum von Mistrás

Die heutige Provinzhauptstadt Sparta schmiegt sich sanft an das 2000 Meter hohe Taygéttos-Gebirge an

aus byzantinischer Zeit an einem steilen Hang vor dem Taygéttos-Gebirge.

O Éllinas
Kentrikí Platía, Mistrás
✆ 27 31 08 26 66
Tägl. ab 10 Uhr
Hier sitzt man auf dem Dorfplatz des modernen Mistrás und sieht bei gutem griechischem Essen die Touristenströme an sich vorüberziehen. €

To 50
Odós Evangelístrias, Sparta
✆ 27 31 08 35 85
Mo–Sa ab 11.30, So ab 18 Uhr
Etwas versteckt, aber zentral nahe der Platía bietet diese traditionelle Taverne auf einer ruhigen Gartenterrasse urtypische griechische Kost und auch ausgefallene Spezialitäten. €

Bus Sparta–Mistrás
Aktuelle Busfahrpläne auf www.ktel-lakonias.gr.

17 TRÍPOLI

Zwischen Tegéa und Mantinéa breitet sich die arkadische Hauptstadt Trípoli am Rande einer weiten Ebene aus. Touristisch ist sie eher belanglos: Es gibt hier keine Sehenswürdigkeit mit Stern. Das Einbahnstraßensystem ist mehr als verwirrend, Parkplätze sind knapp, der riesige, dem Kriegsgott Ares gewidmete Hauptplatz **Platía Aréos** ist eine der größten Brachen in griechischen Städten.

Die Gastronomie versammelt sich unter den vielen Bäumen am Platzrand. Da trinken im Café Turistico fast nur Einheimische ihren Kaffee, lassen sich im Grand Chalet nahezu ausschließlich Griechen das sehr leckere Leitungswasser aus der Karaffe eingießen und den Wildblattsalat mit Zucchini und Staudensellerie schmecken. Auch die ganz kleinen Städter kommen gern zum Platz, denn in einer Ecke versteckt sich – ebenfalls unter Bäumen – ein buntes Spielparadies: der Eden Family Park. Für Kletterübungen dient aber auch die kolossale **Reiterstatue des Theódoros Kolokotrónis**: Der »Alte von Moréa« eroberte mit seiner wilden Heerschar im September 1821 Trípoli als erste größere Stadt auf dem Peloponnes. Mit den vielen türkischen Bewohnern ging er keineswegs sanftmütig um: Wer nicht fliehen konnte, wurde getötet. Aber daran muss man ja nicht unbedingt denken, wenn man abends am Platz sitzt und hinter dem klassizistischen Bau des Bezirksgerichts den Abendhimmel über den sehr nahen Bergen genießt.

In der näheren Umgebung der Stadt lohnen zwei archäologische Stätten einen Besuch. Im acht Kilometer südlich gelegenen **Tegéa** beeindrucken die Überreste eines Athena-Tempels, der nach dem Zeus-Tempel von Olympia der größte Sakralbau des Peloponnes war. Geplant wurde er um 350 v. Chr. von dem namhaften Architekten Skópas, dem im kleinen, aber sehr modern gestalteten **Archäologischen Museum** ein eigener

Blick über Trípoli mit St.-Basilius-Kathedrale

Saal gewidmet ist. Faszinierend sind hier auch die typisch arkadischen Stelen mit sorgfältig herausgearbeiteten Köpfen, die in der Antike als Beschützer der Reisenden vor allem an Wegkreuzungen aufgestellt waren.

Vom antiken **Mantinéa**, 15 Kilometer nördlich von Trípolis, dessen eher spärliche Überbleibsel mehrheitlich aus dem 4. Jahrhundert v. Chr. stammen, zeugen vor allem noch Reste der antiken Stadtmauer, zu der einst 120 Türme und zehn Tore gehörten. Originell ist gegenüber dem Hauptzugang zum Ausgrabungsgelände, also links der Straße von Levídi nach Kandíla, eine **Kirche**, die der Architekt K. Papatheódoros 1970–1972 errichtete: Sie vereint fast alle griechischen Baustile von der mykenischen Zeit bis zum volkstümlichen Stil des 19. Jahrhunderts in einem Bau. Tagsüber ist sie frei zugänglich.

SERVICE & TIPPS

Gran Chalet
Platía Aréos, Trípoli
✆ 27 10 23 46 61
Tägl. ab 10 Uhr
Im Winter sitzt man hier am offenen Kamin, im Sommer schattig am Rande des Hauptplatzes, genießt kostenlos serviertes Quellwasser und klassische griechische Restaurantküche mit vielen regionalen Produkten. €–€€

Ausflugsziel:

Archäologisches Museum
Im Ortszentrum von Tegéa
✆ 27 10 55 65 40, tägl. außer Di 8.30–15 Uhr, Eintritt € 4
Typyisch lakonische Kunstwerke und die Baugeschichte eines Tempels.

Region 4
Zentralgriechenland und Euböa

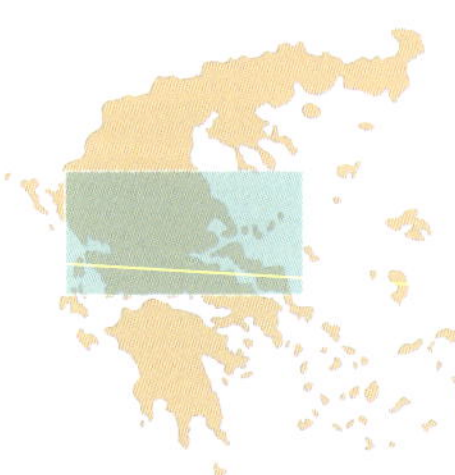

ZENTRALGRIECHENLAND UND EUBÖA

ZWISCHEN IONISCHEM MEER UND ÄGÄIS – BERÜHMTES UND UNBEKANNTES

Zwischen Ionischem Meer und Ägäis spannt Zentralgriechenland (Stérea Elláda) seinen Bogen. Im Süden wird es vom Korinthischen Golf gesäumt und hier gehören zur eindrucksvollen Kulisse auch die hohen Berge des Peloponnes. An den Küsten wird eher wenig gebadet, obwohl auch das reizvoll ist. Den eigentlichen Reiz aber bilden die amphibischen Landschaften in Meeresnähe samt den vorgelagerten Inseln und die nur auf kurvenreichen Bergstraßen zu erreichenden Hochgebirgslandschaften im bis zu 2315 Meter hohen Píndos-Gebirge. Hier gibt es

Die Südküste der Insel Léfkas im Ionischen Meer

FABELWESEN ÜBERALL

Die Welt der ganz alten Griechen war von zahllosen seltsamen Tieren und Ungeheuern bevölkert. Die große Leistung der Vorfahren der Griechen der klassischen Antike bestand darin, sie zu besiegen – und damit das dumpfe Unbewusste durch den neuen Geist zu bezwingen. Auf dem Pílion lebten einst die Kentauren, wilde und lüsterne Mischwesen, halb Mensch, halb Pferd. Sie wurden von den guten Lapithen bezwungen – ein Kampf, der auch an Tempeln wie dem Athener Parthenon immer wieder dargestellt wurde. In Délfi tötete der Gott Apollon den Drachen Python, im Tempi-Tal wusch er sich von dieser Schuld rein. Ein geflügeltes Mischwesen aus Löwe und Frau war die Sphinx, die das antike Theben in Schrecken und Angst versetzte. Sie gab Reisenden, die sich näherten, Rätsel auf und tötete diese, wenn sie die Lösung nicht fanden. Erst Ödipus konnte die Sphinx bezwingen.

Die Sphinx der Naxier im Archäologischen Museum in Délfi (570/60 v. Chr.)

noch Dörfer, die nur über Jeep-Pisten zu erreichen sind, reizvolle Stauseen und viele Möglichkeiten zu sportlichen Outdoor-Aktivitäten.

Touristische Höhepunkte reihen sich entlang der Straße vom Fährhafen Igoumenítsa in Nordwestgriechenland Richtung Athen aneinander. Die Heldenstadt Messolóngi und das venezianisch geprägte Náfpaktos gehören ebenso dazu wie der antike Nabel der Welt, das einzigartige Délfi. Die archäologischen Museen von Délfi und Theben (Thíva) zählen zu den bedeutendsten des Landes.

Wer von Thessaloníki kommt, wird auf jeden Fall die Stadt Vólos und die Pílion-Halbinsel, die in der Antike als Heimat der Kentauren galt, besuchen. Letztere ist mit ihrem üppigen Grün und den vielen von traditioneller Architektur geprägten Bergdörfern, mit den kleinen Dorfhotels voller Atmosphäre und den zahlreichen guten Stränden vor Olivenhainen und unter Steilküsten ein zwar weithin unbekanntes, aber sehr attraktives Ziel – auch für mehrere Urlaubstage. Eisenbahnfans werden die Oldtimerbahn auf dem Pílion zu schätzen wissen.

Wer sich anschließend Athen auf eher ungewöhnlichem Weg nähern will, wählt die Route über Euböa (griechisch: Évia), Griechenlands zweitgrößte Insel nach Kreta. Sie reicht vom Pílion bis in den Süden Attikas hinunter und ist durch zwei Brücken und mehrere Fährlinien mit dem Festland verbunden. Ausländischen Touristen begegnet man kaum. Sogar ein paar originelle Wellness-Tage unter Griechen sind hier im Thermalbad Loutrá Édipsou möglich.

Region 4
Zentralgriechenland und Euböa

1 7 DÉLFI

Délfi ist heute nur ein großes, vom Tourismus geprägtes Dorf. In der Antike galt es als Nabel der Welt. Hier residierte Apollon, der Gott des Lichts, der Schönheit und der Künste. Könige und staatliche Gesandtschaften pilgerten 1200 Jahre lang nach Délfi, um sich von seinem Orakel rätselhafte Ratschläge für schwierige Entscheidungen zu holen. Sie brachten Geschenke

für die Priester und Weihegaben für den Gott mit – Délfi war unvorstellbar reich. Die Orakelsprüche wurden von einer Priesterin des Apollon, der Pythia, unter Drogeneinfluss verkündet und waren in der Regel so zweideutig, dass das Orakel immer Recht behielt. So weissagte es dem habgierigen Krösus, er werde ein gewaltiges Reich zerstören, wenn er sich gegen die Perser wende. Es geschah – aber anders als erwartet: Krösus zerstörte mit dem Angriff auf die Perser sein eigenes Reich.

Region 4
Zentralgriechenland und Euböa

Kinder und Jugendliche unter 18 J., Studenten aus EU-Ländern und Journalisten haben mit einem entsprechenden Nachweis **freien Eintritt** *zu staatlichen Museen und archäologischen Stätten. Senioren ab 65 J. und Studenten aus Nicht-EU-Ländern erhalten eine* **Ermäßigung**, *zumeist sind es 50 Prozent.*

Um das an einem recht steilen Hang gelegene antike Délfi ein wenig wie ein Pilger des Altertums zu erleben, beginnt man einen Rundgang am besten am ortsfernen unteren Eingang zum **Athena-Heiligtum**, dessen markantester Bau ein teilweise rekonstruierter Rundtempel aus dem 4. Jahrhundert v. Chr. ist. Danach überquert man die moderne Straße und betritt das größere obere Ausgrabungsgelände. Vorbei am vollständig rekonstruierten **Schatzhaus der Athener**, wo die wertvollsten Weihegaben dieser Stadt für Apollon verwahrt wurden, gelangt man zum **Apollon-Tempel**. Sechs seiner ursprünglich 38 dorischen Säulen wurden wieder aufgerichtet. Hier saß in einer Art Krypta die Pythia und verkündete ihre Orakelsprüche. Der Tempel steht auf einer Terrasse, deren Stützmauer etwa 800 in Stein gemeißelte Urkunden über Sklavenfreilassungen zeigt. Vom Tempel aus steigt man dann noch weiter den steilen Hang empor, kommt zum einst 5000 Zuschauer fassenden **Theater** aus dem 4./3. Jahrhundert v. Chr. und zum antiken **Stadion** aus römischer Zeit. Beim Rückweg ins heutige Dorf passiert man das **Archäologische Museum**. Berühmtestes Ausstellungsobjekt ist die Bronzestatue eines Wagenlenkers, zu der ursprünglich auch der Wagen und vier Pferde aus Bronze gehörten.

SERVICE & TIPPS

Archäologisches Museum und Ausgrabungen
Beide an der Hauptstraße Richtung Athen, Délfi
✆ 22 65 08 23 13
Tägl. April–Okt 8–20 (Museum Di nur 10–17), Nov.–März 8–17 Uhr, Eintritt Sommer € 12, Winter € 6
Eine der bedeutendsten und am schönsten gelegenen Ausgrabungsstätten des Landes, wichtige Funde verblieben hier im Museum vor Ort.

Ruinen des Athena-Tempels in Délfi ...

... und rekonstruiertes Schatzhaus der Athener

❷ ETOLIKÓ

Etolikó ist wie Messolóngi ein Lagunenstädten (4300 Einw.) – nur dass es nicht an, sondern in einer Lagune liegt. Seine Häuser stehen auf einer fast ellipsenförmigen Insel, die über zwei Dämme mit dem Festland verbunden ist. Mit etwas Glück findet man hier auf der Speisekarte der Tavernen gebratenen Aal, eine für Griechen äußerst exotische Spezialität.

Westlich von Etolikó liegt das weitläufige Mündungsgebiet des Évinos und des Achelóos, des mit 170 Kilometern längsten griechischen Flusses. Mit moderner Technik hat man das Schwemmland weitgehend trockengelegt. Dort befinden sich die Überreste der im 5. Jahrhundert v.Chr. gegründeten Hafenstadt **Oiniádes**.

Einzigartig sind die dort in den Fels geschlagenen Schiffshäuser, in denen in der Antike Schiffe gebaut und repariert wurden. Im Grabungsgelände verstreut sind außerdem die Reste der einst fünfeinhalb Kilometer langen Stadtmauer mit Wehrtürmen und ganz unterschiedlich konstruierten Toren zu sehen, ferner ein recht gut erhaltenes Theater an einem schönen Eichenwäldchen, Reste einer Therme und eines kleinen Tempels sowie verschiedener Wohn- und Verwaltungsbauten. Weil das Grabungsgelände so groß ist, dürfen es die seltenen Besucher mit dem Auto befahren.

SERVICE & TIPPS

Oiniádes
Etolikó, ab Katóchi gut ausgeschildert
✆ 22 29 06 22 06
Ausgrabungen tägl. außer Mo 8–15 Uhr
Eintritt € 2
Wenig besuchte Überreste einer antiken Hafenstadt mit einzigartigen Bootshäusern.

❸ EUBÖA (ÉVIA)

Griechenlands zweitgrößte Insel (3850 km²) ist über zwei Brücken bei der Inselhauptstadt Chalkída und mehrere Fährlinien mit dem Festland verbunden. Wer sich Athen von Norden auf einem ungewöhnlichen Weg nähern will, betritt die Insel in Agiokámbos ganz im Norden und durchquert sie bis Chalkída in der Mitte oder gar Káristos im Inselsüden. Die Insel zählt 190 000 Bewohner, ist 180 Kilometer lang und bis zu 50 Kilometer breit und vom internationalen Tourismus bisher kaum berührt.

Vor allem griechische Urlauber erfreuen sich an den heißen Quellen von Loutrá Édipsou

Bedeutendster Ort im Inselnorden ist das Thermalheilbad **Loutrá Édipsou** (4000 Einw.) mit Kurhotels und Thermalbadehaus, aber auch jederzeit frei nutzbaren Thermalquellen direkt an kleinen Stränden. Kurgäste sind hauptsächlich Griechen, sodass man hier auch authentisches Leben kennenlernt. Die Inselhauptstadt **Chalkída** (70 000 Einw.) ist durch eine nur 35 Meter breite, als Kanal gefasste Meerenge vom Festland getrennt. Schon seit 2400 Jahren gibt es hier eine Brücke. Bis zu 20-mal täglich wechselt die Strömung im Euripus-Kanal ihre Richtung – ein faszinierendes Naturschauspiel, weil das Wasser oft wie ein reißender Bergbach durch den Sund fließt. Der Legende nach soll sich der Philosoph Aristoteles in diesem Kanal ertränkt haben, weil er das Rätsel des Strömungswechsels nicht lösen konnte.

Südlich von Chalkída legen Schweizer Archäologen seit Jahrzehnten die Überreste der antiken Stadt **Erétria** frei. Am eindrucksvollsten ist das Theater. Das **Archäologische Museum** zeigt die Giebelskulpturen eines Apollon-Tempels aus der Zeit um 520 v. Chr. Im äußersten Inselsüden wird das in den 1840er Jahren nach Plänen eines bayerischen Architekten neu entstandene **Káristos** von einer venezianischen Burgruine aus dem 13. Jahrhundert überragt. Hier liegen auch einige der schönsten Inselstrände.

SERVICE & TIPPS

ℹ www.goevia.com
Ausführliche und informative kommerzielle Website (englisch).

Fähren
www.gtp.gr
Fährverbindungen vom Festland zur Insel:
Glifá–Agiokámbos
Árkitsa–Loutrá Édipsou
Skála Óropou–Erétria
Agía Marína–Néa Stíra
Rafína–Marmári

Erétria
Südlich von Chalkída
Ausgrabungen tagsüber frei zugänglich
Museum tägl. außer Di 8–15 Uhr, Eintritt € 2
Von österreichischen Archäologen freigelegte antike Siedlungsreste.

❹ KARPENÍSSI

Die auf 960 Metern Höhe abseits aller gängigen touristischen Routen gelegene Hauptstadt (6600 Einw.) des extrem dünn besiedelten Bezirks Evritanien liegt im Herzen des Píndos-Gebirges. Das **Skigebiet Timvrístou** ist nur etwa zwölf Kilometer entfernt; Gelegenheiten zu Bergwanderungen und Outdoor-Aktivitäten sind reichlich vorhanden. Auch mit dem Auto kann man von hier aus interessante Ziele ansteuern. Nur zweieinhalb Kilometer außerhalb speisen die kräftigen Quellen von Kefalovríssi die Becken einer Forellenzuchtstation und machen das Tal zur grünen Oase.

Bei der Fahrt zum 33 Kilometer entfernten **Kloster Proussós,** das hoch oben am Hang über einem Talkessel liegt, fühlt man sich in Tee-Hochlandgebiete wie jene von Sri Lanka und Darjeeling versetzt. Das Kloster selbst drängt sich dicht an eine Felswand und auf zwei Gipfel. Es ist frei zugänglich und hier herrscht das ganze Jahr über ein stetes Kommen und Gehen von Pilgern. Der 62 Kilometer entfernte **Stausee Kremastón** in größter Bergeinsamkeit gehört zu den schönsten und größten des Landes.

Das Kloster von Proussós

SERVICE & TIPPS

I Fólia
Odós Kosmá Aitoloú 12
Karpeníssi
✆ 22 37 02 44 05
Tägl. ab 12 Uhr
Wer nach einem Tag in den Bergen großen Hunger auf viel Grillfleisch hat, ist hier bestens aufgehoben. Die Auswahl ist groß. An manchen Abenden erklingt außerdem griechische Livemusik. €

Trekking Hellas
Nationalstraße Karpeníssi–Lamía, km 3
✆ 69 78 18 78 63
www.trekking.gr
Mit dem firmeneigenen Land Rover geht es zu Outdoor-Aktivitäten wie Wandern, Abseilen und Höhlenerkundung.

Blick auf Karpeníssi

Im antiken Theater von Lárissa finden heute Vorstellungen mit bis zu 10 000 Besuchern statt

❺ LÁRISSA

Griechenlands fünftgrößte Stadt (140 000 Einw.) liegt in Griechenlands größter Ebene, der Thessalischen Ebene. Hier werden Baumwolle, Weizen und Mais angebaut. Die Stadt wurde nach einem Erdbeben und Kriegsschäden ab den 1950er Jahren weitgehend neu erbaut, historische Stadtviertel fehlen. Das 2015 auf dem Mezoúrio-Hügel eröffnete **Archäologische Museum** zeigt u. a. anthropomorphe neolithische Figuren aus dem 7.–4. Jahrtausend v. Chr., als die Ebene schon dicht besiedelt war, und mehrere römische und byzantinische Bodenmosaike. Schönstes Objekt ist eine fast expressionistisch anmutende Stele, die eine ihr Kind stillende Frau zeigt. 2018 wurde die umfassende Restaurierung eines der beiden antiken **Theater** der Stadt abgeschlossen, das jetzt im Sommer an manchen Abenden wieder bespielt wird.

SERVICE & TIPPS

Archäologisches Museum
Mezoúrio
Lárissa
✆ 24 13 50 82 42
www.dml.culture.gr
Tägl. außer Di 8.30–16 Uhr
Eintritt € 4
Funde aus der Region, sehr modern präsentiert.

En Lárisi
Odós Dorothéou 1, Lárissa
✆ 69 74 82 64 85
Tägl. ab 12.30 Uhr
Gute regionale Küche, gepflegt und schöner Garten. €€

6 LÉFKAS (LEFKÁDA)

Die einzige über eine Art Brücke erreichbare griechische Insel (356 km², 22 700 Einw.) im Ionischen Meer lohnt unbedingt einen mindestens eintägigen Besuch. Gleich hinter der Brücke empfängt die Inselhauptstadt **Lefkáda** ihre Besucher mit einem einzigartigen Flair und einer angenehmen Fußgängerzone, gespickt mit alten Kirchen, urigen Lokalen und farbenfroh gestrichenen Häuschen. Eine etwa 130 Kilometer lange Inselrundfahrt führt hoch über der Westküste entlang bis zum **Kap Dukáto** im äußersten Inselsüden, in dessen Nähe der unter einer hellen Steilküste gelegene **Pórto Katsíki Beach** zu den in ganz Griechenland verkauften Postkartenmotiven gehört. An der Südküste liegen das vor allem bei Windsurfern beliebte **Vassilikí** und **Sivóta** mit einer der idyllischsten Ankerbuchten für Segelyachten. Hauptbadeort an der dem Festland zugewandten Inselseite ist **Nidrí** mit der vorgelagerten Insel **Skórpios**, die einst dem Reeder Aristotélis Onássis gehörte. Von hier führt eine Straße hinauf in die Bergdörfer **Vafkéri** und **Karyá** an den Hängen des 1158 Meter hohen Inselgebirges. In Lefkáda kann man den Abend dann sogar karibisch ausklingen lassen.

SERVICE & TIPPS

www.lefkada.gr
Gute, auch deutschsprachige Homepage der Inselgemeinde.

Lighthouse
Odós Filarmonikís 14
Lefkáda-Stadt
✆ 26 45 07 18 52
Tägl. ab 18 Uhr
Alteingesessene, romantisch in der Altstadt gelegene Taverne mit schöner Terrasse; ausgefallene griechische Spezialitäten, auch für Vegetarier. €€

Sesoúla
An der Durchgangsstraße
Drápano
✆ 26 45 03 34 65
Tägl. ab 10 Uhr
Sehr ländliche Taverne im Inselsüden mit zwar wenigen, dafür täglich frisch zubereiteten Gerichten. €

Cubana
Odós Verióti 6
Lefkáda-Stadt
✆ 69 86 96 00 00
www.cubana.gr
Tägl. ab 18 Uhr
Karibische Cocktails, kubanische Zigarren und Salsa-Musik machen diese Open-Air-Bar im Herzen der Altstadt zum Hotspot für alle, die für einen Abend auf griechisches Flair verzichten mögen.

Azurblaues Wasser und weißer Strand: Pórto Katsíki Beach

7 MESSOLÓNGI

Die Kleinstadt Messolóngi gilt offiziell als »Heilige Stadt«. Das Herz des britischen Poeten Lord Byron ist hier beigesetzt; ein **Heldenfriedhof** erinnert an die vielen hier während des griechischen Freiheitskampfes 1821–1829 gestorbenen Philhellenen aus ganz Europa. Naturfreunde kommen vor allem wegen der vogelreichen **Lagunen**, die auch mit ganz ungewöhnlichen Badeerlebnissen überraschen.

Von einem Heiligenschein ist freilich nichts zu spüren. Messolóngi ist ein ganz normales, eher verschlafenes Provinzstädtchen mit gerade einmal 12 000 Einwohnern und das Verwaltungszentrum der Region Ätolien-Akarnanien. Eine altmodische Ausstellung im kleinen, klassizistischen **Rathaus** im Stadtzentrum erinnert an die hier ums Leben gekommenen Philhellenen und insbesondere an den englischen Dichter, auch die Kampfhandlungen selbst sind ein Thema.

Ein über vier Kilometer langer Damm, auf dem sogar einer der in Hellas noch seltenen Radwege angelegt wurde, führt von Messolóngi hinüber zur Nehrung von **Tourlída**, die nach dem in der Lagune häufig vorkommenden Großen Brachvogel benannt ist. Brackwasser säumt den Damm, flache Landzungen führen immer wieder in die Lagunenlandschaft hinein. Auf einer solchen Landzunge laufen zahlreiche schwarz verkrustete, zumeist ältere Griechen herum: Der Meeresschlick gilt als heilkräftig. So steigt man ins Wasser, wälzt sich im Schlick, lässt ihn an der Sonne trocknen und schabt ihn dann wieder ab.

Äußerst urig sind auch die *pilládes* genannten Fischerhütten, die kurz darauf auf Stelzen im Brackwasser stehen. Viele von ihnen dienen Einheimischen heute als Ferienhäuser, das Flair gleicht einer Mischung aus asiatischer Pfahldorfsiedlung und der Lagune von Venedig. An einem richtigen **Sandstrand** baden kann man schließlich auf der Nehrung selbst. Park-

In den Lagunen um Messolóngi wird oft noch traditionell gefischt

plätze und große Strandtavernen gibt es da natürlich auch – und so gut wie keinen Ausländer unter den Badegästen.

Fährt man später von Messolóngi Richtung Etolikó an der Lagune entlang, wird das Auge immer wieder von großen Salzaufschüttungen geblendet. Von hier stammt meist das Salz in der griechischen Suppe. Marktführer Kalás betreibt hier zwei Salzgewinnungsanlagen (und eine weitere in Síndos bei Thessaloníki). Von den **Salinen** profitieren auch Liebhaber bizarrer Badefreuden: In einigen Wassergräben ist der Salzgehalt des Wassers so hoch, dass man sich hier wie im Toten Meer ganz einfach aufs Wasser legen und Zeitung lesen kann. Duschen gibt es freilich nicht – man bringt sich Süßwasser in Kanistern mit.

Die »pilládes« werden heute oft als Ferienhäuser genutzt

SERVICE & TIPPS

ℹ **www.discovermessolonghi.gr**

🏛 **Rathaus**
Odós Mayer 20, Messolóngi
✆ 26 31 36 09 13
Tägl. 9–13.30 und 16–19, im Winter nur bis 18 Uhr
Eintritt frei
Erinnerungen an den griechischen Freiheitskampf und speziell Lord Byron.

---

8 NÁFPAKTOS

Náfpaktos vereint historisches Flair, schöne Sandstrände, eine lebendige Uferpromenade und einen romantischen Hafen miteinander. Die futuristische Trikoúpis-Brücke über den Golf von Patras und die hohen Berge des Peloponnes gehören zur Kulisse des Städtchens. Der von den Venezianern einst Lepanto genannte Ort (13 400 Einw.) zieht sich von seinem winzigen, durch Festungsmauern geschützten **Hafen** aus entlang dem Wasser und einen steilen Hügel hinauf, den gleich mehrere Ringmauern überziehen. Auf seinem (auch per Auto erreichbaren) Gipfel steht eine venezianische **Burg** mit schönem Café.

Am 7. Oktober 1571 lief von Náfpaktos eine Flotte von mehreren miteinander verbündeten römisch-katholischen Staaten zur Seeschlacht von Lepanto aus. Die Christen beendeten die Schlacht gegen die Osmanen vor dem Eingang zum Golf von Patras siegreich. Berühmtester Mitkämpfer war der spanische Dichter Cervantes, der im Kampf einen Arm verlor.

SERVICE & TIPPS

🍴 **Kouzína Loi**
Odós Anemogiánni 3, Náfpaktos
✆ 26 34 03 84 11
Tägl. ab 13 Uhr
Schön an der Westseite des historischen Hafens gelegen bietet das Lokal etwas verfeinerte griechische Küche. €€

Mit der »Argo« brachen Iason und die Argonauten von Vólos auf, um das Goldene Vlies zu finden

⑨ PÍLION-HALBINSEL

Die Bezirkshauptstadt Vólos (130 000 Einw.) ist das Eingangstor zu einer der reizvollsten griechischen Halbinseln, die sich wie ein gekrümmter Haken weit in die Ägäis vorschiebt. Weite Teile des Pílion sind dicht bewaldet; am Berg Pílion kann man sogar Ski fahren – im **Agrioléfkes**-Skigebiet. Bei **Zagorá** im Nordosten liegt Griechenlands größtes Apfelanbaugebiet, in vielen Dörfern widmet man sich der Blumenzucht. Viele gute Strände spicken die zum Pagasitischen Golf hin flachen, zur offenen Ägäis hin wild und steil abfallenden Küsten. Der größte Kulturschatz der Region sind ihre vielen, im 18. und 19. Jahrhundert durch Handel reich gewordenen Dörfer mit viel historischer Bausubstanz. Sie locken mit zahlreichen kleinen Hotels in historischen Herrenhäusern.

In **Vólos** erinnert an der fast rund um die Uhr von gut gefüllten Fischtavernen belebten Uferpromenade eine kleine, fotogene **Bronzeskulptur** daran, dass von hier Iason mit seinen Argonauten aufbrach, um mit dem 50-rudrigen Schiff »Argo« das Goldene Vlies aus einem Heiligtum in Kolchis am Schwarzen Meer zu rauben. Das Vlies war ein von einem Drachen bewachtes Widderfell aus reinem Gold. Im **Archäologischen Museum** am südlichen Ende der Uferpromenade ist die Präsentation einer Auswahl von über 400 bemalten Grabstelen aus dem 3./2 Jahrhundert v. Chr. besonders interessant. Diese zählen zu den wenigen gut erhaltenen Beispielen antiker Malerei. In einer alten Ziegelei erzählt das **Roof Tiles and Brickwork Museum** sehr anschaulich aus der Industriegeschichte der Stadt.

In der unmittelbaren Umgebung von Vólos zeugen mehrere Ausgrabungen von der frühen geschichtlichen Bedeutung der Region. Mit **Dímini** und **Sésklo** liegen zwei der bedeutendsten neolithischen Siedlungen Griechenlands dicht beieinander. Sésklo war im 5. Jahrtausend v. Chr. von etwa 3000 Menschen bewohnt, Dímini ein Jahrtausend später von etwa 300.

Eine Pílion-Rundfahrt von Vólos aus ist etwa 130 sehr kurvenreiche Kilometer lang. Sie führt zunächst hinauf nach **Makrinítsa** (900 Einw.), einem der schönsten Bilderbuchdörfer des Pílion. Die stattlichen Natursteinhäuser ziehen sich über 600 Höhenmeter einen grünen Hang hinauf. Besonders schön ist der alte Brunnen auf dem Dorfplatz, in dessen Nordwestecke im **Kafenío Theóphilos** noch eine Wandmalerei des berühmtesten naiven Malers Griechenlands, Theóphilos von der Insel Lesbos, zu finden ist.

Pittoresk: das kleine Dorf Makrinítsa

Über eine Passhöhe windet sich die Bergstraße dann hinüber in die obstreiche, besonders üppig grüne Region um **Makrirächi**.

Ein Erlebnis für Groß und Klein: die 90-minütige Fahrt mit der Pílion-Bahn nach Miliés

Danach führen Stichstraßen hinunter zu den traumhaft schön unterhalb der Steilküste gelegenen Stränden von **Papá Neró Beach** bei Ágios Ioánnis und ins benachbarte **Damouchári**.

Über **Tsangaráda** geht es anschließend wieder quer über die Halbinsel nach **Miliés**. Den Ort kann man von Vólos aus auch täglich mit einem **Oldtimerzug** erreichen. Am historischen Bahnhof von Miliés wird die Lokomotive noch per Hand auf einer Drehscheibe gewendet. Im tagsüber frei zugänglichen Vorraum der 1741 erbauten Dorfkirche **Taxiárchon** ziert ein einzigartiges Fresko die Südwand: Es zeigt die zwölf Tierkreiszeichen.

SERVICE & TIPPS

i www.pilion.de
Deutschsprachige kommerzielle Website, eher dürftige Informationen.

🏛 Archäologisches Museum
Odós Athanasáki 1, Vólos
✆ 24 21 02 52 85
www.efamagvolos.culture.gr
Tägl. außer Di 8.30–16, Nov.–März nur bis 15.30 Uhr
Eintritt € 4
Das Museum besitzt 400 bemalte Grabstelen aus hellenistischer Zeit.

🏛 Ziegelei-Museum
Nótia Píli, Vólos
✆ 24 21 02 98 44
www.piop.gr
Tägl. außer Di 10–18, Mitte Okt.–Feb. nur bis 17 Uhr
Eintritt € 4
Open-Air-Industriemuseum.

O Palió Stathmós
Im Bahnhof von Miliés
✆ 24 23 08 64 25
www.paliosstathmos.com
Tägl. ab 9 Uhr
Romantische Taverne im historischen Bahnhof und unter den alten Platanen davor, ca. 15 Gehminuten unterhalb des Dorfplatzes über einen schönen, historischen Fußweg zu erreichen. €€

Pílion-Bahn
www.trainose.gr
Abfahrt Áno Lechoniá: Aug. tägl., sonst nur Sa/So 10 Uhr
Abfahrt Miliés: Aug. tägl., sonst nur Sa/So 15 Uhr
Fahrzeit ca. 90 Min., Ticket einfach € 10, hin und zurück € 18 (online 10% Rabatt)
Zwischen Áno Lechoniá bei Vólos und Miliés verkehrt eine historische Museumseisenbahn mit Dampflokomotive.

Kirche Agia Kiriaki in Zagorá auf der Pílion-Halbinsel ▷

⑩ TÉMPI-TAL

Das acht Kilometer lange und an seiner schmalsten Stelle nur 40 Meter breite, üppig grüne Tal bildet den einzigen natürlichen Übergang von Nord- nach Mittelgriechenland entlang der Küste. Der von den Metéora-Felsen kommende Pínios-Fluss bricht sich hier seinen Weg in die Ägäis, begleitet von der Nationalstraße und der Bahnlinie Thessaloníki–Athen. Mehrere Parkplätze zu beiden Seiten der sehr stark befahrenen Straße machen auf die Stelle aufmerksam, an der man über eine Hängebrücke zur Höhlenkapelle der **Agía Paraskeví** kommt. Am östlichen Ende der Schlucht zweigt eine zwölf Kilometer lange Nebenstraße zum stillen Badeort **Stómio** mit kilometerlangem Sandstrand im vogelreichen Mündungsgebiet des Pínios ab. Am westlichen Ende der Schlucht führt eine kurvenreiche, gut ausgebaute Stichstraße ins fünf Kilometer entfernte große Bergdorf **Ambelákia** hinauf. Im 18. Jahrhundert war es Heimat vieler wohlhabender Textilhändler und -fabrikanten, die sich zu einer Kooperative zusammengeschlossen hatten und in ganz Europa aktiv waren. Das Wohnhaus einer der Kaufleute, das **Haus Schwartz**, legt heute noch Zeugnis davon ab.

SERVICE & TIPPS

🏛 **Haus Schwartz**
Ambelákia
✆ 24 95 09 33 02
Mi–So Mai–Sept. 9–19, Okt.–April 8.30–15 Uhr
Eintritt € 2
Wohnhaus eines reichen Kaufmanns aus der Zeit um 1800.

Über eine Hängebrücke kommt man zur Agía Paraskeví

Das Haus von Georgios Schwartz ist bis auf das Mobiliar noch im Originalzustand erhalten

⑪ THEBEN (THÍVA)

Das legendäre Theben – nicht zu verwechseln mit dem noch berühmteren Theben in Ägypten – ist heute nur eine belanglose Kleinstadt (21 000 Einw.). Seine mythischen Könige machten es jedoch weltbekannt. Hier war Ödipus zu Hause, der unwissentlich seinen Vater Laios ermordete und seine Mutter Iokaste zur Frau nahm. Von der antiken Stadt ist außer geringfügigen Mauerresten eines mykenischen Palastes aus dem 13. Jahrhundert v. Chr. nichts mehr zu sehen. Dafür aber ist das 2016 eröffnete **Archäologische Museum** jeden Umweg wert. Ins Museum mit einbezogen wurden Überreste eines Wohnhauses aus dem 3. Jahrtausend v. Chr., eines mykenischen Grabes aus dem 17. Jahrhundert v. Chr., der mykenischen Burg Kadmeia und eines Burgfrieds aus der Kreuzritterzeit. Einzigartige Objekte im Museum sind einige bemalte mykenische Sarkophage, restaurierte mykenische Wandmalereien und mehrere Darstellungen von Sphingen, die eng mit dem Ödipus-Mythos verknüpft sind: Um Theben von einer Sphinx zu befreien, war er überhaupt nur in die Stadt aufgebrochen.

Grabstele aus Theben (5. Jahrhundert v. Chr.)

SERVICE & TIPPS

Zugverbindung mit Athen
www.tickets.trainose.gr
Sechsmal tägl. verbinden schnelle Intercity-Züge Theben in nur 65 Minuten mit Athen.

Archäologisches Museum
Odós Threpsíadou 1, Theben
✆ 22 62 02 35 59
Tägl. außer Di
8.30–15.30 Uhr
Eintritt € 6
Modernes Museum, das besonders schön bemalte mykenische Sarkophage und andere Kostbarkeiten zeigt.

Region 5
Thessaloníki
und Chalkidikí

THESSALONÍKI UND CHALKIDIKÍ

GROSSSTADT MIT FLAIR UND JEDE MENGE GUTE STRÄNDE

Griechenlands zweitgrößte Stadt liegt direkt am Meer. Die ausgedehnte Innenstadt ist landseitig noch immer auf weiten Strecken von ihren mächtigen mittelalterlichen Mauern umgeben. Historische Bauwerke aus römischer, byzantinischer und osmanischer Zeit sind eng mit der modernen, zu großen Teilen nach einem Großbrand im Jahr 1923 neu geplanten Stadt verwoben. Über 100 000 Studenten beleben die »Metropole des Balkans« bei Tag und Nacht, in unzähligen Lokalen erklingt täglich Livemusik jeder Art. Besonders belebt ist die Uferstraße mit ihren Cafés und Restaurants, von denen der Blick an klaren Tagen über die auf Reede liegenden Schiffe bis zum Olymp reicht. Zahlreiche Museen decken ein breites Interessenspektrum ab, im alten Hafenviertel ist Geschichte auch nachts unterhaltsam erlebbar. Die neue Uferpromenade

Von der Oberstadt Thessalonikis (Áno Póli) aus genießt man einen Blick über die gesamte Stadt

Néa Paralía, die am berühmten Weißen Turm beginnt und bis zum modernen Konzerthaus der Stadt reicht, lädt zu Rad- und Kutschtouren ein; vor dem Weißen Turm starten bis nachts um vier Uhr Boote zu kurzen Fahrten entlang des Ufers der sanft einen langen Hang hinaufsteigenden Stadt.

Südöstlich von Thessaloníki ragt die Halbinsel Chalkidikí in die Ägäis hinein – es ist die international meistbesuchte Ferienregion auf dem griechischen Festland. Auf zweieinhalb ihrer markanten Finger steht das Baden im Mittelpunkt, in der über 1000 Jahre alten Mönchsrepublik Áthos hingegen das Beten. Áthos dürfen Nicht-Orthodoxe nur mit besonderem Visum betreten – und auch das nur, wenn sie Männer sind. Einen Einblick gewähren Schiffsfahrten entlang der Küste. Die meisten Orte auf den drei Fingern sind noch keine 100 Jahre alt, wurden erst nach der »Kleinasiatischen Katastrophe« neu gegründet. Entsprechend modern ist die Infrastruktur, die ganz auf Urlaub ausgerichtet ist. Zu den wenigen bedeutenderen archäologischen Stätten gehört das antike Stagirá, der Geburtsort des Philosophen Aristoteles. Sehr waldreich sind große Teile des Binnenlandes oberhalb der drei Finger. Da gibt es noch besonders urige Tavernen und große, teils sehr schön restaurierte Dörfer wie Arnéa.

Panteleimoon, bis 2003 Bischof von Thessaloníki

8 THESSALONÍKI

STADTRUNDGANG

Der Hauptplatz der Stadt ist die große ❶ **Platía Aristotélous** mit vielen schicken Cafés und Lounges. Der antike Philosoph Aristoteles sitzt als etwa lebensgroße Bronzeskulptur zwischen den Gästen und sieht auch bei den oft auf diesem Platz stattfindenden Demonstrationen und Kundgebungen zu. Würde er einmal zur Seite schauen, könnte er auf der anderen Seite des Thermäischen Golfes auch den Götterberg Olymp erblicken.

Als breite Fußgängerzone führt die Odós Aristotélous von der Platía 300 Meter weit hügelan, flankiert von bunten Märkten. Zur Linken wird auf dem ❷ **Vláli-Markt** Obst und Gemüse, Fleisch und Fisch feilgeboten. Nur ein paar Schritte entfernt verkaufen Händler vor dem ehemaligen türkischen Bad Yachoúdi Hamam Blumen. Zur Rechten der Aristotélous-Straße erstreckt sich der ehemalige ❸ **Vatikióti-**

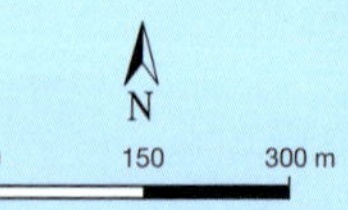

Thessaloniki

Das gesellschaftliche Zentrum Thessaloníkis: die Platía Aristotélous

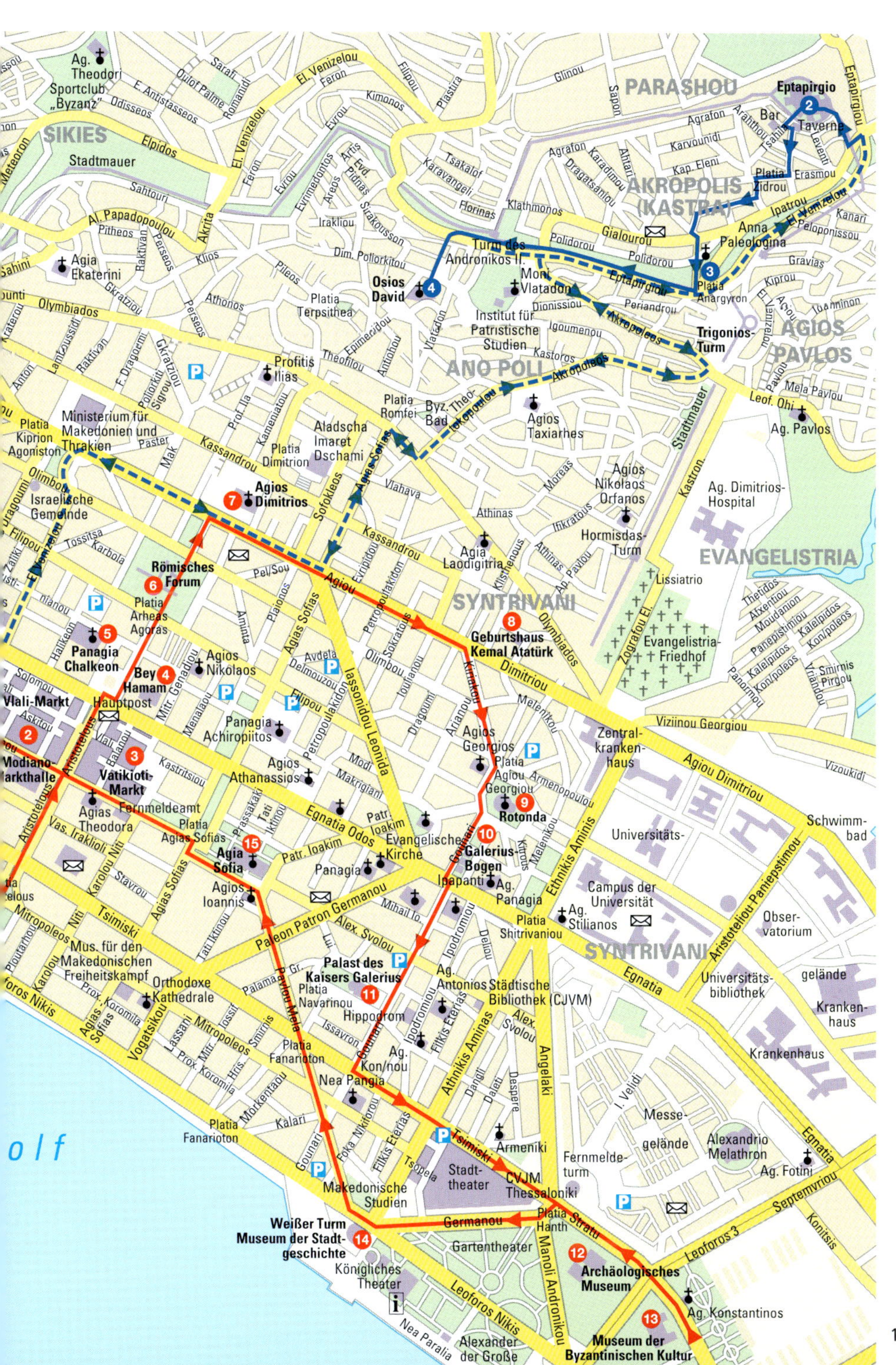
SIKIES
Stadtmauer
PARASHOU
Eptapirgio
AKROPOLIS (KASTRA)
Turm des Andronikos II.
Osios David
Moni Vlatadon
Institut für Patristische Studien
Trigonios-Turm
AGIOS PAVLOS
ANO POLI
Ag. Pavlos
Ministerium für Makedonien und Thrakien
Aladscha Imaret Dschami
Agios Dimitrios
Israelische Gemeinde
Ag. Dimitrios-Hospital
EVANGELISTRIA
Römisches Forum
SYNTRIVANI
Geburtshaus Kemal Atatürk
Evangelistria-Friedhof
Panagia Chalkeon
Bey Hamam
Vlali-Markt
Hauptpost
Modiano-Markthalle
Vatikioti-Markt
Panagia Achiropiitos
Zentral-krankenhaus
Rotonda
Universitäts-
Agia Sofia
Galerius-Bogen
Campus der Universität
Obser-vatorium
Palast des Kaisers Galerius
Städtische Bibliothek (CJVM)
Universitäts-bibliothek
Mus. für den Makedonischen Freiheitskampf
Orthodoxe Kathedrale
Hippodrom
Krankenhaus
Messe-gelände
Alexandrio Melathron
Stadt-theater
CVJM Thessaloniki
Makedonische Studien
Weißer Turm Museum der Stadt-geschichte
Gartentheater
Archäologisches Museum
Königliches Theater
Museum der Byzantinischen Kultur
Ag. Konstantinos
Alexander der Große
olf

Markt, der heute von Cafés und Mezedopolía dominiert wird.

Die Odós Aristotélous mündet in eine weitläufige Grünanlage. Rechts erhebt sich das 1444 erbaute größte osmanische Bad Thessaloníkis, der ❹ **Bey Hamam**. Rechts steht etwas unter dem heutigen Platzniveau die byzantinische Kirche ❺ **Panagía Chalkéon** aus dem frühen 11. Jahrhundert mit Wandmalereien aus der Erbauungszeit. Das Gotteshaus wurde gestiftet von den Kupferschmieden der Stadt, die früher vor der Kirche in großer Zahl ihre Werkstätten hatten. Die Grünanlage geht an ihrem oberen Rand in das ❻ **Römische Forum** über, von dem ein kleines Theater und eine ehemals unterirdische Einkaufsarkade bestens erhalten sind.

Das bedeutendste Gotteshaus in Thessaloníki ist die Basilika des ❼ **Ágios Dimítrios**, des Schutzpatrons der Stadt. Ihr größter kunsthistorischer Schatz sind fünf Mosaike aus dem 7. und 9. Jahrhundert. Die Reliquie des Heiligen ruht unter einem prächtigen Baldachin im linken Seitenschiff. Schauplatz der Ermordung des Märtyrers war der Überlieferung nach die Krypta, die in römische Thermen hineingebaut wurde.

Auf der verkehrsreichen Straße Agíou Dimitríou geht es nun gen Süden in Richtung Rotunda. Bei Interesse macht man einen kleinen Abstecher zum angeblichen ❽ **Geburtshaus von Kemal Atatürk**, dem Gründer der »modernen« Türkei, das sich auf dem Grundstück des türkischen Generalkonsulats befindet. Es ist heute Museum und Wallfahrtsziel vieler türkischer Touristen. Die ❾ **Rotónda**, ein kreisrunder, fast fensterloser Bau, stammt aus dem 4. Jahrhundert v. Chr., als Thessaloníki kurzfristig die Hauptstadt des gesamten Römischen Reichs war. Erst diente sie als Mausoleum für den römischen Kaiser Galerius, dann als Kirche, als Moschee und wieder als Kirche; heute fungiert die Rotunda als Museum. Die prächtigen Mosaiken in der 25 Meter überspannenden Kuppel sind 1600 Jahre alt und wurden gut restauriert. Sie zeigen betende christliche Märtyrer in festlichen Gewändern vor einer fantastisch anmutenden Architekturkulisse.

Eingangsbereich des Archäologischen Museums von Thessaloníki

Nur wenige Schritte weiter erzählen Reliefs am ❿ **Galerius-Bogen** von den kriegerischen Heldentaten des Galerius, der von 305 bis 311 in Thessaloníki residierte. Der erhaltene Bogen ist der Rest von einer Art Torgebäude, das eine antike Prachtstraße mit vielen Arkaden überspannte. Wer die Überreste des kaiserlichen Palastes sehen will, überquert am Galerius-Bogen die Odós Egnatía und geht 150 Meter die Fußgängern vorbehaltene Odós Gounári hinunter. Dort folgen auf ein Informationszentrum zum römischen

Gemütliche Alternative zum Auto in Thessaloníki: Kutsche vor dem Weißen Turm am Hafen

Thessaloníki rechter Hand die noch immer eindrucksvollen Überreste des ⓫ **Galerius-Palastes**.

Von hier sind es nur gut fünf Minuten Gehzeit bis zu den beiden bedeutendsten Museen der Stadt. Im ⓬ **Archäologischen Museum** gegenüber dem Messegelände sind der »Prunkkrater von Dervéni« und der Dervéni-Papyrus die wertvollsten Einzelobjekte. Beide stammen aus dem 4. Jahrhundert v. Chr. Der 91 cm hohe Krug aus Bronze ist mit Reliefs – darunter eine zart erotische Darstellung zweier Liebespaare – und vollplastischen Figuren verziert, der Papyrus gilt als ältestes erhaltenes »Buch« Europas. Das nur 200 Meter entfernte ⓭ **Museum der Byzantinischen Kultur** beleuchtet mit zahlreichen Originalobjekten und guten englischsprachigen Erklärungstafeln viele Aspekte der Kunst, aber auch des Alltagslebens in byzantinischer Zeit, also zwischen etwa 500 und 1500. Besonders eindrucksvoll sind die beiden Säle zu Begräbnisbräuchen und zur Architektur frühchristlicher Kirchen.

Direkt am Meer steht nahe den Museen auf der anderen Seite einer kleinen Grünanlage mit netten Gartenlokalen der in Wahrheit graue ⓮ **Weiße Turm**. Er wurde 1430 von venezianischen Architekten als Eckbefestigung der Seemauer errichtet. Man kann ihn über eine spiralförmige Rampe besteigen. In den verschiedenen Etagen werden mit Hilfe moderner Medien Aspekte der Stadtgeschichte präsentiert.

Wer will, kann den Rundgang am Weißen Turm gut für einige Zeit unterbrechen, denn hier bieten sich unterschiedliche Aktivitäten an: eine Fahrt mit der **Pferdekutsche** auf der breiten Uferpromenade **Néa Paralía** oder mit dem **Ausflugsboot** vorbei an den Ufern der Stadt. Auf Höhe des markanten

Zeugnis byzantinischer Kultur: die Agía Sofía in Thessaloníki

Hotelklotzes des Makedonia Palace werden zudem **Fahrräder** verschiedenster Art vermietet.

Auf dem Weg vom Weißen Turm zurück zur Platía Aristotélous und weiter ins Ladádika-Viertel lohnt ein Abstecher zur Kirche ⓯ **Agía Sofía** aus dem 8. Jahrhundert. Ihre Kuppel ziert ein ein Jahrhundert jüngeres Mosaik. Vor einem in Gold leuchtenden Hintergrund ist die Himmelfahrt Christi dargestellt. Vier Engel tragen den in einer Glorìole auf einem Regenbogen thronenden Gottessohn davon. Auf der Erde bleiben die zwölf Jünger und die von zwei Engeln flankierte Maria zurück. Sie sind durch stilisierte Ölbäume voneinander getrennt.

Nach diesem Kunstgenuss kann man im restaurierten **Hafenviertel Ladádika** mit seinen bunten kleinen Häusern und vielen Lokalen entspannen. Das völlig verkommene alte Gewerbeviertel wurde in den 1990er Jahren fast vollständig saniert und ist heute ein Zentrum des städtischen Nachtlebens. Am Rand des Viertels belegt das ⓰ **Museum des Jüdischen Lebens** eindrucksvoll, was für eine wichtige Rolle die jüdischen Bewohner für die Stadt zwischen 1492 und 1941 gespielt haben. Auch die Ermordung von 40 000 der 50 000 Juden Thessaloníkis in deutschen Vernichtungslagern wird dokumentiert.

Überquert man am Südrand des Ladádika-Viertels die Uferstraße, kommt man auf die Hafenkais. Neben dem lang gestreckten Passagierterminal wurden hier auf dem zum Stadtzentrum hin ausgerichteten Kai zwei historische Lagerhallen restauriert. In Lagerhalle A' sind heute ein ⓱ **Museum für Fotografie** und ein **Filmmuseum** untergebracht. In der gegenüberliegenden Lagerhalle B' veranstaltet das ⓲ **Staatsmuseum für Zeitgenössische Kunst** Sonderausstellungen. Direkt nebenan befindet sich in einer weiteren Lagerhalle die **Kitchen Bar**, die Bar und Restaurant zugleich ist und mit ihren vielen Tischen am Wasser ein wenig Inselflair in der Großstadt verbreitet.

Auf der Aristotélous ist abends immer noch etwas los

THESSALONÍKI VON OBEN

Zwischen dem Hafenkai und der Platía Aristotélous liegt an der Uferstraße die ❶ **Platía Elefthérias**. Hier trieben die Deutschen 1943 alle Juden Thessaloníkis zum Abtransport in die Konzentrationslager zusammen; ein **Holocaust-Denkmal** an der Uferstraße erinnert daran. Die Platía ist Endstation der Stadtbuslinie 23, die hinauffährt ins **Kástra-Viertel**, auch Akrópolis genannt. Es wird noch ganz von seinen mittelalterlichen, zinnenbekrönten Stadtmauern umschlossen, wirkt stark ländlich und fast weltabgeschieden. An mehreren Stellen direkt vor den Mauern und ihren Türmen genießt man einen prächtigen Blick über die ganze Stadt und an der Küste entlang, bei klarem Wetter sogar bis hinüber zum antiken Götterberg Olymp. Dachgarten-Cafés laden zum Sundowner, Tavernen zum Abendessen. Beim Anblick der abends beidseitig angestrahlten Stadtmauern fühlt man sich in längst vergangene Jahrhunderte versetzt.

Die byzantinische Zitadelle Eptapirgío thront über der Stadt

Mit dem Bus 23 fährt man bis zur Haltestelle Eptapirgío und geht über die hier eingerissene Stadtmauer hinüber zur Zitadelle ❷ **Eptapirgío** am höchsten Punkt der gesamten Altstadt. Jahrhundertelang war sie Sitz der Militärkommandantur der Stadt, vom Ende des 19. Jahrhunderts bis 1989 wurde sie als Gefängnis genutzt. Am Vorplatz gibt es eine schöne Café-Bar und eine gute Taverne. Von der Zitadelle führt die linke der beiden Gassen in fünf Minuten zur ❸ **Platía Anárgyron** mit einer den Heiligen Kosmas und Damian geweihten Kirche. Hier tritt man aus dem Kástra-Viertel, wendet sich nach rechts und folgt der Mauer, bis nach etwa 500 Metern ein Wegweiser auf die etwas unterhalb im Gassengewirr gelegene Kirche ❹ **Ósios Davíd** hinweist. Sie wirkt wie ein kleines, uraltes Wohnhaus und birgt in der Apsis ein frühchristliches Mosaik aus der Zeit um 500. Es zeigt einen thronenden jungen und bartlosen Christus in einer Regenbogen-Aureole, die von den Symbolen der vier Evangelisten getragen wird. Unter der Aureole entspringen die vier Flüsse des Paradieses.

Von hier aus kann man nun entweder zum nächstgelegenen Stadttor zurückgehen und dort in den Bus 23 steigen oder kreuz und quer durch die Oberstadt bis zur Platía Aristotélous hinunterlaufen.

Kinder und Jugendliche unter 18 J., Studenten aus EU-Ländern und Journalisten haben mit einem entsprechenden Nachweis **freien Eintritt** *zu staatlichen Museen und archäologischen Stätten. Senioren ab 65 J. und Studenten aus Nicht-EU-Ländern erhalten eine* **Ermäßigung**, *zumeist sind es 50 Prozent.*

SERVICE & TIPPS

i Städtische Tourist Information
Kiosk zwischen Weißem Turm und Alexander-Denkmal
Thessaloníki
Mai–Okt. Mo–Fr 9–21, Sa/So 10–18, Nov.–April tägl. 10–18 Uhr

U Stadtbuslinien und Metro
http://oasth.gr
Seit Frühjahr 2020 hat auch Thessaloníki seine moderne, fahrerlose Metro. Bis dahin war man ganz auf die städtischen Busse angewiesen, die auch den Flughafen mit der Innenstadt verbinden. Tickets kauft man an Fahrkartenschaltern und Kiosken oder am Automaten im Bus (Kleingeld notwendig). Ticketpreise: eine Fahrt ohne Umsteigen € 1, 2/3/4 Fahrten in beliebige Richtung innerhalb von 70/90/120 Min.: € 1,20/1,50/2. Kinder und Jugendliche unter 18 J., Studenten und Senioren über 65 J. zahlen jeweils den halben Fahrpreis.

Bike It
Leof. Megálou Aléxandrou 2
Thessaloníki
✆ 23 10 88 89 20
www.bikeitrentals.com
Tägl. 10–19 Uhr
Vermietung von Fahrrädern jeder Art, darunter auch hippe Holzfahrräder, Tandems und Quads, für Fahrten entlang der Uferpromenade.

⑫ Archäologisches Museum
Platía Chanth, Thessaloníki
✆ 23 10 31 02 01
www.amth.gr
Tägl. 8–20 Uhr, im Winter kürzer, Eintritt € 8/4
Archäologische Funde aus ganz Makedonien und West-Thrakien.

⑧ Geburtshaus von Kemal Atatürk
Odós Ap. Pávlou/Odós Ag. Dimitríou, Thessaloníki
✆ 23 10 24 84 52
Tägl. außer Mo 10–17 Uhr
Eintritt frei, Personalausweis notwendig
Hier erblickte angeblich der Gründer der »modernen« Türkei das Licht der Welt.

⑬ Museum der Byzantinischen Kultur
Leofóros Stratoú 2, Thessaloníki
✆ 23 13 30 64 00
www.mbp.gr
Tägl. April–Okt. 8–20, Nov.–März 9–16 Uhr, Eintritt € 8/4
Architekturfragmente, Ikonen und Zeugnisse des Alltagslebens aus über 1000 Jahren.

Das Holocaust-Denkmal erinnert an die Ermordung griechischer Juden während des Zweiten Weltkriegs

16 Museum des Jüdischen Lebens

Odós Agíou Miná 13
Thessaloníki
✆ 23 10 25 04 06
www.jmth.gr
Mo–Fr 9–14, Mi auch 17–20, So 10–14 Uhr, Eintritt € 5/3
Themen sind 500 Jahre jüdische Geschichte der Stadt und der Holocaust.

17 Museum für Fotografie und Filmmuseum

Lagerhalle A', Thessaloníki
✆ 23 10 50 83 98
www.cinemuseum.gr
Eintritt € 2/1
Wechselnde Fotoausstellungen und Exponate zur frühen Filmtechnik.

14 Weißer Turm

Leof. Níkis, Thessaloníki
✆ 23 13 30 64 00
www.mbp.gr
Tägl. Mai–Okt. 8–20, Nov.–April 9–16 Uhr
Eintritt € 4/2
Das Wahrzeichen der Stadt direkt am Meer. Mit Ausstellung zur Stadtgeschichte.

15 Agía Sofía

Platía Agías Sofías, Thessaloníki
✆ 23 10 27 02 53
Tägl. April–Okt. 7–13 und 18–19.30, Okt.–März 7–12 und 17–18.30 Uhr
Eintritt frei
Das schönste Mosaik Thessaloníkis (8. Jh.) ist in der Kuppel zu sehen.

7 Ágios Dimítrios

Odós Agíou Dimitríou 94, Thessaloníki
✆ 23 10 27 00 08
Kirche ganztags geöffnet, Krypta Di–Fr 8–17, Sa/So 8.30–15 Uhr, Gottesdienst in der Krypta 20.30–22.20 Uhr
Eintritt frei
Die Wallfahrtskirche für den Stadtheiligen.

4 Bey Hamam

Via Egnatía, Thessaloníki

Eine der ältesten Kirchen Thessaloníkis: Ágios Dimítrios

Im Geburtshaus von Kemal Atatürk befindet sich heute auch ein Museum

Die byzantinische Kirche Panagía Chalkéon

Mi–Sa 8–15 Uhr
Eintritt frei
Osmanisches Bad.

2 Eptapirgío
Kástra, Thessaloníki
✆ 23 13 31 04 00
Mai–Okt. tägl. außer Mo 8.30–19, sonst 8.30–15 Uhr
Eintritt frei
Eine Burg am höchsten Punkt der Altstadt, die zum Gefängnis für politische Gegner wurde.

11 Galerius-Palast
Platía Navarínou, Thessaloníki
✆ 23 13 31 04 00

Die Rotónda des Galerius

http://galeriuspalace.culture.gr
Di/Mi 8–15 Uhr
Eintritt frei
Überreste eines gigantischen römischen Kaiserpalastes aus dem 4. Jh.

4 Ósios Davíd
Odos Epimenídou 17, Thessaloníki
Häufig wechselnde Öffnungszeiten, Eintritt frei
Kirche mit frühchristlichem Mosaik.

5 Panagía Chalkéon
Odós Aristotelous/Odós Egnatía, Thessaloníki
✆ 23 10 27 29 10
Tägl. 7.30–12 und 17–19 Uhr
Eintritt frei
Die Kirche der Kupferschmiede stammt aus dem 11. Jh.

9 Rotónda
Platía Agíou Georgíou Thessaloníki
✆ 23 10 20 48 68
http://galeriuspalace.culture.gr
Mai–Okt. Di–Fr 8–18.45, Sa/So 9–15.45, Nov.–April tägl. außer Mo 8.30–15 Uhr
Eintritt € 3/2

Reliefs schildern anschaulich grausam römische Schlachten und Triumphzüge.

I Moúrga
Odós Christopoúlo 12
Thessaloníki
✆ 23 10 26 88 26
Mo–Do 14–1, Fr 14–2, Sa 13–1, So 14–24 Uhr
Das kleine, moderne Lokal ist für Fisch und Meeresfrüchte eins der kreativsten der Stadt. Ohne Reservierung bekommt man zwischen 17 und 18 Uhr am ehesten einen Platz. €€€

Toixo-Toixo
Odós Ágrafou 1, Ecke Odós Polydorou, Akrópolis
Thessaloníki
Tägl. 9–3 Uhr
Wie in einem schönen Dorf isst man hier direkt an den abends angestrahlten Stadtmauern des Kástra-Viertels allerlei traditionelle griechische Spezialitäten, die oft mediterran und kreativ verfeinert sind. Gäste sind fast ausschließlich Einheimische. €€

Bakaliáriko Sto Limáni
Odós Fasianoú 1, Ladádika
Thessaloníki
✆ 23 10 51 26 00
Tägl. 11–17.30 Uhr
Stockfisch ist typisch Thessaloníki. Hier nahe dem Hafen haben sich gleich mehrere Lokale darauf spezialisiert. Serviert wird er knusprig paniert und in Öl frittiert mit Kartoffeln und Knoblauch-Kartoffel-Püree. €

Ta Spáta
Odós Aristotélous 28
Thessaloníki
✆ 23 10 27 74 12
Tägl. ab 10 Uhr
Ideal für ein schnelles Mittagessen. Riesenauswahl. Bestellt wird am Schautresen, serviert dann am Tisch. €

Aígli
Odós Ag. Nikólaou 3
Thessaloníki
Mi–So 21–5 Uhr
Eintritt frei
Auch wer Bars und Diskos scheut, muss diesen Club gesehen haben. Er hat ein altes türkisches Dampfbad zu neuem Leben erweckt und grandiose Lichteffekte geschaffen. Wer will, kann auch Shisha rauchen; tanzen muss niemand.

Das Nachtleben in Thessaloníki spielt sich größtenteils in Cafés, Bars und Tavernen ab

❶ ARNÉA

Das schönste Städtchen der Chalkidikí liegt auf fast 600 Meter Höhe inmitten grüner Hügel. Viele Häuser hier stammen noch aus dem 19. und frühen 20. Jahrhundert und wurden in den letzten Jahren aufwendig restauriert. Bis vor etwa 45 Jahren lebten in Arnéa viele Familien von der Herstellung traditioneller Schafwollteppiche, der sogenannten Flokatis, und kunstvollen Stickereien. Heute ist die Imkerei neben der Forstwirtschaft die wichtigste landwirtschaftliche Einnahmequelle.

Die Durchgangsstraße verbindet die beiden Hauptplätze der Stadt. Um die obere Platía herum stehen besonders viele stattliche alte Häuser und auch die beiden kleinen **Volkskundlichen Museen**. Nahe der unteren Platía, auch Chorostási genannt, befinden sich die schon 1871 erbaute, heute als Rathaus dienende Schule, der markante Uhrturm und die

In den Straßen von Arnéa ...

Hauptkirche aus dem 20. Jahrhundert, in der unter begehbaren Panzerglasplatten die Grundmauern des Vorgängerbaus aus dem 10. Jahrhundert sichtbar sind. Hier beginnt auch die Zufahrtsstraße hinunter zum eineinhalb Kilometer entfernten Eichenwäldchen mit der Kirche **Agía Paraskeví**, die am 25./26. Juli Ziel einer volkreichen Wallfahrt ist. Ganzjährig serviert ein gepflegtes Waldrestaurant dort exzellente regionale Küche.

SERVICE & TIPPS

Museen
50 m von der oberen Platía Arnéa
✆ 23 72 35 11 00
Tägl. außer Do 10–14 Uhr
Eintritt € 2
Schöne Web- und Stickarbeiten, haus- und landwirtschaftliche Geräte.

Bakatsianós
Agía Paraskeví, Arnéa
✆ 23 72 02 27 50
www.bakatsianos.gr
Tägl. ab 11 Uhr
Regionale Küche mit Spezialitäten wie Trüffel und Waldkartoffeln, zubereitet von einem Spitzenkoch zu günstigen Preisen. Unbedingt vorher anrufen, da oft geschlossene Gesellschaften wie Hochzeiten und Taufen. €€

... und in der Hauptkirche, in der unter Glasplatten die Grundmauern einer Kirche aus dem 10. Jahrhundert zu sehen sind

❷ ÁTHOS-HALBINSEL

Der weltliche Teil des dritten Fingers der Chalkidikí ist zwar nur klein, aber auf jeden Fall eine Tagestour wert. Erster Ort an der einzigen Zufahrtsstraße ist die Kreishauptstadt **Ierissós**. Dort haben Archäologen in den letzten Jahren einen winzig kleinen Teil der **Nekropole des antiken Akánthos** freigelegt und in eins der anschaulichsten Museen Nordgriechenlands verwandelt. Auf der Fläche eines Tennisplatzes sieht man ganz unterschiedliche Arten von Urnen, teils für die Aufnahme von Asche, teils für die Aufnahme ganzer Leichname bestimmt. Zu sehen sind auch verschiedenste Sarkophage, mal mit, mal ohne Deckel. Manche Gräber sind samt Grabbeigaben so belassen, wie die Archäologen sie vorgefunden haben. Spärliche Überreste der antiken Stadt Akánthos sind auf einem niedrigen, an der Umgehungsstraße ausgeschilderten Hügel zu entdecken. Im kleinen Park im Ortszentrum laufen in einem **3-D-Kulturtheater** zudem Filme, die die Unterwasserwelt der Chalkidikí zeigen oder sich der Mönchsrepublik Áthos, den Fabeln des Äsop und den Taten des Herakles widmen.

An der Küstenstraße Richtung Néa Róda erwartet den Reisenden dann ein seltener Anblick: Hier werden in zwei kleinen, einfachen **Werften** noch immer die traditionellen hölzernen Kaikis gebaut, die heute eher als Ausflugsschiffe denn als Fischer- oder gar Lastenboote zum Einsatz kommen. In **Néa Róda** wendet sich die Straße landeinwärts. Ein Schild macht darauf aufmerksam, dass parallel zum heutigen Asphaltband der Perserkönig Xerxes im frühen 5. Jahrhundert einen Kanal ausheben lief, um seiner Flotte die Umfahrung des stürmischen Berg Áthos zu ersparen.

Die andere Seite der Halbinsel erreicht die Straße beim Hafen von **Tripití**. Von hier aus fahren rund um die Uhr Auto-

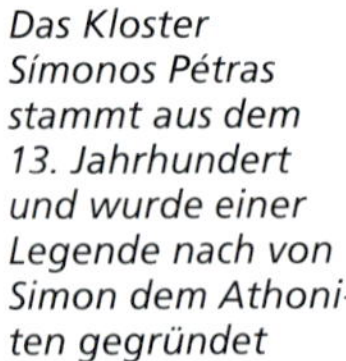

Das Kloster Símonos Pétras stammt aus dem 13. Jahrhundert und wurde einer Legende nach von Simon dem Athoniten gegründet

DIE MÖNCHSREPUBLIK ÁTHOS

Das erste Kloster in der 356 Quadratkilometer großen Mönchsrepublik Áthos, die Megísti Lávra, wurde bereits im Jahr 963 gegründet. Heute leben hier etwa 2300 Mönche in 20 Großklöstern sowie in zwölf Skiten genannten kleineren Siedlungen und in mehreren Kellien genannten Einsiedeleien. 17 Klöster sind griechisch-orthodox, je eins ist russisch-, serbisch- und bulgarisch-orthodox. Seit 1988 gehören alle Klöster zum UNESCO-Weltkulturerbe. Sie bergen Ikonen, sakrales Gerät, prachtvolle Gewänder, alte Handschriften und Wandmalereien aus vielen Jahrhunderten. Außer den Mönchen leben in der autonomen Republik auch Staatsbeamte, etwa Polizisten und Zöllner, sowie viele Arbeiter, die überwiegend im Straßenbau, in der Forstwirtschaft und der Renovierung der Klöster tätig sind.

Betreten dürfen die Mönchsrepublik nur Männer. Nicht-Orthodoxe benötigen dafür sogar ein spezielles Visum, das täglich nur in eng begrenzter Zahl ausgegeben wird, und dürfen maximal vier Tage bleiben. Auskünfte über die Visabeschaffung: www.mountathosinfos.gr

fähren nach **Amoulianí** hinüber, der einzigen bewohnten Insel der Chalkidikí. Sie ist zwölf Quadratkilometer klein und zählt nur 600 Einwohner, ist im Hochsommer aber ein bei Griechen äußerst beliebtes Urlaubsziel mit guten Stränden.

Pilger kommen täglich mit der Fähre zum Áthos

Die von nun an bergseitig mit immer mehr großen All-inclusive-Hotels gespickte Straße endet schließlich in **Ouranoúpolis**, der »Himmelsstadt«. Von hier aus verkehren täglich Autofähren und Taxiboote nach Dafní, dem Hafenort der Mönchsrepublik Áthos. Deshalb sind hier immer zahlreiche Mönche auf den Straßen, am Hafen, in Tavernen und Cafés zu sehen. Markantestes Bauwerk ist der **Prosphórios-Turm** über dem Anleger. Den mächtigen Wehrturm ließen die Mönche des Áthos-Klosters Vatopédiou 1344 erbauen, um darin Ernteerträge zu lagern. Zwei Kilometer weiter südlich haben Archäologen direkt an der streng bewachten Grenze zur Mönchsrepublik die stattlichen Überreste des schon im 10. Jahrhundert bewohnten Klosters **Zygoú** freigelegt und anschaulich wieder hergerichtet. Einst gehörte das Kloster zur Mönchsrepublik, doch westliche Kreuzritter besetzen es im 13. Jahrhundert und bauten es als Festung aus. Später wurde es jahrhundertelang als Gutshof genutzt, wovon eine uralte Olivenpresse zeugt. Man erreicht es per Auto oder auch auf einem schönen Wanderweg zu Fuß.

Esel erlaubt: Die heilige Skite von Sankt Anna, eine klosterähnliche Mönchsgemeinschaft, auf Athos

SERVICE & TIPPS

Áthos-Kreuzfahrten
Uferpromenade, Ouranoúpolis
✆ 23 77 07 16 05
www.athos-cruises.gr

Nekropolis von Akánthos
Ierissós
✆ 23 71 02 20 60,
Mo und Mi–Fr 8–14.30 Uhr
Eintritt frei
Präsentation antiker Begräbnisformen.

3-D-Kulturtheater
Kentrikó Párko, Ierissós
✆ 23 77 02 11 30
Programm auf www.axtada.gr
Eintritt € 6
Filme zu verschiedenen Themen.

O Kritikós
An der Gasse zwischen Hauptstraße und Uferpromenade
Ouranoúpolis
✆ 23 77 07 12 22
www.okritikos.com
Tägl. ab 11 Uhr
In diesem renommierten Fischrestaurant sind Mönche nur selten zu sehen, dafür umso mehr wählerische Griechen aus der Region. €€€

Der Phosphorios-Turm, das Wahrzeichen des Dorfes Ouranoúpolis auf der Áthos-Halbinsel

❸ KASSÁNDRA-HALBINSEL

Die Kassándra ist die lieblichste Halbinsel der Chalkidikí. Ihre höchste Erhebung erreicht nur 353 Meter, die Landschaft ist überwiegend sanft gewellt. Die Strände sind kilometerlang, verlaufen teilweise vor niedrigen Steilufern. Manche sind herrlich weiß, andere rötlich gefärbt. Viele der vom Massentourismus geprägten Orte liegen direkt am Meer. Von der Westküste blickt man zum Götterberg Olymp und zur Pílion-Halbinsel hinüber, von der Ostküste aus lugt hinter der Sithonía-Halbinsel bei klarer Sicht der über 2000 Meter hohe Gipfel des Berg Áthos hervor.

Ein 1250 Meter langer Kanal macht die Kassándra zur Insel. Er verbindet den Thermäischen mit dem Toronäischen Golf. Erst seit 1970 wird er von einer Brücke überspannt. An ihm liegt als erster Ort der Kassándra **Néa Potídea** mit schönem Fischerhafen und den Überresten einer antik-mittelalterlichen Stadtmauer. Das nächste Dorf ist **Néa Fókea** mit einem 17 Meter hohen, gut erhaltenen Wehrturm aus dem frühen 14. Jahrhundert und einem makedonischen Grab aus dem 4. Jahrhundert, das später in eine dem Apostel Paulus geweihte Höhlenkapelle umgewandelt wurde. Während einer seiner Missionsreisen nach Griechenland soll der Apostel der örtlichen Legende nach auf der Sithonía zum Schutz vor Verfolgern vom Erdboden verschluckt worden und an dieser Stelle wieder ans Tageslicht gekommen sein.

Schönster Ort der Halbinsel ist **Áfitos**, wo fast alle Häuser aus Naturstein errichtet oder zumindest mit ihm verkleidet sind. Einzigartig ist die Höhenpromenade über der sehr schmalen Küstenebene mit ihren Stränden. Nächster Ort am Toronäischen Golf ist **Kalithéa** mit den **Überresten eines Hei-**

Néa Fókea – beschaulicher Hafen mit mittelalterlichem Wehrturm

Leuchtturm von Possídi

ligtums für die Götter Diónysos, Amon Zeus und Asklípios fast am Meer. Aus frühchristlicher Zeit birgt die Ruine der Solenos-Basilika Mosaike mit schönen Tierdarstellungen.

Dort, wo sich die Kassándra-Rundstraße vom Toronäischen Golf abwendet, liegt mit dem **Chroussó Beach** einer der schönsten der vielen Sandstrände der Halbinsel. Bevor sich die Straße dann zum Thermäischen Golf hin absenkt, steht links eins der modernsten Thermalbadezentren Griechenlands, die **Loutrá Agías Paraskevís**. In einem kombinierten Innen- und Außenbecken kann man im warmen, schwefelhaltigen Wasser schwimmen, im Kurhaus Einzelbäder und Massagen buchen.

Auf der anderen Seite des Küstenweilers **Ágios Nikólaos** ist die kleine Wallfahrtskirche **Panagía Faneroménis** ein besonders idyllischer Fleck am Wasser. Sie birgt eine als wundertätig geltende Marienikone, die vor langer Zeit auf den Marmorsockel einer Statue gemalt wurde. Tafeln an der Außenseite der Westwand berichten, dass diese Maria immer weint, wenn Griechenland Böses widerfährt. So traten Tränen in ihre Augen, als deutsche Truppen 1940 in Griechenland und türkische Truppen 1974 auf Zypern einmarschierten.

Die Kassándra-Rundstraße passiert anschließend noch einige moderne Badeorte und **Kassandría**, den Verwaltungshauptort der Halbinsel, bis sich der Kreis bei Kalithéa wieder schließt. Fischliebhaber besuchen den Badeort **Possídi** wegen seiner exzellenten Fischtaverne mit ganz besonderem Flair.

Häuser aus Naturstein schmücken Áfitos, einen der beliebtesten Badeorte der Kassándra-Halbinsel

Nur noch die Grundmauern und vereinzelt Mosaikfußböden sind in Ólinthos erhalten geblieben

Auf der Weiterfahrt zur Sithonía-Halbinsel passiert die gut ausgebaute Straße zunächst die **Ausgrabungen von Ólinthos**. Die Stadt auf einem niedrigen Hügelplateau wurde im 5. Jahrhundert am Reißbrett geplant. Alle Baugrundstücke am rechtwinkligen Straßennetz waren gleich groß und wurden Neusiedlern durch Los zugeteilt. Sie konnten sie dann nach eigenem Geschmack und Geldbeutel bebauen. In einigen Häusern blieben prächtige Mosaikfußböden bis heute erhalten. Manche tragen nur geometrisches Dekor, andere zeigen Jagdszenen.

Bei **Gerakiní** passiert die Straße einen auffälligen Tagebau, in dem Magnesit abgebaut wird. Von hier führt eine Stichstraße hinauf nach **Polígiros**, Provinzhauptstadt der Chalkidikí. Interessantes zu sehen gibt es dort nicht, das Archäologische Museum ist schon seit Jahren geschlossen.

SERVICE & TIPPS

Ausgrabungen von Ólinthos
Zwischen Néa Ólinthos und der Straße von der Kassándra zur Sithonía
✆ 23 71 02 20 60
Tägl. außer Di 8–15 Uhr
Eintritt € 4
Weitläufige Ausgrabungen einer Stadt aus dem 4. Jh. v. Chr.

Heiligtum von Kalithéa
Kalithéa
✆ 23 71 02 20 60
Tägl. 8.30–15 Uhr, Nov.–April Mo geschl., Eintritt frei
Kleines Heiligtum direkt am Meer.

To Stéki tou Vassilá
Possídi, am südl. Ende der Uferstraße direkt am Meer
Tägl. ab 10 Uhr
In der Fischtaverne sitzen die Gäste auf einer schmalen Terrasse über der Brandung. Musik gibt es nicht, denn das Schlagen der Wellen ist die bessere musikalische Untermalung zu den topfrisch servierten Fischen und Meeresfrüchten. €€–€€€

Sousourúda
Áfitos, an der Straße von der Dorfkirche zum Strand
✆ 23 74 09 15 94
Tägl. ab 18 Uhr
In diesem unscheinbaren Restaurant steht ein ehemaliger Fernsehkoch in der Küche. Gourmets speisen hier zu nur leicht gehobenen Preisen. €€

Kalithéa
Kalithéa ist das Zentrum jungen Nachtlebens auf der Kassándra. Die beliebtesten Clubs liegen rechts der Straße nach Kriopigí kurz vor den beiden Großhotels Áthos Palace und Pallíni Beach in einem Seitental. Ihre Namen (derzeit Ahoy, Coral, Markiz, New Fix, Pearl) wechseln häufig, manche spielen internationale Musik, andere vorwiegend griechische. Zwischen den Musiklokalen findet man den Obelix-Grill, das Space Bowling und eine Gokartbahn.

Loutrá Agías Paraskevís
An der Kassándra-Rundstraße oberhalb von Ágios Nikólaos
✆ 23 74 07 13 58
www.halkidikispa.com
Tägl. 9–21.40 Uhr
Das moderne Thermalbadezentrum hat ein vielfältiges Angebot.

4 SITHONÍA-HALBINSEL

Zwei Nonnenklöster am westlichen Ansatz der Halbinsel bilden den Auftakt zu einer Sithonía-Rundfahrt: bei Vatopédi das sehr große **Kloster Evangelismós**, bei Metamórfossi das kleine **Kloster Agíos Ioánnis Pródromos**. Beide entstanden erst im 20. Jahrhundert, beeindrucken aber durch die vielen landwirtschaftlichen Aktivitäten der Schwestern und sind voller Leben. Besucher sind in beiden willkommen.

Verwaltungshauptort der Sithonía ist **Nikíti**. Wie viele Dörfer auf der Chalkidikí ist es deutlich zweigeteilt: in einen neueren Teil am Meer und einen älteren etwas weiter landeinwärts. Die älteren Ortsteile sind immer die interessanteren, so auch hier.

Nahe Eliá führt dann eine entsprechend ausgeschilderte Stichstraße durch eine bizarre Felsbrockenlandschaft zur kleinen, frei zugänglichen Kirche **Ágios Pávlos** aus dem 19. Jahrhundert, wo man gut picknicken und auch ein wenig spazieren gehen kann. Touristisches Zentrum der Halbinsel ist **Néos Mármaras**, das sich hübsch an mehreren Buchten entlangzieht. Eine Stichstraße führt von hier hinauf nach **Parthenónas**, ein Bergdorf wie aus dem Bilderbuch. Im 20. Jahrhundert waren seine Bewohner alle abgewandert, 1977 kehrte eine erste Familie wieder ins Dorf zurück und eröffnete eine Taverne. Heute sind viele Häuser restauriert, es gibt eine zweite Taverne und mehrere Pensionen.

Oberhalb zahlreicher unverbauter Strände führt die gut ausgebaute Sithonía-Rundstraße bis **Pórto Koufós** und überquert dann die Berge. Der Anblick des Bergs Áthos bei der Fahrt von der Passhöhe hinunter nach **Kalamítsi** ist eins der schönsten Griechenland-Erlebnisse fürs Auge. Einen ähnlich faszinierenden Blick auf den heiligen Berg hat man etwas später auch vom Strand und der mit Tavernen gespickten Uferpromenade des großen Dorfs **Sárti**. Hier haben sich an den Straßen noch besonders viele Häuser aus den 1920er und 1930er Jahren erhalten, das Flair ist trotz vieler – vor allem osteuropäischer – Touristen außerhalb des Hochsommers noch sehr ursprünglich.

Hoch oberhalb der Küste geht es an Abfahrten zu großen Campingplätzen und auch von vielen jungen Thessalonikern gern besuchten trendigen Beach Bars weiter nach **Vourvouroú**. Hier erinnert der von Pinien und bizarren Felsknollen gesäumte

Kloster Evangelismós bei Vatopédi

Strand auf der Sithonía-Halbinsel mit dem Berg Áthos im Hintergrund

Sandstrand Karídi Beach ein wenig an Ostseeküsten. Dem lang gestreckten Ferienort vorgelagert sind die acht unbewohnten Diáporos-Inseln. Etwas an Südsee-Lagunen erinnern die Buchten zwischen Vourvouroú und dem Nachbarort **Órmos Panagías**. Überall kann man hier auch ohne Bootsführerschein Motorboote bis zu 30 PS ausleihen und nach kurzer Einweisung eigenständig Inseln und Lagunen ansteuern. Auch geführte Seekajaktouren – teilweise kombiniert mit Yoga Sessions – werden angeboten. In Órmos Panagías starten zudem täglich **Áthos-Kreuzfahrten**.

Felsknollen am Strand von Vourvouroú

SERVICE & TIPPS

Squirrel
Abseits der Hauptstraße Richtung Metamórfossi, am nördlichen Ortsrand von Nikíti
✆ 23 75 02 23 10
Nur Mai–Sept. tägl. ab 19 Uhr, Reservierung erforderlich
Das kleine Restaurant in einem der exklusivsten Hotels Nordgriechenlands bietet auf seiner Terrasse über dem Meer wenige, fein gedeckte Tische. Die Küche ist mediterran, die Weinkarte umfasst über 1500 griechische und internationale Weine. Normalerweise bestellen die Gäste

hier das 7-Gänge-Degustationsmenü. €€€

Chrístos
Néos Mármaras, an der Haupt-Hafenbucht
✆ 23 75 07 12 11
Tägl. ab 12 Uhr
Einzigartig in Griechenland ist die Holzterrasse direkt über dem Wasser, auf der mit gutem Abstand nur acht Tische Platz finden. Auch die Terrasse an Land ist schön im Stil der kykladischen Inseln gestaltet. Außerhalb der Stoßzeiten sitzen hier manchmal auch noch Fischer im Lokal und sortieren ihre Netze und Haken. €€

To Stéki tou Méniou
Parthenónas, am unteren Anfang der Dorfstraße schräg gegenüber der Kirche
Tägl. 10–18 Uhr, im Sommer auch abends
Die gut deutsch sprechende Wirtin María serviert viele ausgefallene Spezialitäten der Region. Renner sind Lammkoteletts, die gebratene Bauernwurst und *fafoúti*, mit Käse und Tomaten gefüllte Aubergine. Zur Tasse Kaffee passen Marias Löffelsüßigkeiten, in Zuckersirup eingelegte Früchte auf kleinen Tellerchen. Sogar Joghurt mit Maulbeersauce kann man probieren. €–€€

Áthos-Kreuzfahrten
Friedrich Travel
Am Hafen von Órmos Panagías
✆ 23 75 03 14 80
www.friedrich-travel.com.
Kreuzfahrten entlang der Westküste der Mönchsrepublik.

Circuit Rent
Vourvouroú, am nördlichen Ortseingang
✆ 69 44 91 51 76
www.circuitrent.com
Hier werden Motorboote auch an Besucher ohne Bootsführerschein verliehen.

Sea Kayak Chalkidikí
An der Uferstraße gegenüber dem Hotel Vourvouroú
Vourvouroú
✆ 69 45 23 56 86
www.seakayakhalkidiki.gr
Geführte Seekajaktouren.

Über den Dächern von Nikíti

❺ STAGIRÁ

Die bedeutendste archäologische Stätte der gesamten Chalkidikí liegt abseits der drei Finger ganz im Osten der »Handfläche« beim Küstenort **Olimbiáda.** Hier wurde 384 v. Chr. der Philosoph Aristoteles geboren. Seit 1990 legen Archäologen auf der felsigen Halbinsel Liotópi, die gleich am Hafen ansetzt, die 655 v. Chr. von griechischen Kolonisten von der Kykladeninsel Ándros gegründete Stadt **Archéa Stagirá** frei. Besonders gut erhalten ist die etwa zwei Kilometer lange Stadtmauer mit mehreren Türmen, die sich quer über die Halbinsel zieht. Dahinter sind Grundmauern von Wohnhäusern, von kultischen und offiziellen Bauten sowie die Tonrohre von Wasserleitungen und eine Zisterne zu erkennen. Es ist schon ein besonderes Gefühl, dort zu sein, wo vor fast 2400 Jahren ein die westliche Welt bis heute prägender Mann als Kleinkind spielte. Auch Naturliebhaber kommen hier voll auf ihre Kosten, denn die Ruinen sind in eine wilde Küstenfelslandschaft eingebettet.

Heute eine bedeutende archäologische Stätte – Archéa Stagirá

Stagirá ist auch der Name eines Bergdorfs – von Olimbiáda führt ein ca. 13 Kilometer langer Wanderpfad hinauf. Bis 1990 durfte es sich rühmen, der Geburtsort des Philosophen zu sein. Darum steht in Stagirá neben einer mittelalterlichen Festungsruine auch ein Aristoteles-Denkmal. Im dazugehörigen, tagsüber frei zugänglichen Park sind technische Installationen errichtet, die daran erinnern, dass dieser Denker viele ewig gültige Naturgesetze entdeckte.

SERVICE & TIPPS

Ausgrabungen von Stagirá
Bei Olimbiáda
✆ 23 71 02 20 60
Tägl. außer Di 8–15 Uhr, im Sommer evtl. länger
Eintritt frei
Am Meer gelegene Ausgrabung des Geburtsortes von Aristoteles.

Akroyiáli
Olimbiáda, an der Uferstraße in Hafennähe
✆ 23 76 05 12 57, tägl. ab 8 Uhr
Taverne am Strand, die Getränke und Snacks auch an den Strandliegen serviert. Täglich werden über 20 Gerichte frisch gebacken und gekocht. Zudem Grillfleisch, frischer Fisch und Krustentiere. €–€€

St.-Nikolaus-Kirche bei Olimbiáda

NORDOSTGRIECHENLAND

ETHNISCHE VIELFALT UND WEITE WÄLDER

Griechenlands Nordosten ist die im Ausland unbekannteste Urlaubsregion des ganzen Landes. Die Postkarten- und Kalenderblattmotive, die das übliche Griechenlandbild der Europäer prägen, sind in dieser Landschaft zwischen den Flüssen Néstos und Évros, der bulgarischen und türkischen Grenze kaum zu finden. Balkan und Orient zählten hier stets zu den prägenden Kräften.

Der größte Teil der Region gehört zu Makedonien, den östlichsten Teil nimmt West-Thrakien ein. Beide Regionen gehören erst seit etwa 100 Jahren zum neugriechischen

Staat. Vor allem in West-Thrakien lebt noch eine große islamische Minderheit von über 100 000 türkisch- und bulgarischstämmigen Moslems. Minarette sind hier ebenso häufig wie Kirchtürme, in Komotiní steht gar die einzige Imam-Schule Griechenlands. Und in Kavála wurde Muhammed Ali geboren, der Begründer der letzten ägyptischen Königsdynastie.

Neben der ethnisch-kulturellen Vielfalt, zu der auch viele Roma beitragen, machen die touristisch unverbrauchten Landschaften den Reiz der Region aus. Auch hier gibt es wilde Schluchten und lange Sandstrände. Seen und Unterläufe von Flüssen wie Néstos und Évros sind zusammen mit den Lagunen um Pórto Lágos bedeutende Feuchtbiotope mit einer artenreichen Vogelwelt. Die Hänge des Rodopen-Gebirges sind von dichten Wäldern bedeckt. Im größten zusammenhängenden Waldgebiet Griechenlands, dem Wald

Korinthische Säule auf dem Ausgrabungsgelände von Philíppi

von Dadiá, leben mehr Greifvogelarten als irgendwo sonst in Europa.

Für Wellness sorgen mehrere urige Thermalbäder und das einzigartige Schlammbad von Krinídis nahe dem antiken Philíppi. Diese antike Stätte, wo einst der Apostel Paulus die erste Europäerin taufte, hat mit der Entdeckung eines monumentalen Grabes aus der Zeit Alexanders des Großen im letzten Jahrzehnt Weltruhm erlangt. Auf jüngeren kulturhistorischen Spuren wandelt der Besucher in der einstigen Tabakmetropole Kavála und in Souflí, wo noch immer Seide gesponnen wird.

Langweilig wird es also auch in Nordostgriechenland nie!

1 ALEXANDROÚPOLIS

Die erst 1871 gegründete und nach dem damaligen griechischen König benannte Stadt liegt schön am Meer gegenüber der über 1600 Meter hoch aus der Ägäis aufragenden **Insel Samothráki**, zu der fast täglich Autofähren übersetzen. Die einzige fotogene Sehenswürdigkeit im Städtchen selbst ist der **Leuchtturm** auf der Höhenpromenade über dem Hafen. Lange Sandstrände liegen unmittelbar westlich des Ortes.

Alexandroúpolis ist ein guter Ausgangspunkt für Touren in den Wald von Dadiá und ins **Évros-Delta**. Das Delta ist ein bedeutender Rastplatz für Zugvögel, zu denen im Frühjahr auch Pelikane und viele Störche gehören. Nistvögel sind hier u.a. Adler, Bienenfresser, Reiher und Austernfischer. Insgesamt sind im Delta 317 Vogelarten nachgewiesen. Im **Besucherzentrum** kann man geführte Touren buchen und sich auch darüber informieren, wie das Delta am besten zu Fuß oder mit dem Auto zu erkunden ist.

Den **Wald von Dadiá** kann man bei der Fahrt ins Seidenstädtchen Souflí auf einer 50 Kilometer langen Straße, an der kein einziges Dorf liegt, durchqueren. In diesem großen Waldgebiet brüten über 100 Vogelarten, darunter allein 23 verschiedene Greifvogelarten. Hinzu kommen 13 weitere Greifvogelarten während des Vogelzugs oder als Überwinterungsgäste. Vom **Informationszentrum** in Dadiá werden geführte Touren zur Greifvogelbeobachtung angeboten.

Das Évros-Delta ist ein beliebter Rastplatz für Zugvögel

Der Leuchtturm von Alexandroúpolis, der östlichsten Stadt Griechenlands

SERVICE & TIPPS

Ausflugsziele:

Dadiá Nationalpark Informationszentrum
Dadiá
✆ 25 54 03 22 09
www.dadia-np.gr, tägl. 8–16 Uhr
Auch Führungen zur Geifvogelbeobachtung.

Besucherzentrum Évros
Loutrá Traianoúpoli
Alexandroúpolis
✆ 25 51 06 10 00
www.evros-delta.gr
Tägl. 9–17, im Hochsommer bis 18 Uhr
Informationen zum Delta und geführte Touren (tägl. 9, 11, 13, Juli/Aug. auch 16.30 und 18 Uhr)

2 AMFÍPOLIS

Amfípolis geriet 2014 in die Schlagzeilen der Weltpresse. Archäologen hatten eine riesige **Grabanlage** aus dem späten 4. Jahrhundert v. Chr. entdeckt. Man spekulierte, es könne das lange gesuchte Grab Alexanders des Großen sein. Innerhalb einer 500 Meter langen Umfassungsmauer führt ein von zwei monumentalen Sphingen bewachter Eingang in das mit Wandmalereien und Bodenmosaiken geschmückte Grab hinein. Alexander wird kaum noch als dort bestattet angenommen, trotzdem gilt die Entdeckung als äußerst bedeutend. Noch 2021 soll das Grab öffentlich zugänglich gemacht werden.

Der Löwe von Amfípolis wurde im 4. Jahrhundert v. Chr. für Laomedon von Mytilene errichtet

Bis dahin kann man das **Archäologische Museum** im heutigen Dorf Amfípolis besuchen, zu den Grundmauern frühchristlicher Basiliken auf einem Hügel über dem Ort hinauffahren oder die Ausgrabungen in einer Schleife des Flusses Strímonas durchstreifen. Da liegen schön in die Landschaft eingestreut frei zugänglich Reste der Stadtmauern und -türme. Etwas außerhalb des Ortes erhebt sich an der alten Nationalstraße zudem eine monumentale Löwenskulptur, die aus Fragmenten rekonstruiert wurde. Sie wird als Denkmal für einen einheimischen Seehelden aus der Zeit Alexanders des Großen gedeutet, der vielleicht sogar im neu entdeckten Grab bestattet war.

SERVICE & TIPPS

Archäologisches Museum und Ausgrabungen
Über Amfípolis verstreut, gut ausgeschildert
✆ 23 22 03 24 74
Mai–Okt. tägl. mind. 8–18, Nov.–April tägl. außer Di mind. 8.30–15.30 Uhr, Eintritt € 6
Frühchristliche Basiliken und ein sensationeller Grabfund.

Nur noch ein paar Mauern sind zu sehen: die Ruinen von Avdirá

❸ AVDIRÁ

Unterhalb des modern und typisch makedonisch wirkenden Städtchens (19 000 Einw.) liegen die **Ruinen der antiken Hafenstadt Avdirá** nahe dem Meer. Hier wurde der antike Philosoph Demokrit, der als erster die Lehre von den kleinsten Materieteilchen formulierte, um 460 v. Chr. geboren. Seine Heimatstadt war in der Antike auch als ein griechisches »Schilda« bekannt. Zu sehen sind noch Teile der Stadtmauern, der Thermen, der Grundmauern einer frühchristlichen Basilika und mehrerer Wohnhäuser. Ausgrabungsfunde zeigt das moderne **Archäologische Museum** im neun Kilometer entfernten heutigen Avdirá.

SERVICE & TIPPS

Ausgrabungen und Museum
Museum im Zentrum von Avdirá, Ausgrabungen gut ausgeschildert in Meeresnähe
✆ 25 41 05 10 03
Tägl. außer Di 8.30–16 Uhr
Eintritt Museum und Ausgrabungen € 4
Ruinen der antiken Stadt und modernes Museum mit Funden aus der Region.

Kinder und Jugendliche unter 18 J., Studenten aus EU-Ländern und Journalisten haben mit einem entsprechenden Nachweis **freien Eintritt** *zu staatlichen Museen und archäologischen Stätten. Senioren ab 65 J. und Studenten aus Nicht-EU-Ländern erhalten eine* **Ermäßigung**, *zumeist sind es 50 Prozent.*

❹ DRÁMA

Das abseits aller gängigen touristischen Routen gelegene Dráma (44 800 Einw.) war einst eine der Tabakmetropolen des Landes. Heute wird in der Umgebung viel guter Wein angebaut. Das geschäftige Städtchen ist äußerst wasserreich. Darauf weist schon der antike Namen der Stadt, Hydrama, hin. Im Zentrum entspringen in einem Park die **Quellen Agías Varváras**. Zahlreiche Cafés und Tavernen laden hier zum Relaxen ein. In unmittelbarer Umgebung von Dráma öffnen mehrere namhafte **Weingüter** ihre Türen für Führungen und Verkostungen.

Zwischen Dráma und dem 53 Kilometer entfernten Friedenstunnel mit Bulgarien bei **Exochí** in den Rodopen erwartet den neugierigen Reisenden viel Überraschendes: Griechenlands kältester Ort **Káto Nevrokópi**, ein Skigebiet am 2232 Meter hohen Gebirge **Falakrón**, Gleitschirmflieger in der Luft, großräumiger Marmorabbau für China bei **Volákas**, jede Menge Pferde und Kühe auf den Straßen ebendort – und eine Stätte deutsch-griechischer Versöhnung, die Festung **Lysse** aus den Anfangstagen des Zweiten Weltkriegs bei **Ochiró**.

An der Strecke zwischen Dráma und dem 75 Kilometer entfernten Sérres ist eine der schönsten Tropfsteinhöhlen Griechenlands einen Besuch wert: **Alistráti.**

SERVICE & TIPPS

Städtische Tourist Information
Platía Eleftheriás
66100 Dráma
www.pedramas.eu

Nisaki
Párko Agías Varváras 3, Dráma
✆ 25 21 03 25 10
www.nisakidramas.gr
Tägl. 10–2 Uhr

Große Gartentaverne im wasserreichen Park der Stadt, gute Auswahl auch für Vegetarier. €

Air Club Aiolos
Dráma
www.aiolosdrama.gr
Griechenlands Top-Adresse für Gleitschirmflieger bietet auch Tandemflüge an.

Ausflugsziele:

Skigebiet am Falakrón
www.falakro.gr

Höhle von Alistráti
Alistráti
www.alistraticave.gr
Tägl. Mai–Okt. 9–18, Nov.–April 9–15 Uhr, Eintritt € 8
Sehenswerte Tropfsteinhöhle.

Weingut Kóstas Lazarídis
Adrianí
✆ 25 21 08 23 48
www.domaine-lazaridi.gr
Tägl. 10–15 Uhr
11 km von Dráma entfernt bietet das Weingut kostenlose Führungen an.

Im Zentrum von Dráma: der Agía Varvára Park

Statue der Siegesgöttin Nike vor der Megali Leschi

❺ KAVÁLA

Kavála tut dem Auge gut. Die teilweise noch von zinnenbekrönten Mauern umgebene Altstadt reckt sich auf einer niedrigen Felshalbinsel der Ägäis der über 1000 Meter hohen Insel Thássos entgegen. Die oft sechs- bis achtgeschossigen Häuser der Neustadt staffeln sich an einem recht steilen Hang hinter- und übereinander. Bindeglied zwischen Alt- und Neustadt ist das historische Viertel mit den Villen der einstigen Tabakbarone und den Arbeitsstätten derer, die ihren Reichtum erarbeiteten, den Tabaklagern und Zigarettenfabriken. Zu beiden Seiten der Altstadt-Halbinsel liegen Schiffe: im Westen im geschäftigen Hafen, im Osten auf Helgen und in Reparaturwerften.

Am besten geht man vom **Hafen** zunächst einmal die Odós Koundouriótou etwa 100 Meter stadteinwärts. Gleich an der ersten Ampel steht man vor einem großflächigen, 2004 geschaffenen **Paulus-Mosaik**. Es illustriert einige Zeilen aus der biblischen Apostelgeschichte: den Aufbruch des Apostels aus dem kleinasiatischen Troja und seine Ankunft in der antiken Stadt Neápolis, dem heutigen Kavála. Von der Ampelkreuzung führt die Odós Theod. Poulidou in die Altstadt hinein. An ihr liegt der Eingang zum **Imaret**. Der weitläufige Bau mit seinen vielen Kuppeln und zwei lauschigen Innenhöfen ist heute ein Luxushotel, kann jedoch im Rahmen von Führungen besichtigt werden. Gestiftet wurde das Imaret 1817 als eine Art islamische Universität. Das **Geburtshaus von Muhammed Ali**, dem Stifter des Imarets, steht kurz darauf an einem Platz am Ende der Gasse. 1769 als Kaufmannssohn geboren machte er Karriere in den Truppen des Sultans, wurde Statthalter von Ägypten und dem Sudan und begründete als solcher die letzte ägyptische Königsdynastie, die 1952 mit dem Tod König Faruks erlosch.

Durch schmale Gassen geht es nun weiter hinauf zur Ruine der 1425 erbauten **Burg**. Von hier sieht man gut den bis zu 60 Meter hohen **Aquädukt**, der mit 60 doppelstöckigen Bögen ein Tal zu Füßen der Altstadt überspannt. Er wurde 1550 erbaut, um Quellwasser vom gegenüberliegenden Berg hierherzuleiten.

Durch das alte **Marktviertel** Kaválas kann man anschließend vom Paulus-Mosaik ins historische **Tabakviertel** der Stadt spazieren. Dominant ist hier die restaurierte **Dimotikí Kapnothíki**, das städtische Tabaklager, erbaut um 1910 im Stil des osmanischen Neoklassizismus. Das heutige **Rathaus** ließ sich kurz vor 1900 ein ungarischer Tabakhändler als Villa erbauen, die **Megáli Léschi** war bis 1912 das Clubhaus der griechischen Kaufleute der Stadt. Sehr besuchenswert ist schließlich das **Tabak-Museum** in einer ehemaligen Zigarettenfabrik. Auch ein **Archäologisches Museum ist** vorhanden. Es steht direkt am Meer.

Von der Burg hat man einen wundervollen Blick über Kavála und den Golf von Thássos

SERVICE & TIPPS

Städtische Tourist Information
Platía Eleftherías/Odós El. Venizélou
65302 Kavála
✆ 25 10 23 10 11
www.visitkavala.gr
Mo–Sa 8–21, Okt.–April nur bis 20.30 Uhr

Archäologisches Museum
Odós Erithroú Stavroú 17
Kavála
✆ 25 10 22 23 35
Tägl. außer Mo 8–15 Uhr
Eintritt € 2
Regionale Funde auf zwei Etagen.

Geburtshaus von Muhammed Ali
Platía Mehmet Allí, Kavála
✆ 25 10 62 05 15
April–Okt. Mi–So 9–15 und 18–21 Uhr, Nov.–März tägl. außer Di 9–15 Uhr, Eintritt € 3
Hier sieht man, wie wohlhabende islamische Kaufleute um 1800 lebten.

Tabak-Museum
Odós K. Paleológou 4
Kavála
✆ 25 10 22 33 44
www.tobaccomuseum.gr
Mo–Fr 8–16, Sa 10–14, Juni–Sept. Do auch 17–21 und So 10–14 Uhr, Eintritt € 2
Wirtschafts- und Sozialgeschichte der Region.

To Aralíki
Odós Poulídou 33, Kavála
✆ 69 84 71 85 21
Tägl. außer Mo ab 11.45 Uhr
Kleine, urige Taverne in der Altstadt, viel Auswahl und vor allem Fleisch vom Grill, große Portionen. €

Mosaik des Apostels Paulus vor der griechisch-orthodoxen St.-Nicholas-Kirche

Neue Moschee und Einkaufsstraße

6 KOMOTINÍ

Die Hauptstadt (67 000 Einw.) des Regierungsbezirks Rodópi ist von den mehr als 10 000 Studenten und einem bunten ethnischen Mix aus christlichen und islamischen Griechen sowie zahlreichen Roma geprägt. Die einst 3500 Juden der Stadt wurden am 30. Mai 1944 von deutschen Truppen in Vernichtungslager deportiert.

Den Mittelpunkt der Altstadt markieren eine **Moschee** mit Minarett und ein westlich wirkender **Uhrturm** mit arabischer Inschrift, die ihn ins Jahr 1884 datiert. Die noch immer fürs Gebet genutzte **Yeni Dschami** (Neue Moschee) kann besichtigt werden; im kleinen Garten sind türkische Gräber erhalten. Unmittelbar an die Yeni Dschami grenzt die **Platía Iféstou,** Komotinís fotogenster Winkel.

Schön ist auch das mit EU-Mitteln restaurierte **Basarviertel** mit engen, von Weinlaub überrankten Gassen. Christlicher Mittelpunkt der Stadt ist die **Mitrópolis** aus dem 19. Jahrhundert, die Bischofskirche. Neben ihr sind Reste der byzantinischen **Stadtmauer** zu sehen. 350 Meter entfernt präsentiert das **Archäologische Museum** Funde aus Ost-Makedonien und West-Thrakien. Bedeutendstes Objekt ist eine Büste des römischen Kaisers Marc Aurel aus 950 Gramm 24-karätigem Gold.

SERVICE & TIPPS

i www.emtgreece.de
Offizielle Website für Ost-Makedonien und Thrakien, auch auf Deutsch.

Archäologisches Museum
Odós A. Simeonídi 4, Komotiní
✆ 25 31 02 24 11
Tägl. außer Di 8.30–16 Uhr
Eintritt € 2
Bedeutendstes Objekt ist die goldene Büste eines römischen Kaisers.

Sultan Tepe
Odós Vas. Pávlou 10, Komotiní
✆ 25 31 03 00 03
Tägl. ab 12 Uhr
Modernes Restaurant mit nordgriechischer und türkischer Küche, große Auswahl, sehr regionaltypisch. €

Griechen und Türken
Trotz gemeinsamer NATO-Mitgliedschaft ist das Verhältnis zwischen Griechenland und der Türkei noch immer gespannt. Dabei sind die beiden Völker in vielerlei Hinsicht fast seelenverwandt. In der Küche, bei Musik und Tanz fällt das besonders ins Auge. Viele Türken machen gern in Griechenland Urlaub und sind auch sehr willkommene Gäste, weil sie insbesondere den Tavernen beste Umsätze bescheren. Doch die lange Fremdherrschaft der Osmanen in Hellas bleibt den Griechen unvergessen. Die von den Türken gewaltsam geteilte Insel Zypern gibt ebenso Anlass zu Streit wie das Recht zum Zugriff auf die Bodenschätze in der Ägäis, vor allem Erdöl und Erdgas. Türkische Kampfflugzeuge dringen immer wieder in griechischen Luftraum ein; eine Fährverbindung zwischen dem griechischen Festland und der Türkei gibt es erst seit 2019 wieder. Dem türkischen Präsidenten Erdogan sind zudem die türkischen Offiziere, die in Griechenland nach dem angeblichen Putschversuch Asyl fanden, ein Dorn im Auge.

7 MARÓNIA

Im 678 Meter hohen Ísmaros-Gebirge wohnte laut Homer der einäugige Kyklop Polyphem, den Odysseus auf seiner Irrfahrt durch eine List bezwang. Zur Höhle, in der der Riese hauste, steigen Homer-Verehrer noch heute auf einem alten Pfad hinauf. Ansonsten sieht Marónia nur sehr wenige Besucher, an den Stränden hier hört man manchmal sogar noch die Nachtigall singen.

Vor allem beim winzigen **Hafen Ágios Charálambos** sind Archäologen dabei, das **antike Marónia** teilweise freizulegen. Deutlich zu erkennen sind bisher ein Torgebäude aus römischer Zeit und die Grundmauern eines Dionysos-Heiligtums. Schön in die Landschaft, die von Olivenbäumen bedeckt ist, passen sich immer wieder Überreste der einst zehn Kilometer langen Stadtmauer ein. Auch ein antikes **Theater** mit Plätzen für 2500 Zuschauer liegt einsam in Olivenhainen.

Ähnlich einsam wie die antiken Stätten von Marónia liegen 27 Kilometer weiter östlich im Südwesten des heutigen Dorfes Messimvría die Überreste der Stadt **Zóne**, die im 5./4. Jahrhundert v. Chr. ihre Blütezeit erlebte. Zu sehen sind die Grundmauern von Wohnhäusern, eines Apollon- und eines Demeter-Heiligtums. Besonders fotogen ist ein kleiner Raum voller auf den Kopf gestellter Amphoren.

Amphoren in den Überresten der Stadt Zone

SERVICE & TIPPS

Antikes Marónia
Zwischen Marónia und dem Meer
✆ 25 33 04 30 16
Tagsüber frei zugänglich
Die einzelnen Objekte sind zwischen dem heutigen Dorf und dem Meer gut ausgeschildert. Den besonderen Reiz macht die Einsamkeit der Region aus.

Ausflugsziel:

Messimvría Archéa Zóne
✆ 25 51 09 62 14
Tägl. 8.30–16 Uhr, Eintritt € 2
Ausgrabungen einer Stadt der klassischen Antike.

8 NÉSTOS

Der über 240 Kilometer lange Fluss Néstos trennt Ost-Makedonien von West-Thrakien. Autobahn und alte Nationalstraße überqueren ihn bei **Toxótes**, wo der Néstos aus einer straßenlosen Schlucht in sein Mündungsdelta austritt. Dieses **Delta** stellt, obwohl schon in den 1950er Jahren eingedeicht, eins der wertvollsten Feuchtgebiete Südeuropas dar. Am Fluss haben sich noch Reste von Auwäldern erhalten. Das ganze Delta wird aber auch landwirtschaftlich intensiv genutzt, überwiegend für den Anbau von Mais und Kiwis. Im Hafenstädtchen **Keramotí** informiert ein Besucherzentrum über Flora, Fauna und Wandermöglichkeiten. Ein sehr breiter Sandstrand reicht von hier bis zur Flussmündung. Zudem kann man von Keramotí aus per Autofähre einen Tagesausflug zur nahen **Insel Thássos** unternehmen.

Auch in der **Néstos-Schlucht** haben sich Auwälder aus Pappeln, Platanen, Erlen und Weiden erhalten. Die bis zu 1000 Meter hohen Hänge sind von Hain- und Hopfbuchen sowie einer Vielzahl genügsamer Felspflanzen bewachsen. Wanderfalken und Steinadler bauen hier noch ihre Nester. Durch die Schlucht führt nicht eine Straße. Durchqueren kann man sie entweder mit der Bahn auf der Strecke von Stavroúpolis nach Xanthí, zu Fuß oder mit dem Kayak auf dem Néstos. Autofahrer können von Toxótes über Galáni hinauf nach **Ímera** fahren und dort den prächtigen Blick hinunter in die Schlucht genießen.

SERVICE & TIPPS

www.fd-nestosvistonis.gr
Offizielle Website des Nationalparks Néstos-Delta, nicht gepflegt und nur auf Griechisch, doch die Fotos sind schön.

Riverland
Toxótes
✆ 25 41 06 24 88
www.riverland.gr
Geführte Kajaktouren durch die Schlucht, Mountainbike-Touren, geführte Wanderungen im Delta.

Der Fluss Néstos bei Xanthí: ein Fleckchen unberührte Natur

Krüge auf dem Grabungsgelände von Philíppi

9 PHILÍPPI

Philíppi war in der Antike eine wohlhabende Stadt mit sicherlich mehr als 10000 Einwohnern. Grundlage des guten Lebens für freie Bürger war das von Sklaven in nahen Minen gewonnene Gold. In die westlichen Geschichtsbücher ging die nach dem Stadtgründer Philipp II. benannte Stadt ein, weil hier 42. v. Chr. die Entscheidungsschlacht zwischen den Caesar-Mördern Cassius und Brutus einerseits und den Caesar-Anhängern Octavian und Antonius andererseits stattfand. Fast ein Jahrhundert später gründete der Apostel Paulus hier zudem die erste christliche Gemeinde auf europäischem Boden, an die er auch die beiden ins Neue Testament aufgenommenen Philipper-Briefe sandte.

Die archäologische Stätte liegt am Fuß eines Berges, an dem sich die dreieinhalb Kilometer lange byzantinische Stadtmauer bis zu einer ebensolchen Burg an der Stelle der antiken Akropolis hinaufzieht. Im **Grabungsgelände** betritt man zunächst das **Theater** aus dem 4.–2. Jahrhundert v. Chr., das etwa 4000 Zuschauern Platz bot. Weiter westlich schließen sich die Überreste zweier frühchristlicher Basiliken an. Jenseits der viel befahrenen Straße von Kavála nach Dráma betritt man das 70 mal 148 Meter große römische Forum. An seinem Ostrand ist noch die Pflasterung der antiken Via Egnatía, die den Bosporus mit der Adria verband, zu erkennen. Im Süden dieses Marktplatzes ragen Pfeiler und imposante Mauerteile einer Basilika aus der Zeit um 560 noch über zehn Meter hoch empor.

Reste einer Basilika aus dem 6. Jh. in Philíppi

Richtung Dráma zweigt kurz hinter Philíppi eine mit »Laspóloutra« beschilderte Straße nach links ab. Hier steht auf der Rückseite des kleinen Hotels Lydia eine moderne **Kapelle**, in der sehr häufig Taufen stattfinden. Im an der Kapelle vorbeifließenden Bach soll der Apostel Paulus erstmals einen Menschen auf europäischem Boden getauft haben: die reiche jüdische Purpurhändlerin Lydia. 2,3 Kilometer weiter folgen die **Laspóloutra**. Ein großes natürliches Becken ist hier bis zu zwei Metern mit natürlichem Mineralschlamm gefüllt, in dem man kuren kann. Urig ist das Schlammbad inmitten schwarz verkrusteter Gestalten auf jeden Fall.

SERVICE & TIPPS

Ausgrabungen von Philíppi
Rechts der Straße von Kavála nach Dráma
✆ 25 10 51 62 51
Tägl. April–Okt. 8–20, Nov.–März 8–15 Uhr
Eintritt € 6
Ausgrabungen der Stadt, in der der Apostel Paulus wirkte.

Laspóloutra
Etwas südlich der Ausgrabungen, Philíppi
✆ 23 21 07 15 33
www.laspoloutra.com
www.yannis.gr
Juni–Mitte Okt. tägl. 8–16 Uhr
Eintritt € 6
Gut für die Gesundheit: Schlammbad in einem natürlichen Becken.

Das antike Theater von Philíppi: Seit 2016 gehört die archäologische Stätte zum UNESCO-Weltkulturerbe ▷

⑩ SÉRRES

Sérres (52 300 Einw.) ist zwar keine aufregende, aber eine angenehme Stadt, vor allem jedoch ist sie die Heimat des **Bougátsa.** Dieser warm servierte Strudelteigkuchen ist zwar inzwischen überall in Griechenland erhältlich, doch werden anderswo nur zwei Varianten angeboten, wahlweise mit Ziegenkäse oder Grießpudding gefüllt, während es ihn hier auch mit etlichen anderen Füllungen gibt, darunter auch Hackfleisch oder Spinat. Viele der Bougátsa-Bäckereien haben rund um die Uhr geöffnet.

Einzige Sehenswürdigkeiten in der Stadt selbst sind die Ruinen einer mittelalterlichen **Burg** (mit Café) und die erst 1984 geweihte, innen ganz im traditionellen byzantinischen Stil ausgemalte Kirche **Mitrópolis**.

Jedoch schmiegt sich nur neun Kilometer entfernt das um 1270 gegründete **Nonnenkloster Timíou Pródromou**, einer der schönsten Konvente des ganzen Landes, in ein weltabgeschiedenes Hochtal. Mit seinen sich eng um die Kirche drängenden, altertümlichen Zellentrakten und dem holprigen Pflaster inmitten üppigen Grüns wirkt er wie ein kleines Dorf aus längst vergangenen Zeiten. 2010 wurde das frei zugängliche Kloster allerdings von einem Brand in Mitleidenschaft gezogen; mit Restaurierungsarbeiten muss daher gerechnet werden.

SERVICE & TIPPS

ℹ **www.serres.gr**
Offizielle Website der Gemeinde, nur auf Griechisch.

☒ **Antámoma**
Odós Agíos Georgíou 64/Platía Irínis, Sérres
✆ 23 21 07 15 33
www.antamoma.gr
Tägl. außer Mo 12–24 Uhr
In diesem feinen, modernen Restaurant isst das Auge mit. Gekocht wird kreativ mediterran. €€

Bougátsa gibt es in Serres in vielen kleinen Läden zu kaufen

Aus dünnen Fäden wird Seide, heute noch anschaulich dargestellt im Seidenmuseum von Souflí

⑪ SOUFLÍ

Die Kleinstadt (6200 Einw.) im Évros-Tal war im 19. Jahrhundert das griechische Zentrum der Seidenraupenzucht. In den besten Zeiten wurden hier bis zu 40 000 Kilogramm Seidenfäden jährlich produziert. Die Raupenaufzucht, die jeweils etwa 40 Tage dauert, erfolgte in speziellen Häusern, von denen noch mehrere gut erhalten sind. Die zwei- oder dreigeschossigen **Koukoulóspita** bestanden aus Sälen, die mit an Etagenbetten erinnernde Pritschen gefüllt waren. Auf diesen fraßen sich die Raupen durch die Zweige der Maulbeerbäume, die um Souflí in großer Zahl angepflanzt waren. Kurz bevor die Raupen ihren Kokon zu spinnen begannen, mussten sie auf Kiefern- oder Eichenzweige umgesetzt werden. Nach etwa einer Woche wurde der natürliche Entwicklungsprozess unterbrochen, um ein Schlüpfen der Motten aus dem Kokon zu verhindern. Während bis zum Ende der 1920er Jahre noch Tausende Menschen in der Region von der Seide lebten, sind es heute nur noch etwa 50. Den Prozess der Seidengewinnung und -verarbeitung zeigt das **Seidenmuseum**, das in einem Koukoulóspiti aus dem Jahr 1883 untergebracht ist. Seidenprodukte aus Souflí werden in mehreren Geschäften an der Hauptstraße zum Kauf angeboten.

SERVICE & TIPPS

🏛 Seidenmuseum
Odós El. Venizélou 73
Souflí
✆ 25 54 02 37 00
www.piop.gr
Tägl. außer Di 10–18, Mitte Okt.–April nur bis 17 Uhr
Eintritt € 4
Interessante und ausführliche Darstellung der Geschichte und Technik der Seidenproduktion.

⓬ XANTHÍ

Die Altstadt von Xanthí (56 100 Einw.) ist eine der schönsten Nordgriechenlands und besitzt noch viele stattliche, gut restaurierte Häuser aus dem 19. und frühen 20. Jahrhundert, als Xanthí eine Metropole des Tabakhandels war. Damals gab es hier 53 Karawansereien, von denen die letzte leider um die Jahrtausendwende abgerissen wurde. Zentrum der Stadt ist die Platía mit einem markanten **Uhrturm**, der in der Faschingszeit zum Mittelpunkt des zweitheftigsten karnevalistischen Treibens in Hellas wird (nach Patras auf dem Peloponnes). Die **Altstadt** sollte man einmal von der Platía Antíka im Tal den Hang hinauf bis zum Stadtrand durchwandern. Dabei passiert man auch das **Volkskundliche Museum** im besonders großen ehemaligen Herrenhaus Kougoumtzóglou, dessen Besuch für das Verständnis dieser multiethnischen Region sehr hilfreich ist. Eine Spezialität der Konditoreien von Xanthí sollte man sich nicht entgehen lassen: Die entfernt an Mozartkugeln erinnernden **Karióka**. 2016 hat ein 382 Kilogramm schweres Exemplar sogar Eingang ins Guinness-Buch der Rekorde gefunden ...

Gleich nördlich von Xanthí beginnt eine griechische Welt, die selbst Griechenland-Fans nur selten ein Begriff ist. Eine fremde Welt mit Moscheen und Minaretten zwischen Trockengestellen für Tabak in einem der schönsten und doch

Enge Gassen und Häuser aus Naturstein sind typisch für die Altstadt von Xanthí

unbekanntesten Gebirge Europas – die Landschaft der **Pomakochória**, der Pomaken-Dörfer. Die Pomaken sprechen eine eigene, schriftlose Sprache, die manche als bulgarischen Dialekt einstufen. Sie sind Muslims, haben ihre eigenen Sitten und Gebräuche und die Frauen tragen sonntags und an Feiertagen häufig noch Tracht. Bis in die frühen 1990er Jahre hinein durften selbst Griechen diese Dörfer nur mit einer Sondergenehmigung besuchen – offiziell wegen der nahen Grenze zum kommunistischen Ostblock. Noch im letzten Jahrzehnt gab es in dieser Region keine moderne Tankstelle, Benzin wurde aus Kanistern in die Autotanks gefüllt. Bis heute meiden die meisten christlichen Griechen die Pomaken-Dörfer – sie fühlen sich dort zu fremd.

Pomaken aus Xanthí

Um einen Eindruck zu bekommen, unternimmt man am besten eine ganztätige, etwa 100 Kilometer lange Rundfahrt über die Dörfer **Míki**, **Échinos** und **Medoúsa**. In fast jedem Dorf gibt es auch ein unscheinbares Kafenío, meist ohne jedwedes Namensschild, und manchmal sogar eine angeschlossene Gemischtwarenhandlung. Die meisten Waren sind griechischer Herkunft, aber auch Cola aus Bulgarien wird serviert – sie ist wahrscheinlich billiger im Einkauf. Gleich mehrere Tavernen und sogar Fremdenzimmer gibt es nur in einem einzigen Ort: **Thermés**. Hier sprudeln heiße Quellen, die Thermalbäder ermöglichen.

SERVICE & TIPPS

www.cityofxanthi.gr
Offizielle Website der Gemeinde, nur auf Griechisch.

Volkskundliches Museum
Odós Antíka 7, Xanthí
✆ 25 41 02 54 21
Tägl. außer Mo 9.30–14.30 Uhr
Eintritt € 2
Das Museum zeigt, wie man im 18. und 19. Jahrhundert in dieser Region gelebt hat.

Ta Fanarákia
Odós G. Stavroú 14, Xanthí
✆ 23 21 07 15 33
www.tafanarakia.gr
Tägl. 10–1 Uhr
Gute regionale Küche in einer Fußgängergasse mit Außenplätzen unterm Blätterdach.
€€

Die fünfte Jahreszeit wird in Xanthí ausufernd gefeiert

Region 7
Nordwest-
griechenland

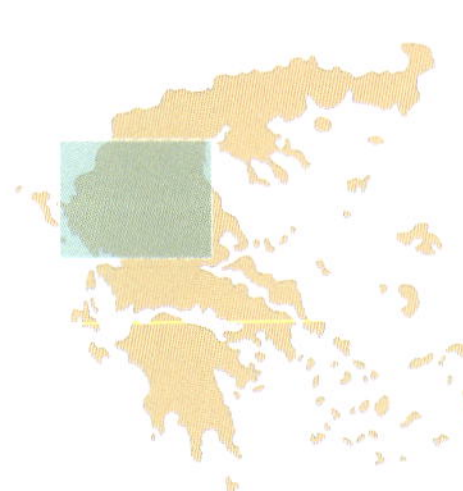

NORDWESTGRIECHENLAND

REISEN ZWISCHEN HOCHGEBIRGE UND MEER

Der Nordwesten Griechenlands punktet mit über 2000 Meter hohen, teilweise alpin anmutenden Gebirgen, zahlreichen natürlichen Seen, bedeutenden historischen Städten und sehr viel unberührter, waldreicher Natur. Hier leben noch mehrere Hundert Braunbären und Wölfe in freier Wildbahn, nisten Pelikane an Lagunen und Seen, stehen Flamingos in brackigen Gewässern, gehören Karpfen und Forellen zu den traditionellen Spezialitäten einer sehr rustikalen Regionalküche. In einst wohlhabenden, inzwischen sehr aufwendig restaurierten Bergdörfern wohnt man in kleinen, komfortablen Hotels mit viel Atmosphäre. Schöne historische Brücken sind regionaltypisch und oft in weite, gepflasterte historische Handelswege einbezogen. Wanderungen führen auch auf Hochalmen und durch Europas tiefste Schlucht, Rafting gehört ebenso wie Wintersport zu den beliebten Outdoor-Aktivitäten.

Mehrere Städte – so die große Universitätsstadt Ioánnina – werden noch immer von osmanischen Bauten mitgeprägt, andere waren wie Árta im Mittelalter Sitz byzantinischer Fürsten und wurden mit zahllosen Kirchen voller Wandmalereien geschmückt. In Dodóni liegt eins der ersten Zeus-Heiligtümer Griechenlands überhaupt, am Fluss Acheróndas wähnten die Griechen den Eingang zur Unterwelt und konstruierten trickreich eine Begegnungsstätte zwischen den Lebenden und den Schatten der Toten. Das Grab des makedonischen Königs Philipp II. in Vergína ist heute wieder eine nationale Wallfahrtsstätte der Griechen, Pélla ist stolz darauf, Geburtsort Alexanders des Großen zu sein.

Schließlich gehört zu Nordwestgriechenland auch der Olymp, Griechenlands höchster Berg und nach antikem Glauben Wohnsitz der Götter. Da kann man gut wandern, in Édessa an hohen Wasserfällen entlangspazieren, in Pozár in einem Bach über Thermalquellen baden oder unter warmen Wasserfällen duschen. Strände vermisst man so kaum, obwohl die insbesondere beim schönen Küstenstädtchen Párga und entlang des Ionischen Meers nördlich von Préveza auch durchaus verlockend sind.

Eingang der Kirche Ágios Geórgios in Negádes – einem der vielen kleinen Dörfer der Zagoriá

MAZEDONIEN
ALBANIEN
Ohrid
Bitola
Prilep
Struga
Korçë
Kastoria
Florina
Edessa
Veria
Naoussa
Katerini
Kozani
Ptolemaida
Grevena
Ioannina
Igoumenitsa
Trikala
Kalambaka
Karditsa
Larissa
Lamia
Karpenisi
Arta
Preveza
Parga
Konitsa
Metsovo
Olymp
Meteora-Klöster
Dodoni
Vergina
Pella
Dispilio
Prespa Lakes
Amvrakikos Kolpos
Vikos-Schlucht
Königsgräber
Nekromanteion
Nikopolis
Kassope
Aktio
0 10 20 30 km
N

Region 7
Nordwest-griechenland

Kinder und Jugendliche unter 18 J., Studenten aus EU-Ländern und Journalisten haben mit einem entsprechenden Nachweis **freien Eintritt** *zu staatlichen Museen und archäologischen Stätten. Senioren ab 65 J. und Studenten aus Nicht-EU-Ländern erhalten eine* **Ermäßigung**, *zumeist sind es 50 Prozent.*

1 ÁRTA

Die heutige Kleinstadt (19 500 Einw.) in einer Schleife des Flusses Árachtos war von 1204 bis 1318 Hauptstadt eines bedeutenden byzantinischen Fürstentums. Aus dieser Zeit stammen mehrere Kirchen und Klöster in der Stadt und ihrer Umgebung. Architektonisch einzigartig ist die **Panagía Parigorítissa** mit ihren fünf Kuppeln im Stadtzentrum. Vom Vorplatz aus führt die Odós Vas. Pirroú an den spärlichen Grundmauern eines antiken **Apollon-Tempels** und der Kirche **Agía Theódora** vorbei zur Kirche **Ágios Vassílios**, die gegenüber der schlichten Städtischen Markthalle und der Ruine der byzantinischen Festung liegt.

Das in ganz Griechenland bekannte Bauwerk der Stadt ist aber eine **osmanische Brücke** über den Árachtos am Stadtrand gleich rechts der Straße nach Ioánnina. Große Standhaftigkeit soll die Brücke besitzen, weil der Architekt seine Ehefrau in einen der Pfeiler einmauern ließ. Eine Besonderheit des Städtchens ist ihre **Hochschule für traditionelle griechische Musik**. Die Studenten verdienen sich während des Semesters abends gern als Musiker ein Zubrot in den Tavernen und Cafés von Pláka.

SERVICE & TIPPS

Panagía Parigorítissa
Odós Parigorítissas, Árta
✆ 26 81 02 46 37
Tägl. außer Mo ab 8, Mai–Sept. bis 20, Okt. bis 19, Nov.–April bis 15 Uhr, Eintritt € 2/1
Einzigartige byzantinische Architektur.

To Mamaláki
Platía Monopóliou, Árta
✆ 26 81 02 48 77
www.facebook.com/to.mamalaki
Tägl. 11–3 Uhr
Modernes Mezedopolío mit vielen auch außergewöhnlichen griechischen Spezialitäten.

Von großer Standhaftigkeit zeugt die mittelalterliche Brücke über den Árachtos

Steht meist leicht unter Wasser: das Heiligtum der Göttin Isis

❷ DÍON

Am Rand des Dorfes zu Füßen des Olymp haben Archäologen überwiegend römische Überreste einer Stadt ausgegraben, die zu Zeiten der Könige Philipp II. und Alexander des Großen im 4. Jahrhundert eine der makedonischen Königsresidenzen war. Hier opferte der junge Alexander dem Zeus, bevor er zu dem Eroberungsfeldzug aufbrach, der ihn bis nach Indien führte. Besonders idyllisch ist das oft leicht überschwemmte **Heiligtum für die ägyptische Göttin Isis**. Im **Museum** steht die älteste hydraulische Orgel der Welt aus dem 2. Jahrhundert.

SERVICE & TIPPS

Ausgrabungen und Museum
Díon
✆ 23 51 05 34 84
Tägl. ab 8, Mai–Aug. bis 20, Sept. bis 19, Okt. bis 18, Nov.–März bis 15 Uhr, Museum ganzjährig Mo geschl.
Eintritt € 8
Heiligtum im Wasser. Das Museum zeigt eine antike Wasserorgel.

❸ DODÓNI

Das antike Zeus-Heiligtum in einem von hohen Bergen umgebenen Tal gerät für viele Griechenlandreisende zur ersten Begegnung mit dem Altertum. Im weitläufigen Grabungsgelände ist das **Theater**, das einst etwa 18 000 Zuschauer fasste, besonders gut erhalten. Als Mikis Theodorákis noch jünger war, hat er dort einmal ein Konzert gegeben. Heute beeindruckt am meisten die unmittelbare Nähe zwischen Theater und **Stadion**. Dessen Tribünen reichen unmittelbar bis an die Stützmauern des Theaters – deutlicher kann die enge Verknüpfung von Sport und Kultur in der Antike nicht ausgedrückt werden. Große Bedeutung hatte das Heiligtum auch als **Orakelstätte.** Priesterinnen sagten die Zukunft aus dem Flug heiliger Tauben, dem Loswurf und dem Rauschen der heiligen Eiche voraus. Eine Eiche steht auch heute noch an gleicher Stelle.

SERVICE & TIPPS

Ausgrabungen
Dodóni
✆ 26 51 08 22 87
Tägl. außer Di 8.30–16 Uhr
Eintritt € 4/2
Antikes Theater und Stadion. Das Heiligtum war Orakelstätte des Zeus.

Orakelstätte des Zeus in Dodóni

❹ ÉDESSA

Die »Bächle« der Stadt kennen nur ein Ziel: die landesweit berühmten **Wasserfälle**. Der höchste von ihnen misst 70 Meter und verkümmert auch im Hochsommer nicht zum Rinnsal. Pfade erschließen die Fälle, man kann sogar hinter dem rauschenden Wasservorhang entlanggehen. Natürlich gibt es auch eine große Taverne, in der bestes Quellwasser in großen Karaffen kostenlos auf den Tisch kommt, und sogar ein städtisches Sommerkino, in dem das Wasserrauschen jeden Film untermalt. Alte Laubbäume werden von armdickem Efeu umschlungen, in einer ehemaligen Getreidemühle tummeln sich Fische in Griechenlands einzigem **Süßwasseraquarium**. Zusammen mit einer weiteren Getreide- und einer Sesammühle sowie einer alten Fabrik, in der noch bis in die 1960er Jahre hinein Seile und Taue hergestellt wurden, bildet sie das **Freilichtmuseum der Wasserkraft**.

Berühmt: die Wasserfälle von Édessa

Vom Mühlenareal an den Wasserfällen sind es nur wenige Schritte bis ins historische Stadtviertel **Varóshi**, in dem während der osmanischen Zeit die meisten Christen der Stadt lebten. Viele Häuser sind dort in den letzten Jahren restauriert und farbenfroh neu gestrichen, einige in romantische, kleine Hotels umgewandelt worden. Eins davon ist das dreigeschossige **Four Seasons** in einem stattlichen alten Archontiko, das über Resten der antiken Stadt Édessa erbaut wurde. Bei der Restaurierung hat man im Lobbybereich – wie im Athener Akropolismuseum – zum Teil einen Boden aus Panzerglas verwendet, sodass ein Blick auf die darunterliegende Stadtmauer aus dem 5. Jahrhundert v. Chr. möglich ist. Weitere antike Überreste befinden sich gleich unterhalb der Wasserfälle in der weiten Ebene, die Griechenlands **Hauptanbaugebiet für Kirschen** ist. Hier ist die alte Stadtmauer in Teilen noch bis zu fünf Meter hoch erhalten.

SERVICE & TIPPS

ℹ **www.edessacity.gr**
Immer noch informativ, obwohl seit 2005 nicht aktualisiert; auf Englisch.

Süßwasseraquarium und Freilichtmuseum
Párko Katrraktón, Édessa
✆ 23 81 02 86 26, Tägl. außer Di 10–18 Uhr, Eintritt € 2
Aquarium mit Süßwasserfischen und Reptilien sowie ein kleines Museum der Wasserkraft.

Staviánis
Meleníkou 10, Édessa
✆ 23 81 02 34 69
www.facebook.com/pg/TavernaStamianis
Tägl. 19–2 Uhr
Urgemütliche Taverne mit traditionellem Flair, ausgesprochen netten Wirtsleuten und authentischer griechischer Küche. €

Wilde Ziegen am Strand von Drépano bei Igoumenítsa

Von Igoumenítsa kann man mit der Fähre nach Korfu übersetzen

5 IGOUMENÍTSA

Die nordwestlichste Stadt Griechenlands ist nach Patras der bedeutendste Fährhafen des Landes im Italien-Verkehr. Außerdem pendeln von hier bei Tag und Nacht zahlreiche Fähren hinüber zur Insel Korfu, wo sie in der Inselhauptstadt anlegen. Sehenswürdigkeiten hat der Ort nicht zu bieten; die Autobahn Odós Egnatía Richtung Thessaloníki beginnt fast unmittelbar am Fährhafen. Wer gleich nach der Ankunft oder noch einmal vor der Abfahrt ein Bad nehmen möchte, fährt sechs Kilometer westlich an den Strand von Drépano.

SERVICE & TIPPS

i www.igoumenitsa.gr
Sehr gute offizielle Website der Gemeinde mit vielen Fotos und Infos zur Stadt und dem gesamten Landkreis Thesprótia. Auf Englisch.

i www. thesprotia.gr
Offizielle Website des Landkreises. Weniger gut, aber auch auf Deutsch.

6 IOÁNNINA

Die Hauptstadt (112 000 Einw.) der von den Griechen Ípiros genannten Provinz Epirus liegt landschaftlich sehr schön in einem weiten Hochtal am **Pamvótis-See** und versprüht in Teilen der Altstadt noch ein leicht orientalisches Flair. Die zahlreichen Studenten sorgen für eine große und noch dazu preisgünstige Kneipenszene. Einen ganzen Tag kann man hier auf jeden Fall gut verbringen.

Den historischen Kern bildet das auf einer fast rechteckigen Halbinsel im See gelegene **Kástro-Viertel** mit zwei gut erhaltenen Moscheen. In der **Asla-Pasha-Moschee** illustriert das **Städtische Museum** in drei Abteilungen das einstige Leben von Christen, Moslems und Juden in der Stadt. Neben der Fetihye-Moschee aus dem 15. Jahrhundert wurde in der ehemaligen Garnisonsküche der Osmanen ein modernes, sehr stimmungsvolles **Museum der Silberschmiedekunst** etabliert. Es beschäftigt sich mit dem Handwerk, für das Ioánnina seit Jahrhunderten balkanweit berühmt ist.

Lohnenswerter als ein Besuch im **Archäologischen Museum** in der Neustadt ist eine Bootsfahrt zur Insel im See, **Nissáki**. Ihr Dorf (100 Einw.) ist eine Idylle wie aus dem vorvergangenen Jahrhundert. Am Dorfrand lockt das ehemalige **Kloster Ágios Pandelímonas** aus dem 16. Jahrhundert täglich zahlreiche griechische Urlauber an; in der Kirche des **Klosters Ágios Nikólaos Philanthrópinon** aus dem späten 13. Jahrhundert ist die Darstellung antiker Philosophen als Heilige ein Kuriosum aus dem 16. Jahrhundert.

SERVICE & TIPPS

Staatliche Zentrale für Fremdenverkehr
Leofóros Dodónis 39
45221 Ioánnina
✆ 26 51 04 18 68
www.ioannina.gr

Archäologisches Museum
Platía 25is Martíou 6, Ioánnina
✆ 26 51 00 10 89
www.amio.gr
Tägl. außer Di 8.30–15.30 Uhr
Eintritt € 4
Funde aus dem gesamten Epirus.

Museum der Silberschmiedekunst
Kástro-Viertel, Ioánnina
✆ 26 51 06 40 65
www.piop.gr
Tägl. außer Di 10–18, Mitte Okt.–Feb. nur bis 17 Uhr
Eintritt € 4
Grandiose Ausstellung in einer ehemaligen Festungsküche.

Städtisches Museum/Asla-Pasha-Moschee
Kástro-Viertel, Ioánnina
✆ 26 51 02 63 56
Mai–Okt. Mo 12–19, Di–So 8–19, Nov.–April tägl. außer Mo 8.30–15 Uhr
Eintritt € 3
Exponate zur Kultur von Moslems, Juden und Christen unter einem Dach.

Balsamico
Platía Neomártiros Georgíou 17
Ioánnina
✆ 26 51 03 77 22
Tägl. ab 12 Uhr
Das kleine Lokal gegenüber dem Haupttor zum Kástro-Viertel bemüht sich um moderne und kreative griechische Küche. Besonders gut sind die mit Käse und sonnengetrockneten Tomaten gefüllten Kalamare. €

Soul
Odós L. Virónos 20
Ioánnina
✆ 26 51 55 31 52
Tägl. ab 17 Uhr
Eins der vielen für Ioánnina typischen Cafés und Bierlokale, in denen es zu Wein, Bier oder Tresterschnaps üppige Kleinigkeiten zu essen gibt. Nach drei Bieren ist man auf jeden Fall gut satt geworden. €

Idyllisch im Herbst: Ioánnina am Pamvótis-See

Auch wenn es noch kalt draußen ist, sind die Straßencafes in der Kalari-Straße in Ioánnina bereits gut besucht

Boote zur Insel Nissáki
Tägl. 9–22 Uhr, im Hochsommer auch länger
Hin- und Rückfahrt € 4
Die Boote fahren in dichten Abständen ab der Platía Mavílis vor der Nordwestecke des Kástro-Viertels.

Ausflugsziele:

Kloster Ágios Nikólaos Philanthrópinon
Nissáki
✆ 26 51 02 63 97 (Bischofsamt)
Tägl. außer Mo 8.30–15 Uhr
Eintritt frei
Antike Philosophen als Heilige auf Fresken.

Kloster Ágios Pandelímonas
Nissáki
✆ 26 51 08 14 44
Tägl. 9–22 Uhr
Eintritt € 3
Rührende Geschichten rund um Ali Pascha.

7 KASTORIÁ

Die schöne Stadt am gleichnamigen See macht einen wohlhabenden Eindruck. Sie ist die **Kürschnermetropole des Balkans**. Schon 1520 wurden hier 700 Kürschnerfamilien gezählt. Trotz rückläufiger Tendenz werden heute immerhin noch in weit über 1000 Kleinbetrieben Pelzreste und -streifen zusammengenäht zu »Tafeln«, aus denen dann Mäntel und Jacken entstehen. Die auf Holz gespannten Tafeln stehen häufig in den Gassen und an der Uferpromenade zum Trocknen in der Sonne; durch offene Fenster und Türen kann man einen Blick auf Kürschner bei der Arbeit werfen. Moderne größere Betriebe sind an die Stadtgrenzen umgesiedelt und zeigen dort in bombastischen Schauräumen ihre Ware vor allem osteuropäischen und chinesischen Kunden.

Als tierlieber Mitteleuropäer wendet man sich aber meist lieber einem wahren Schatz Kastoriás zu: seinen über **70 byzantinischen Kirchen**. Dass die meisten von ihnen heute verschlossen sind, kann man relativ leicht verschmerzen, denn das ganz Besondere sind ihre vielfältige Architektur und ihr Mauerwerk mit schönsten Ziegelsteinbändern. In fünf Kirchen darf man hinein – allerdings nur in Begleitung eines Wärters aus dem **Byzantinischen Museum**, das meisterhafte Sakralmalerei aus acht Jahrhunderten ansprechend präsentiert.

Bei einer Rundfahrt entlang der Uferstraße um die Stadt-Halbinsel passiert man das an restaurierten historischen Häusern besonders reiche Stadtviertel **Doltsó** und kommt auch zur Kirche **Panagía Mavriótissa** am Seeufer. Wandmalereien sind hier nicht nur im Kircheninnern, sondern auch an den Außenwänden zu finden.

Sieben Kilometer südlich von Kastoriá haben Archäologen am Seeufer von **Dispilió** ein Pfahlhüttendorf aus der Jungsteinzeit rekonstruiert, durch das man über grüne Wiesen und Holzstege geführt wird.

Pfahlhütten bei Dispilió

SERVICE & TIPPS

🛈 **www.visitwestmacedonia.gr**

🏛 **Byzantinisches Museum**
Platía Dexaménis, Kastoriá
✆ 24 67 02 67 81
www.bmk.gr
Mi–So 8.30–15.30 Uhr
Eintritt € 4
Kirchenführung von einem Museumswärter (falls verfügbar) kostenlos
Über 70 wertvolle Ikonen sind gut präsentiert.

🍴 **Doltsó**
Odós Tsakáli 2, Kastoriá
✆ 24 67 02 33 77
www.ntoltso.gr
Tägl. ab 12 Uhr
Das feine Restaurant ist in einem Herrenhaus aus dem Jahr 1860 im schönsten Viertel der Stadt angesiedelt. Auch für Vegetarier und Veganer wird hier bestens gesorgt. €€

Ausflugsziel:

👁 **Dispilió**
Am Seeufer
Dispilió
✆ 24 67 08 53 32
Tägl. 9–17 Uhr
Eintritt € 4
Rekonstruktion eines neolithischen Pfahldorfs.

Gänse am See Kastoriá, im Hintergrund die gleichnamige Stadt

Beeindruckende Statik: die osmanische Spitzbogenbrücke über den Aóos bei Kónitsa

8 KÓNITSA

Auf der Rückseite des Tymfi-Gebirges zieht sich Kónitsa als ein rasch breiter werdender Häuserstrom einen steilen Hang im Einschnitt zwischen zwei Bergen hinunter. Von Ferne gleicht es einem großen, am Hang liegenden Dreieck. Das Städtchen liegt genau dort, wo der **Fluss Aóos** aus einer Schlucht austritt. Hier überspannt ihn die größte einbogige **osmanische Brücke** des Balkans: 19,25 Meter hoch und 35 Meter lang – und noch immer zu begehen. Aus osmanischer Zeit stammen auch die Überreste einer **Moschee** und die Ruinen der **Paläste mehrerer osmanischer Beys**. In einem von ihnen wurde einst Hamko, die Mutter von Ali Pascha, des »Löwen von Ioánnina«, geboren. Zu Kónitsa gehören die 42 Dörfer der **Mastorochória**, die »Dörfer der Maurermeister«. Von hier aus zogen die einheimischen Handwerker in osmanischer Zeit durch ganz Griechenland und über den Balkan, denn bessere Häuser- und Brückenbauer gab es weit und breit nicht. Ihre Heimatdörfer zeugen noch heute von ihrem Können.

SERVICE & TIPPS

Kapnisméno Tsoukáli
Kentrikí Platía, Kónitsa
✆ 26 55 02 47 22
Tägl. 8.30–2 Uhr
Die Taverne serviert Spezialitäten der griechischen Bergwelt in großen Portionen, aber auch Kleinigkeiten sind zu haben. €

Trekking Hellas
Voidomátis Bridge, Kónitsa, an der Straße nach Ioánnina
✆ 26 51 07 17 03
www.trekking.gr
Rafting auf den Flüssen Aóos und Voidomátis, Wildwasserkanu bei Pápingo, kurze geführte Ausritte, Tageswanderungen und Trekking-Touren.

9 9 METÉORA

Die Felslandschaft von Metéora ist weltweit einzigartig. Dem über 2000 Meter hohen Píndos-Gebirge gegenüber ragen hier auf der anderen Seite des breiten Pínios-Urstromtals gewaltige Felsen auf. Wind, Wasser und Frost haben sie völlig glatt geschliffen. Unmittelbar zu ihren Füßen liegen die Kleinstadt **Kalambáka** (7600 Einw.) und das Dorf **Kastráki** (1200 Einw.). Auf sechs der Felsgipfel und -knollen stehen seit dem 14. bis 16. Jahrhundert Klöster, die früher nur über Strickleitern oder Körbe an Seilzügen zu erreichen waren. Etwa 60 Mönche und Nonnen verbringen hier heute noch ein frommes Leben. Alle Kirchen sind mit Fresken aus der Erbauungszeit ausgeschmückt.

Fünf der sechs Klöster sind nur über stufenreiche, in den Fels geschlagene Pfade zu erreichen. Allein das große Non-

Wer zu den Klostern von Metéora möchte, muss gut zu Fuß sein

Innenhof des Klosters Varlaám

nenkloster **Ágios Stéfanos** liegt nur 30 ebene Meter von einem Parkplatz entfernt. Das älteste der Klöster ist **Megálo Metéoro**, 1370 gegründet. Ein Teil seiner Räume dient als Museum. 700 Meter entfernt steht das Kloster **Varlaám** aus dem 16. Jahrhundert – vom Parkplatz führen 200 Stufen hinauf. Direkt oberhalb der von Kastráki kommenden Straße laden die beiden kleineren Klöster **Ágios Nikólaos Anapafsás** (14. Jh.) und **Roussanoú** (16. Jh.) zum Besuch ein. Weiter abseits der alle Klöster miteinander verbindenden Straße liegt nur das Männerkloster **Agía Triáda** (15. Jh.), zu dem man etwa 20 Minuten zu Fuß auf und ab gehen muss.

Auch das Städtchen Kalambáka hat eine sakrale Sehenswürdigkeit zu bieten: Die Kirche **Kímissis tis Theotókou**. Sie wurde im 11. Jahrhundert über den Resten einer frühchristlichen Basilika errichtet, von der auch der Ambo im Kircheninneren stammt: ein brückenartiges Podest mit einem von Säulen getragenen Baldachin, von dem aus in den ersten christlichen Jahrhunderten gepredigt wurde.

Nischenfresko im Kloster Agía Triáda: Christus als Weltenherrscher

SERVICE & TIPPS

ℹ **www.visitmeteora.travel**
Aktuelle Öffnungszeiten der einzelnen Klöster und zudem gute Angebote für geführte Wanderungen und Klettertouren an den Felsen.

⑩ OLYMP

Auf Griechenlands höchsten Gipfel führt noch keine Seilbahn oder gar Straße. Geübte Bergwanderer können ihn jedoch im Rahmen einer Zweitageswanderung mit Übernachtung in einer gipfelnahen, bewirtschafteten Hütte erklimmen. Das dazugehörige »Bergwandererdorf« ist das nur 300–400 Meter hoch gelegene **Litochóro** (7300 Einw.) mit zahlreichen kleinen Hotels und Tavernen. Das moderne **Nationalparkzentrum** informiert über das Olymp-Massiv, seine Geschichte und Natur. Es liegt an der Straße hinauf zur 16 Kilometer entfernten Jausenstation **Priónia**, wo der Aufstieg zum Gipfel beginnt. Zur Priónia kann man auch eine schöne Tageswanderung auf gut ausgeschildertem Weg unternehmen, vorbei am historischen Kloster Ágios Dionísios und Wasserfällen. Für den Rückweg muss man sich allerdings ein Taxi bestellen oder trampen.

SERVICE & TIPPS

Nationalparkzentrum
Am Ortsrand von Litochóro
Richtung Priónia
✆ 23 52 08 30 00
www.olympusfd.gr
Mai–Okt. Mo–Fr 9–18, Sa/So 9–16, Nov.–April tägl. 9–16 Uhr
Eintritt frei
Infos zum Olymp-Massiv.

Gastrodómio en Olýmpo
Odós Ag. Nikoláou, Litochóro
✆ 23 52 02 13 00
www.gastrodromio.gr
Tägl. ab 11 Uhr
Preiswertes Feinschmeckerlokal mit einer großen Auswahl von Spezialitäten aus ganz Griechenland und über 400 verschiedenen griechischen Weinen. €€–€€€

Plateau der Musen – Heimstatt von Zeus und den 12 mythologischen Göttern Griechenlands

Region 7
Nordwest-
griechenland

Heute nicht mehr begehbar: Der Zugang zur Unterwelt in der Orakelstätte Nekromanteíon

⑪ PÁRGA UND DER ACHERÓNDAS

Párga lohnt allein schon seines Anblicks wegen einen Besuch. Meist dreigeschossige, oft klassizistisch angehauchte Häuser mit Ziegeldächern bilden den Ortskern und verströmen durch einen Anstrich in allerlei Farben Fröhlichkeit. Eine autofreie **Uferpromenade** säumt leicht geschwungen die Hafenbucht. Im Norden klettern die Häuser ein niedriges, grünes Kap empor, das ein **Kastell** krönt. Die Venezianer, die zu der Zeit schon die Ionischen Inseln beherrschten, ließen es 1572 erbauen.

An die Hafenbucht von Párga schließt sich unmittelbar südlich eine Strandbucht an. Beiden Buchten vorgelagert sind mehrere winzige, von Bäumen und Büschen bestandene **Felsinseln**. Eine trägt sogar eine Kirche, in der an fast jedem Wochenende Trauungen vollzogen werden – Meryl Streep und »Mama mia« lassen grüßen!

Südlich von Párga mündet bei Ammoudiá der **Acheróndas** ins Ionische Meer. Den alten Griechen galt er als einer der fünf Grenzflüsse zur Unterwelt, in die der Fährmann Charon die Verstorbenen übersetzt. Durch die Nähe zu Párga ist der 58 Kilometer lange Wasserlauf zur Touristenattraktion geworden – und das auf angenehme Art. Bei **Glikí**, wo der Acheróndas das Gebirge verlässt, sprudelt an zahlreichen Stellen kristallklares Wasser aus dem Boden und aus Felsnischen. Zahllose Platanen streben gen Himmel oder wachsen fast waagerecht dicht überm Boden, umschließen Felsbrocken, bieten Alpenveilchen in Aushöhlungen Schutz. Sie ziehen den Spaziergänger wie einst Rotkäppchen immer tiefer in den Wald hinein. Doch nach 700 Metern ist erst einmal Schluss. Nun heißt es »Schuhe aus«, wenn man weiter in die Schlucht eindringen will. Dabei muss man je nach Wasserstand auch schon mal ein paar Meter schwimmen. Wer genug Kondition hat, durchwandert die gesamte Schlucht in etwa vier Stunden. 7,2 Kilometer Wegstrecke und 220 Meter Höhenunterschied sind dabei zu bewältigen.

Nach einer halben Stunde Autofahrt flussabwärts trifft man nahe dem Acheróndas auf eine einzigartige antike Stätte: das Totenorakel **Nekromanteíon.** Hierher pilgerten die Menschen wohl schon zu Zeiten Homers, um die Schatten von Toten um Rat zu bitten – wie es der große Epiker dereinst auch Odysseus und seine Gefährten auf Geheiß der Zauberin Kirke tun ließ, um den Schatten des blinden Sehers Teiresias zu befragen. Was der Besucher heute dort sieht, stammt zumeist aus dem 4. und 3. Jahrhundert v. Chr., als die Orakelstätte schon gut organisiert war. Die Pilger wurden von den Priestern mehrere Tage lang mit Drogen, spezieller Ernährung und viel vorgegaukelter Zauberei in dunklen Räumen in höchste Erregung versetzt, bis sie schließlich in ein völlig fensterloses Gewölbe geführt wurden, wo ihnen die Toten begegneten. Um ihre Schatten an die Wände zu werfen, hatte man eine spezielle Vorrichtung ausgetüftelt.

An der Mündung des Acheróndas geht es dann in **Ammoudiá** wieder um Lebensfreude pur. Wie der Name der kleinen Streusiedlung schon besagt, gibt es hier einen breiten Sandstrand. An den Kais des schmalen Flusshafens liegen Ausflugsschiffchen, mit denen man einstündige Flussfahrten unternehmen kann. Mit etwas Glück sieht man dabei Schildkröten und Eisvögel, hört die Nachtigall schlagen und Frösche quaken. Wer mag, nimmt an geführten Kanutouren teil.

SERVICE & TIPPS

Nekromanteíon
Mesopótamos
✆ 26 84 04 12 06
Mai–Okt. Mo 8–15, Di–So 8–19, Nov.–April tägl. außer Mo 8.30–15 Uhr, Eintritt € 4
Heiligtum mit Totenorakel, antiker Eingang zur Unterwelt.

Panoramablick auf das wunderschöne Párga am Ionischen Meer

Das antike Pélla wurde am Reißbrett konzipiert, bis heute sind erst einige Villen und Wohnhäuser freigelegt

⓬ PÉLLA

In Pélla wurde vor über 2300 Jahren **Alexander der Große** geboren. Hoch zu Pferde reitet er auf einem Bronzepferd auf der Platía des Städtchens noch immer mit gezücktem Schwert durch seine Heimat. Das **Archäologische Museum** steht ungefähr dort, wo der Königspalast an die Stadt der Untertanen grenzte und überblickt die ganze weite Schwemmebene im Delta von Thessaloníki. Zu Lebzeiten Alexanders des Großen war Pélla noch eine Hafenstadt – all die Erde für die Felder, auf denen jetzt überwiegend Baumwolle wächst, wurde erst im Lauf der letzten 2000 Jahre von den Flüssen angeschwemmt. So befindet sich Pélla jetzt 23 Kilometer vom offenen Meer entfernt.

Das **alte Pélla** wurde in der ersten Hälfte des 4. Jahrhunderts v. Chr. am Reißbrett geplant und auf einem Areal von 400 Hektar erbaut. Die gepflasterten Hauptstraßen der Stadt waren bis zu neun Meter breit, die gesamte Siedlung war eineinhalb Kilometer lang und zweieinhalb Kilometer breit. Nur Teile wurden bisher freigelegt, darunter mehrere Villen und Wohnhäuser. Die kleinsten boten eine Wohnfläche von 150 Quadratmetern, die größten trumpften mit bis zu 3000 Quadratmetern auf – Luxus pur. Freigelegt wurde auch die antike **Agorá**, die allein 70 Hektar einnahm. Die gefundenen Mosaike liegen heute zum Teil im Museum, zum Teil aber auch noch in situ. Nicht zu betreten ist das 60 Hektar große Palastareal, wo die Archäologen immer noch tätig sind. Ob man dort noch Spuren des Philosophen Aristoteles oder des Dramatikers Euripides finden wird, die ja beide in Pélla tätig waren?

Statue Alexanders des Großen in Pélla

SERVICE & TIPPS

Archäologisches Museum und Ausgrabungen
Museum am oberen, Ausgrabungen am unteren Dorfrand (gut ausgeschildert), Pélla
✆ 23 82 03 11 60
www.pella-museum.gr
Mai–Okt. tägl. 8–20, Nov.–April tägl. außer Di 8.30–15 Uhr
Eintritt € 8, Nov.–April € 4
Weitläufige Ausgrabungen und ein modernes Museum, Geburtsort Alexanders des Großen.

⑬ POZÁR

Der **Thermalbadeort** Pozár liegt zu Füßen des 2524 Meter hohen Vorás-Gebirges, das oft auch unter seinem slawischen Namen Kaimaktsalan auftaucht. Nicht nur ältere, sondern auch viele junge Griechen kommen hierher, um in heißem Thermalwasser zu baden. Das lindert nämlich nicht nur allerlei körperliche Beschwerden, sondern hat auch einen hohen Spaßfaktor – und kostet nichts. Zu jeder Tages- und Nachtzeit kann man sich ins flache, warme Wasser, das hier im und am Bach aus dem Boden sprudelt, setzen oder legen. Getränke und Snacks werden mitgebracht, für Musik im Ohr sorgt das Smartphone. Zwischendurch eine Dusche unter kalten oder warmen Wasserfällen und das Badevergnügen ist komplett. Wer zwei Euro ausgibt, steigt von morgens um 7 bis abends um 22 Uhr (an Wochenenden sogar bis 2 Uhr) in eins der kleinen, gemauerten Thermalbadebecken, die von bis zu 37 °C warmem, fühlbar weichem Quellwasser gespeist werden. Außerdem gibt es einen großen, recht modernen Pool, der auch für Körperbehinderte und Gehschwache bestens geeignet ist. Zwei große Café-Restaurants an den Becken sorgen fürs leibliche Wohl. Nur Parkplätze sind knapp; einen Busverkehr zwischen den bis zu drei Kilometer entfernten Hotels und den Thermalquellen gibt es nicht. Den Kurgästen macht das wenig aus, denn auch Spaziergänge sollen ja gesund sein.

SERVICE & TIPPS

ℹ **www.loutrapozar.info**
Kommerzielle Website mit guten Informationen. Auf Englisch.

Ein Vergnügen für Jung und Alt: Baden im Thermalwasser in Pozár

⓮ PRÉSPES

Die beiden Préspa-Seen und die Dörfer an ihrem Rand gehören zu den entlegensten und am dünnsten besiedelten Gebieten Griechenlands. Den **Großen Préspa-See** teilt sich Griechenland mit Albanien und Nordmazedonien; er ist das größte Binnengewässer des ganzen Balkans. Den **Kleinen Préspa-See** teilt sich Griechenland nur mit den Skipetaren. Beide Seen liegen auf über 850 Meter Höhe und sind in manchen Wintern so dick zugefroren, dass man sogar mit dem Auto darauf fahren könnte. Im Sommer sind sie ein wahres Vogelparadies. Zwischen Februar und September sind hier über 1300 Brutpaare des Dalmatinischen und des – viel selteneren – Großen Weißen **Pelikans** zu Hause. Die hier in großer Zahl ganzjährig lebenden **Kormorane** sind ihre Futterkonkurrenten. Im See schwimmen 23 Fischarten, darunter viele Karpfen. Diese sind die Spezialität der Tavernen am See im ehemaligen Fischerdörfchen **Psarádes**. Die Vitamine dazu liefern Riesenbohnen, mit denen die Préspes ganz Griechenland versorgen.

Neben dem Naturerlebnis bescheren die Préspa-Seen dem Besucher auch ungewöhnliche kunstgeschichtliche Entdeckungen. Von Psarádes führen Bootstouren zu **Eremitagen in den Uferfelsen**, von denen **Mikrí Análipsis** aus dem 15. Jahrhundert die erstaunlichste ist. Vorbei an den Überresten alter Holzstege und -leitern steigt man über Betonstufen, auf denen unentwegt Eidechsen huschen, hinauf in eine Grotte, in der eine Kapelle steht. In das Mauerwerk scheinen kunstvolle Ziegelbänder eingearbeitet zu sein – doch bei genauem Hinsehen sind sie nur täuschend echt aufgemalt.

Auf der **Insel Ágios Achíllios** im Kleinen Préspa-See befinden sich die eindrucksvollen, jederzeit frei zugänglichen Ruinen einer großen, über 1000 Jahre alten Basilika. Ein bulgarischer

Dalmatinischer Pelikan bei der Landung

Ruinen einer byzantinischen Basilika auf Ágios Achíllios

Zar hat dort seine letzte Ruhestätte gefunden. Aus etwa derselben Zeit stammt auch die kleine Kapelle **Ágios Germanós** im gleichnamigen Hauptort der Préspa-Region. Innen ist sie mit Fresken aus dem 18. Jahrhundert geschmückt.

SERVICE & TIPPS

www.prespes.gr
Offizielle Website der Region, nur auf Griechisch.

Syntrophía
Am Ufer in Psarádes
✆ 23 85 04 61 07
Tägl. ab 8 Uhr

Die Taverne am Seeufer serviert frisch geschlachtete Karpfen und geräucherten Aal sowie zwischen Januar und August auch kleinere Fische aus dem See. Weitere Spezialitäten des Hauses sind geräucherte Schweinekoteletts sowie mit Butter, Knoblauch und Minze gefüllte Schnecken. €

»Macedonia is Greek« ist ein Slogan, der in ganz Griechenland häufig auf Brückenpfeilern und Mauern zu lesen ist. Mit ihm hat sich das griechische Volk in den Jahren zwischen 1992 und 2019 heftig dagegen gewehrt, dass sich auch ein Nachbarland Mazedonien nannte: die ehemalige jugoslawische Teilrepublik Mazedonien mit Skopje als Hauptstadt. Als diese gar noch den goldenen »Stern von Vergína« in ihre Flagge aufnahm, kochte der griechische Volkszorn, zumal einige Politiker in Skopje sogar Gebietsansprüche auf Thessaloníki erhoben. Der Stern wurde zwar schon bald durch eine Sonne ersetzt und als internationale Bezeichnung des Landes legte die UNO das Kürzel FYROM fest, aber die griechische Verärgerung blieb. Bis 2019 blockierte Griechenland darum auch den NATO- und EU-Beitritt des Nachbarlandes. Im Februar 2019 kam es dann zu einer Einigung im Namensstreit. Der Nachbar nennt sich jetzt Nordmazedonien und setzt auf eine gute europäische Partnerschaft.

⑮ VERGÍNA

Das kleine Dorf (1250 Einw.) war 1978 Schauplatz einer weltweit aufsehenerregenden Entdeckung: Man fand hier das ungeplünderte Grab des makedonischen Königs Philipp II., des Vaters von Alexander dem Großen. Es enthielt u. a. zwei Kisten aus massivem Gold mit den sterblichen Überresten des Toten und zahlreiche wertvolle Grabbeigaben.

Das Königsgrab lag zusammen mit zwei weiteren und einem Heroon unter einem 13 Meter hohen künstlichen Hügel mit 110 Meter Durchmesser, den die Archäologen vollkommen abtragen ließen. Nach Abschluss ihrer Forschungen errichtete man darüber eine gewaltige Betonkuppel, die begrünt wurde und von außen jetzt fast wie der ehemalige Grabhügel wirkt. Die Gräber sind so in einem mystischen Zwielicht zu betrachten. Die Funde aus den Gräbern sind in unmittelbarer Nähe ausgestellt. Ein Museum wie dieses gibt es weltweit kein zweites Mal.

Nahezu versteckt ist der Eingang zum Grab Philipp II.

Eineinhalb Kilometer vom Grabhügel entfernt sind die Archäologen noch bis 2022 mit Restaurierungsarbeiten am Königspalast aus dem 4./3. Jahrhundert v. Chr. beschäftigt. Man darf ihnen bei der Arbeit zuschauen und erspäht so auch schon einige der vielen prächtigen Bodenmosaike. Ein neues Archäologisches Museum am unteren Dorfrand ist bereits fertiggestellt, wartet aber noch auf seine Befüllung. Dafür müssten andere Museen in Makedonien Objekte abgeben – was sie freilich nicht wollen.

SERVICE & TIPPS

Königsgrab
Im Zentrum von Vergína
✆ 23 31 09 23 47
April–Okt. Mo 12–20, Di–So 8–20, Nov.–März tägl. außer Mo 9–17 Uhr
Eintritt € 12, Nov.–März € 6
Unterirdische makedonische Gräber, u. a. von Philipp II., und ein einzigartiges Museum.

Königspalast
Oberhalb von Vergína
✆ 23 31 09 23 47
Mo–Fr 8–14 Uhr, an Feiertagen geschl., Zutritt frei, striktes Fotografierverbot!
Palastruinen und Mosaike aus dem späten 4. Jh. v. Chr.

Philippeíon
150 m oberhalb des Eingangs zum Königsgrab
Vergína
✆ 23 31 09 28 92
Tägl. 12–18 Uhr
SB-Restaurant mit großer Auswahl an täglich frisch zubereiteten Speisen im Schautresen. €

Front
Am Großparkplatz an der Straße von den Königsgräbern zum Palast, Vergína
222.propaidi.gr
In der Region handgefertigte kleine Souvenirs. Alle Erlöse kommen einer Sozialintitiative für Kinder in Vergína und Véria zugute.

Emblem der makedonischen Königsdynastie zu Zeiten Philipps II. und Alexander des Großen: der Stern von Vergína

16 VÉRIA

Véria (66 000 Einw.) ist ein von Ausländern selten besuchtes Städtchen auf einem Plateau über der großen Ebene zwischen Olymp und Thessaloníki. Es ist stolz darauf, dass hier einst der Apostel Paulus predigte. Moderne Mosaike an der **Bema des Apostels** oberhalb des Hauptplatzes der Stadt erinnern daran. Von der Bedeutung Vérias in byzantinischer und osmanischer Zeit zeugen 48 von einst 72 **byzantinischen Kirchen**, drei von einst 15 **Moscheen** und ein großer **Hamam** in der Altstadt. Schön restauriert sind das jetzt abends sehr lebhafte Altstadtviertel **Kyriótissa** und das ehemalige jüdische Viertel **Barboúta** an einem rauschenden Bach. Dort wurde auch eine Synagoge restauriert und alte Herrenhäuser verwandelten sich in kleine Hotels mit viel Flair. Über die Stadtgeschichte informiert das **Byzantinische Museum** in einer mehrstöckigen Industriemühle aus dem frühen 20. Jahrhundert, das auch zahlreiche schöne Ikonen besitzt.

SERVICE & TIPPS

www.discoververia.gr

www.veriaculture.gr

Byzantinisches Museum
Odós Thomaídos 26, Véria
www.byzantine-museum-veria.gr
Apri–Okt. Mi–Mo 8–20, Di 12–20, Nov.–März tägl. außer Di 9–17 Uhr
Eintritt € 4
Ikonen und liturgisches Gerät in einer alten Industriemühle.

Eliá
Párko Eliás, Véria
www.elia-veria.gr
24 Std. geöffnet
Der große Restaurantkomplex unter schattigen Bäumen im Park auf dem Steilabfall zur Ebene hin ist vor allem abends die beste Adresse, denn dann leuchten in der Ferne die Lichter Thessaloníkis. €–€€

Bema in Véria: Der Apostel Paulus predigt zu gläubigen Männern und Frauen

In der Zeit ▷ stehengeblieben: Pittoreske Dorfansicht des Zagoriá-Dorfes Dilófo

17 10 ZAGOROCHÓRIA

In den Bergen nördlich von Ioánnina liegen die 46 Dörfer der Zagoriá. Diese »Zagorochória« haben schon im Mittelalter von ihrer Weltabgeschiedenheit profitiert. Die Heere der Eroberer zogen an ihnen vorbei; der osmanische Sultan gewährte ihnen weitgehende Autonomie. Im 17. Jahrhundert entwickelten sich die Zagorianer zu erfolgreichen Fernhändlern, die mit ihren Maultierkarawanen bis nach Bukarest und Konstantinopel zogen. Sie gelangten zu Wohlstand, der sich im Bau großer Kirchen, bildschöner Brücken und stattlicher Häuser niederschlug. Im folgenden Jahrhundert konnten sie dank ihrer Autonomie ein gutes Schulsystem etablieren, das ab 1846 sogar eine der ersten Mädchenschulen Griechenlands einschloss. Im 19. Jahrhundert setzte der Niedergang ein, da viele Bewohner in das bereits durch die Griechen befreite Griechenland übersiedelten. Nach dem Zweiten Weltkrieg, in dem deutsche Truppen 25 Zagoriá-Dörfer zumindest teilweise zerstörten, war die Landflucht besonders groß. Die Dörfer verarmten, niemand baute neu oder übertünchte die Natursteinmauern. So blieben die alten Dorfansichten erhalten. Als die Griechen in den 1980er Jahren im eigenen Land zu reisen begannen, wurden die Zagorochória für den Tourismus entdeckt. Heute kann man in vielen Dörfern in traditionellen kleinen Pensionen und Hotels wohnen und auch mitten im Hochsommer bei angenehmen Temperaturen im Anblick der Zweitausender entspannen. Das ganze Areal ist **Nationalpark**.

Teil dieses Nationalparks ist auch die **Víkos-Schlucht**. Sie gilt als tiefste Schlucht Europas – wenn man Breite der Schlucht und Höhe der Felswände in Relation zueinander stellt. Ver-

Eine schmale Steinbrücke dient heute noch als Verbindung zwischen den Dörfern Megálo Pápingo und Mikró Pápingo

stehen wir nicht, eindrucksvoll ist sie aber auf jeden Fall. Auf über 15 Kilometern Länge hat sie sich bis zu 700 Meter tief ins Gebirge eingegraben und in mehrere Nebenschluchten verzweigt. Talboden und Hänge sind mit Hain- und Hopfenbuchen, Ilex, Silberlinden, Walnussbäumen und Bergahorn dicht bewaldet. Über der Schlucht kreisen oft Schmutz- und Gänsegeier, halten Schlangen-, Stein- und Zwergadler nach Beute Ausschau. Ein Dorf – oder auch nur einen Getränkekiosk – gibt es in der Schlucht nirgends. Von **Monódendri** steigt man zunächst eine Stunde stets bergab. Dann führt ein Wanderpfad für vier bis fünf Stunden manchmal durch ein steiniges, im Sommer oft ausgetrocknetes Flussbett, meist jedoch in ständigem Auf und Ab an dessen Rand entlang. Am Ende gilt es, sich zu entscheiden: Am linken Flussufer entlang kann man in etwa 90 Minuten zum 320 Meter höher gelegenen Dorf **Víkos** hinaufsteigen, über dem rechten Flussufer klettert ein Pfad noch höher ins Dorf **Megálo Pápingo** hinauf.

SERVICE & TIPPS

☒ **I Píta tis Kikítsas**
Kentrikí Platía, Dorf Víkos
✆ 26 35 07 13 40
Tägl. ab 9 Uhr

In dem stillen Dorf mit tollem Blick in die Víkos-Schlucht isst man normalerweise die typischen epirotischen Strudelteigtaschen, die mit Fleisch, Gemüse oder Käse gefüllt sind. €

Anheimelnd: die Natursteinhäuser in den Zagoriá-Dörfern

VISTA POINT REISEROUTEN DURCH GRIECHENLAND

Der Weg ist das Ziel: Besucher erklimmen die steilen Treppen zum Varlaám-Kloster in Metéora

VISTA POINT REISEROUTEN DURCH GRIECHENLAND

Das griechische Festland ist zwar mit 106 915 Quadratkilometern flächenmäßig nicht einmal ein Drittel so groß wie Deutschland, aber gefühlt eher noch größer. Dazu tragen vor allem die vielen über 2000 Meter hohen Gebirge, die kurvenreichen Passstraßen und zerklüfteten Halbinseln bei. Bei der Tagesplanung sollte man auf Landstraßen höchstens 40, auf den vielen guten und wenig von Staus betroffenen Autobahnen hingegen durchaus 100 Stundenkilometer ansetzen.

Wer mit der Fähre kommt, wird seine Rundreise in Igoumenítsa in Nordwestgriechenland oder in Patras auf dem Peloponnes beginnen oder beenden. Mietwagen werden bevorzugt in Athen oder Thessaloníki übernommen. Thessaloníki ist auch das Einfallstor nach Griechenland für Gäste, die über die Balkanroute anreisen. Die vorgeschlagenen Routen sind entsprechend aufgebaut.

Route 1 beginnt in der Hafenstadt Igoumenítsa und führt durch ganz Nordgriechenland, vorbei an den welt-

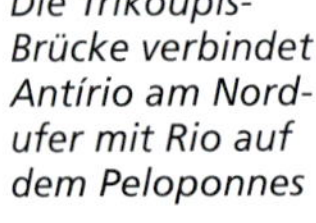

Die Trikoúpis-Brücke verbindet Antírio am Nordufer mit Rio auf dem Peloponnes

berühmten Metéora-Klöstern und Thessaloníki bis nach Alexandroúpolis. Auch Abstecher auf die Chalkidikí und zur Mönchsrepublik Áthos sowie nach Souflí nahe der türkischen Grenze am Fluss Évros sind enthalten. Route 2 führt von Igoumenítsa durch Westgriechenland und an der Nordküste des Korinthischen Golfs über Délfi bis nach Athen. Route 3 beginnt in Thessaloníki, streift den Olymp und die Pílion-Halbinsel und führt dann über die Insel Euböa nach Athen und auf die attische Halbinsel. Route 4 schließlich umrundet von Athen aus den Peloponnes bis nach Patras.

Kloster Hílandar auf Áthos ist eines der bekanntesten serbisch-orthodoxen Klöster

Alle Hauptsehenswürdigkeiten des Landes und viele weithin unbekannte Ecken werden von diesen vier Routen abgedeckt. Sie können natürlich um etliche weitere Schlenker, für die es im Buch genügend Anregungen gibt, bereichert werden. Für die Routen 2 und 3 sind sechs Tage der minimale Zeitbedarf, für die Routen 1 und 4 setzt man besser mindestens zwölf bzw. 13 Tage an. Wer im Hochsommer reist, sollte jeweils noch ein bis drei Tage Badepause einplanen, denn im Juli und August geht nichts über eine Abkühlung in Ägäis und Ionischem Meer. Zwei Zahlen noch zum Schluss: Zwischen Souflí an der türkischen Grenze und Koróni auf dem Peloponnes liegen 1117 Kilometer, zwischen Flensburg und Basel nur 972.

Ente im Agía Varvára Park von Dráma

ALBANIEN
NORDMAZEDONIEN
GRIECHENLAND
Krujë
Vorë
Klos
Sv. Jovan Bigorski
Debar
Kičevo
Treskavac
Kavadarci
Negotino
Pehčevo
Radoviš
Strumica
Sandanski
Goce Delčev
Tiranë
Kruševo
Prilep
Petrič
Elbasan
Struga
Librazhd
Ohridsko Ezero
Novo Selo
Káto Nevrokópi
Lushnjë
Ohrid
Resen
Vitolište
Mrežičko
N. Petrítsi
Sidirókastro
Apollonia
Lin
Pogradec
Gramsh
Sveti Naum
Bitola
Staravina
Gevgelija
Drossáto
Sérres
Drá
Grykë
Fier
Berat
Axioúpoli
Kalókastro
Kilkís
Maliq
Flórina
Kótas
Vévi
Édessa
Nigríta
Houmnik
Patos
Voskopojë
Korçë
Aetós
Skídra
Náoussa
Alexándria
Gefíra
Langadás
Çorovodë
Kastoriá
Ptolemaïda
Thessaloníki
Stavros
Ballaban
Lapani
Argos Orestikó
Véria
Thérmi
Stratóni
M.i Gribës 2122
Këlcyrë
Nestório
Halkidikí
Tepelenë
Ersekë
Neápoli
Epanomí
Arnéa
Himarë
Leskovik
Smólikas 2637
Kozáni
Kateríni
Paralía
Poligiros
Ouranoúpoli
Gjirokastër
Poliçan
Pendálofos
Sérvia
Néa Moudaniá
Sarandë
Kónitsa
Grevená
Litóhoro 2917
Néa Potídea
Nikiti
Neos Marmaras
Jorgucat
Kalpáki
Zagorochória
Ólimbos
Kalithéa
Pefkochori
Paleokastrítsa
Butrinti
Konispol
Métsovo
Karperó
Elassóna
Stómio
Palioúri
Kalamítsi
Vrossína
Katára 1705
Metéora-Klöster
Tírnavos
Kérkira
Sagiáda
Ioánina
Kalambáka
Agiá
Ág. Mathéos
Igoumenítsa
Pertoúli
Tríkala
Lárissa
Thessalía
Kávos
Horeftó
Margaríti
Filipiáda
Drossopigí
Kardítsa
Vólos
Miliés
Paxí
Árta
N. Monastíri
Fársala
Argalastí
Alónnisos
Menídi
Almirós
Skópelos
Préveza
Vónitsa
Domokós
Tríkeri
Skíathos
Frangísta
Makrakómi
Soúrpi
Pelasgía
Glífa
Agriovótano
Lefkáda
Amfilohía
Karpeníssi
Lamía
Stilída
Agiókambos
Mítikas
Thermopíles
Loutrá Edipsoú
Strofiliá
Vassilikí
Agrínio
Domnísta
Brálos
Gióna 2510
Thermopiles
Arkítsa
Mandoúdi
Fiskárdo
Stereá Elláda
Thérmo
Ámfissa
Ag. Konstandínos
Límni
Astakós
Trichonída
Parnassós 2457
Stení
Itháki
Lidoríki
Lárimna
Sámi
Messolóngi
Náfpaktos
Itéa
Délfi
Livadiá
Halkída
Kefaloniá
Río
Ossios Loukas
Argostóli
Póros
Áraxos
Pátra
Égio
Eratiní
Koríni
Thíva
Skála Oropoú
Chionata
Halandrítsa
Paralía Akrátas
Attikí
Grammatikó
Káto Ahaïa
Kalávrita
M. Méga Spíleo
Xilókastro
Perahóra
Aharnés
Koríthi
Kilíni
Pelopónissos
Moní Ag. Lávra
Kiáto
Aspróprigos
Kifissiá
Zákinthos
Amaliáda
Kórinthos
Mégara
ATHEN
Loutrá
Salamína
Koropí
Kerí
Olympia
Mycenae
Mikínes
Égina
Glifáda
Pírgos
Karkaloú
Árgos
Tiryns
Paleá Epídavros
Kaïáfas
Karítena
Nauplia
Soúnio
Poseidon
Megalópoli
Trípoli
Póros
Korissía
Ionisches Meer
Paralía Ástros
Kiparissía
Meligalás
Paralía Tiroú
Porto-chéli
Hydra
Messini
Leonídio
Spétses
Filiatrá
Mistrás
Sparta
Mirtóo
Messíni
Kalamáta
Prof. Ilías 2404
Geráki
Pílos
Methóni
Skála
Paralía
Hánia
Pélagos
Koróni
Gíthio
Areópoli
Máni
Monemvassía
Geroliménas
Akr. Ténaro
Neápoli
Akr. Maléas
N
0 25 50 75 100 m
MITTEMEER
Kíthira
Ag. Pelagía

Smoljan
Ardino
Kârdžali
Momčilgrad
Madan
Ivajlovgrad
Krumovgrad
Zlatograd
Ehínos
Xánthi
Komotiní
Kavála
Sápes
Essími
Keramotí
Lágos
Iraklítsa
Ág.Harálambos
Mákri
Alexandroúpoli
Thássos
Svilengrad
Edirne
Filákio
Didimó-
ticho
Soufli
Féres
Ípsala
Enez
Kırklareli
Iğneada
Kıyıkoy
Pınarhisar
Lüleburgaz
Saray
Karacaköy
Havsa
Babaeski
Uzunköprü
Büyükk
Karıştıran
Hayrabolu
Muratlı
Çerkezköy
Çorlu
Çatalca
Kilyos
Karadeniz Boğazı
Silivri
İSTANBUL
Kartal
Paşayiğit
Malkara
Tekirdağ
Marma-
raereğlisi
Keşan
Gaziköy
Sea of Marmara
İbrice
Şarköy
Marmara Adası
Marmara
Yalova
Armutlu
Thrakikó Pélagos
Samothráki
Kamariótissa
Gelibolu
Kavak
Kemer
Erdek
Karabiga
Bandırma
Mudanya
Gemlik
İznik Gölü
Ege
Gökçeada
Eceabat
İmroz
Lâpseki
Karacabey
Sığırcı
Bursa
Uludağ
2543
Abide
Çanakkale
Biga
Çan
Gönen
Kuş Gölü
Simav Çayı
Uluabat Gölü
Kumkale
Límnos
Etili
Mustafa
Kemalpaşa
Orhaneli
Mírina
Moúdros
Bozcaada
Yenice
Susurluk
Bayramiç
Kaz Dağı
Ezine
Geyikli
Balia
Kepsut
Harmancık
Denizi
Gülpinar
Altinoluk
1770
Edremit
Balikesir
Dursunbey
Ág. Efstrátios
Behramkale
İvrindi
Baba Burun
Savaştepe
Bigadiç
Dağardı
Ayvalik
Mysia
Kaloní
Eressós
Mitilíni
Lésvos
Kratígos
Plomári
Dikili
Bergama
Soma
725
Sindirgi
Gelembe
Kinik
Pergamon
Demirci
Simav
Zeytindağ
TÜRKEI
Abide
Çandarli
Akhisar
Gördes
Borlu
Selendi
Güre
Foça
Aliağa
Saruhanli
Karaburun
Gölmarmara
Psará
Híos
Mármaro
Menemen
Çamalti
Gediz N.
Kula
Volissós
Balıklıova
Salihli
Ulubey
Híos
Çeşme
İZMIR
Buca
Turgutlu
Killik
Passa-
Limáni
Urla
Alaşehir
Kiraz
Sarıgöl
Güney
Siğacik
Torbali
Ödemiş
Doğanbey
Gümüldür
Efes
Tire
Beydağ
Buldan
Meryemana
Nazilli
Sarayköy
Sámos
Kuşadasi
Aydin
Babadağ
Sámos
Söke
Koçarlı
Karacasu
Bozdoğan
Denizli
Ikaría
Évdilos
Pithagório
Priene
Büyük Menderes N.
Çine
Serinhisar
Ágios
Milet
Akköy
Karpuzlu
Menteşe
Kale
Pátmos
Didyma
Didim
Milâs
Yatağan
Muğla
Beyağaç
Pátmos
Léros
Lákki
Bodrum
Ören
Kálimnos
Turgut-
reis
Kálimnos
Marmaris
Köyceğiz
Ortaca
Kos
Kos
Knidos
Bozburun
Istuzu
Dalaman
Üzümlü
Mandráki
Knidos
Sími
Sími
Fethiye
Astipálea
Astipálea
Níssiros
Megálo Horió
Tílos
Ródos
Skíros
Linariá
Skíros
Káristos
Ándros
Ándros
Tínos
Tínos
Síros
Ermoúpoli
Mykonos
Míkonos
Dílos
Donoússa
Dodecanese
Páros
Náxos
Páros
Kamáres
Sífnos
Náxos
Andíparos
Kéros
Iráklia
Amorgós
Katápola
Polίegos
Síkinos
Íos
Íos
Santorini
Thíra

ROUTE 1

TOUR DURCH DEN NORDEN: VON IGOUMENÍTSA NACH ALEXANDROÚPOLIS

Gesamtlänge: 1582 km, Reisedauer: 12 Tage

Route: Igoumenítsa – Ioánnina – Zagorochória (ohne Übernachtung) – Ioánnina – Kalambáka – Thessaloníki (2 Übernachtungen) – Áfitos – Nikíti – Olympiáda – Kavála – Xanthí – Alexandroúpolis – Souflí (ohne Übernachtung) – Alexandroúpolis

❶ ❷ VON IGOUMENÍTSA NACH IOÁNNINA

Route: Igoumenítsa – Dodóni – Ioánnina – Monódendri – Megálo Pápingo – Ioánnina (217 km)

km	Route
0	Ab **Igoumenítsa** der Autobahn Odos Egnatía folgen und an der Ausfahrt von
65	**Dodóni** abfahren. Dann zurück auf die Autobahn und ab der Ausfahrt von
86	**Ioánnina** auf der E 853 in die Stadt hinein. Anschließend auf der E 853 weiter bis
105	**Karyés** und von dort hinauf nach
125	**Monódendri**. Dann zurück auf die E 853 und weiter bis 4 km hinter
134	**Kalpáki**, von dort auf der Landstraße hinauf nach
157	**Megálo Pápingo**. Zurück auf die E 853 und ihr bis nach
217	**Ioánnina** folgen.

Im Theater von Dodóni fanden einst 18000 Menschen einen Platz

Monódendri: Seit den 1980ern werden die Zagoriá-Dörfer touristisch erschlossen

Von **Igoumenítsa** (vgl. S. 174) führt die sehr gut ausgebaute, relativ wenig befahrene Autobahn mit zahlreichen Brücken und Tunneln durch die faszinierende Bergwelt Nordwestgriechenlands bis zum ersten archäologischen Höhepunkt der Reise, dem antiken Orakelheiligtum von **Dodóni** (vgl. S. 170). Hier ist man ganz von Stille und Ländlichkeit umfangen.

Nicht weit entfernt liegt die schöne, sehr betriebsame Stadt **Ioánnina** (vgl. S. 174 f.), die noch ein Hauch von Orient durchweht. Ein Bootsausflug zum Inselchen **Nissáki** (vgl. S. 174) im See von Ioánnina ist hier ein Muss.

Am nächsten Tag führt ein Tagesausflug in die Hochgebirgswelt der **Zagorochória** (vgl. S. 190). In **Monódendri** (vgl. S. 192) wirft man nach einem Bummel durchs Dorf einen Blick in die tiefste Schlucht Europas, die Víkos-Schlucht. Über eine Serpentinenstraße, die an ein Schraubenziehergewinde erinnert, geht es später hinauf nach **Megálo Pápingo** (vgl. S. 192), wo man sich wie unter Dolomitengipfeln fühlt. Abends kann man dann wahlweise hier eine angenehm kühle und auch sehr ruhige Nacht verbringen oder sich wieder ins gesellige Nachtleben von **Ioánnina** begeben.

Einen Ausflug zur pittoresken Insel Nissáki sollte man sich nicht entgehen lassen

❸ ❹ ❺ VON IOÁNNINA ÜBER DIE METÉORA-KLÖSTER NACH THESSALONÍKI

Route: Ioánnina – Kalambáka – Véria – Vergína – Thessaloníki (374 km)

km	Route
0	Ab **Ioánnina** auf der Autobahn Odós Egnatía bis zur Ausfahrt
65	**Panagía**. Von dort auf der N 6/E 92 weiter bis

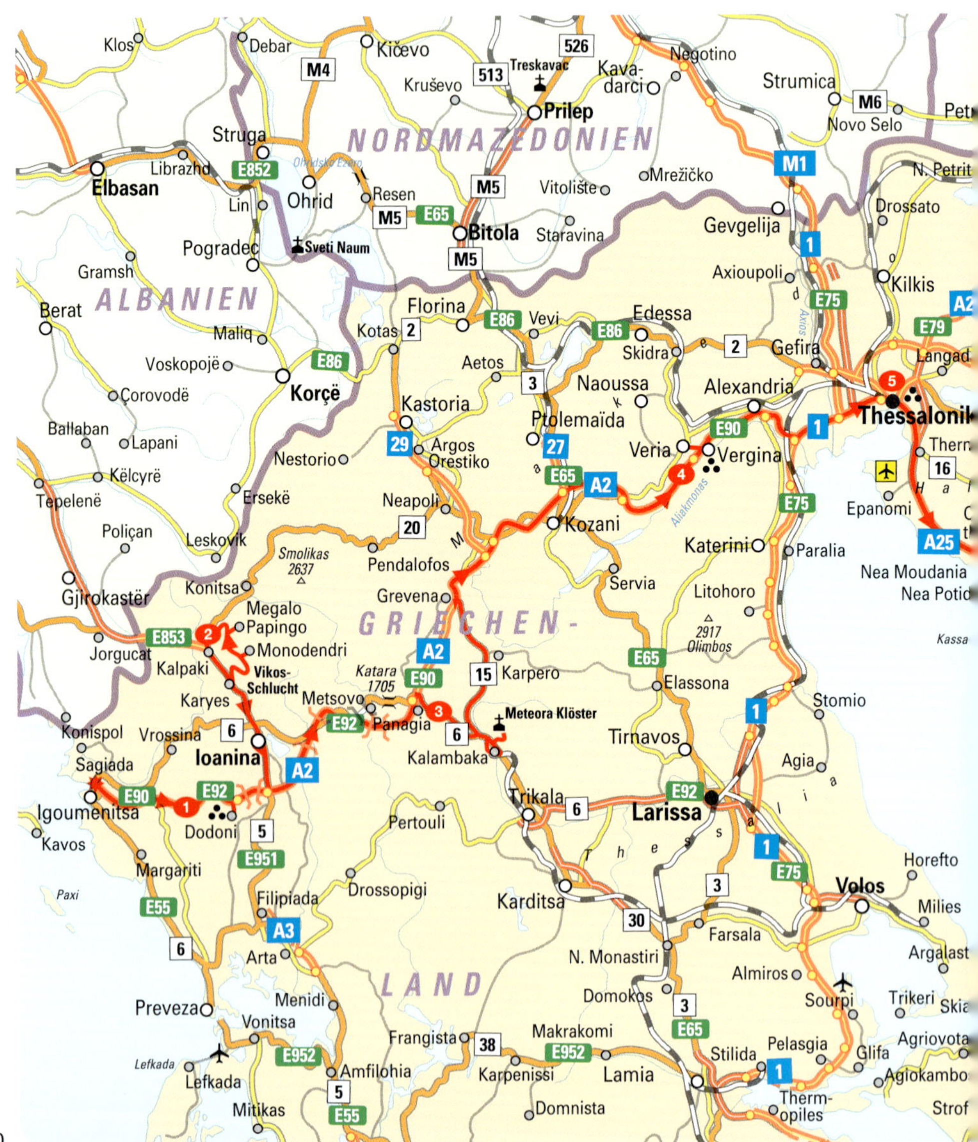

113 **Kalambáka**, das zu Füßen der Metéora-Felsen liegt. Anschließend auf der N 15 bis zur Autobahnauffahrt

179 **Grevená** und auf der Autobahn bis zur Ausfahrt

277 **Véria**. Anschließend auf der Landstraße bis

289 **Vergína** und wieder zurück unter der Autobahn hindurch bis nach

302 **Véria** hinauf. Anschließend über die Autobahn nach

374 **Thessaloníki**.

Die Metéora-Klöster Roussanoú und Ágios Nikólaos Anapafsás und das Píndos-Gebirge

Eine Karte zu Thessaloníki finden Sie auf Seite 122/123.

Von **Ioánnina** fährt man durch imposante Gebirgslandschaften nach **Kalambáka** (vgl. S. 178 ff.) zu Füßen der **Metéora-Klöster** (vgl. S. 178 ff.), einem der Höhepunkte jeder Griechenland-Rundreise. Hier sollte man auf jeden Fall übernachten, um die Klöster auf bizarren Felsnadeln und -knollen auch im Morgen- und Abendlicht sowie unterm Sternenhimmel bestaunen zu können.

Durch eher sanfte Hügellandschaft geht es am nächsten Tag über **Grevená**, das für seine guten Waldpilze bekannt ist, nach **Véria** (vgl. S. 189). Das sehr fußgängerfreundliche Städtchen ist einen Bummel wert. Außerdem erreicht man über dieselbe Autobahnausfahrt auch **Vergína** (vgl. S. 188), die berühmteste makedonische Königsstadt des Altertums und Standort eines ganz außergewöhnlichen Museums.

Abends ist dann **Thessaloníki** (vgl. S. 122 ff.) erreicht. Für die zweitgrößte Stadt Griechenlands mit ihren vielen antiken Denkmälern, byzantinischen und osmanischen Monumenten und scheinbar unendlich vielen Museen, Cafés und Tavernen sollte man mindestens zwei Übernachtungen einplanen.

Eingang zum Grab des makedonischen Königs Philipp II. in Vergína

❻ ❼ ❽ ❾ VON THESSALONÍKI ÜBER DIE CHALKIDIKÍ BIS KAVÁLA

Route: Thessaloníki – Néa Potídea – Kalithéa – Loutrá Agías Paraskevís – Áfitos – Ólinthos – Vourvouroú – Sárti – Néos Mármaras – Nikíti – Ouranoúpolis – Olimbiáda – Amfípolis – Kavála (578 km)

Km	Route
0	Ab **Thessaloníki** führt die A 20 nach
72	**Néa Potídea**. Dann geht es auf der Kassándra-Rundstraße über
93	**Kalithéa** und das Thermalbad
122	**Loutrá Agías Paraskevís** ins schöne
161	**Áfitos**. Nach der Besichtigung des antiken
190	**Ólinthos** nimmt man die küstennahe Straße durch
224	**Nikíti** nach
240	**Vourvouroú** mit herrlichen Stränden. Die Sithonía-Rundstraße führt dann über
271	**Sárti** und
322	**Néos Mármaras** wieder nach
343	**Nikíti**. Nun geht es zur Ostküste der Sithonía und über
367	**Pirgadíkia** nach
408	**Ouranoúpolis** auf der Athos-Halbinsel. Von dort führt nordwärts die N 16 bis
440	**Stratóni** und als Landstraße weiter nach
473	**Olimbiáda** mit dem antiken Stagirá. Nun geht es über die Auffahrt
495	**Asproválta** auf die Autobahn Odós Egnatía bis zur Ausfahrt
511	**Néa Kerdília** ganz in der Nähe von
516	**Amfípolis**. Schließlich erreicht man über die Autobahn
578	**Kavála**.

Touristisches Zentrum der Sithonía-Halbinsel: Néos Mármaras

Am Strand von ▷ Vourvouroú auf der Halbinsel Sithonía

Von **Thessaloníki** geht es über eine autobahnähnlich ausgebaute Schnellstraße am Flughafen vorbei zunächst auf den westlichsten Finger der Chalkidikí, die sanft hügelige **Kassándra-Halbinsel** (vgl. S. 138 ff.). Gleich am Anfang lohnt eine Pause in **Néa Potídea** mit seinem schönen Fischerhafen. Eine Straße führt rund um den etwa 50 Kilometer langen, extrem strandreichen Finger herum. In **Kalithéa** sind die Überreste eines Heiligtums zu sehen und die **Loutrá Agías Paraskevís** gehört zu den modernsten Thermalbadezentren des Landes. Am Ende der Rundfahrt kann man gut in **Áfitos**, dem schönsten Ort der Kassándra, übernachten.

Vorbei an den Ausgrabungen der antiken Stadt **Ólinthos** (vgl. S. 140), einem Musterbeispiel demokratischer Stadtplanung, geht es nun auf den mittleren Finger, die **Sithonía-Halbinsel** (vgl. S. 141 ff.). Auch sie kann man auf einer gut ausgebauten Straße umrunden. Erster Ort ist **Vourvouroú** mit dem landschaftlich besonders schönen Karídi Beach. Später liegen die Ostküsten-Strände häufig tief unterhalb der Straße – außer in **Sárti**, wo man beim Baden direkt auf den heiligen Berg Áthos schaut. An der Westküste mit dem touristischen Zentrum **Néos Mármaras** säumen die Strände meist direkt die Küstenstraße. Für eine Übernachtung bietet sich am Ende der Ort **Nikíti** an.

Typisch für Áfitos sind die Häuser aus Naturstein

Bricht man am nächsten Morgen früh auf, hat man genug Zeit, von **Ouranoúpolis** (vgl. S. 136) aus eine Áthos-Kreuzfahrt per Boot unternehmen und die eigenartige Atmosphäre in diesem Ort zwischen zwei Welten erspüren zu können. Tagesziel könnte **Olimbiáda** (vgl. S. 144 f.) sein, wo der Philosoph Aristoteles 348 v. Chr. im antiken, erst jüngst ausgegrabenen und besucherfreundlich präsentierten antiken **Stagirá** geboren wurde.

Am nächsten Vormittag fährt man über **Amfípolis** (vgl. S. 150) mit seinem erst vor Kurzem entdeckten makedonischen Prachtgrab in die Großstadt **Kavála** (vgl. S. 154 f.). Hier kann man gut einen halben Tag verbringen, um Streifzüge auf den Spuren von Tabakbaronen und eines ägyptischen Vizekönigs zu unternehmen.

10 11 12 VON KAVÁLA NACH SOUFLÍ UND ZURÜCK NACH ALEXANDROÚPOLIS

Route: Kavála – Xanthí – Échinos – Loutrá Thermón – Xanthí – Komotiní – Marónia – Alexandroúpolis – Souflí – Wald von Dadiá – Alexandroúpolis (413 km)

Km	Route
0	Ab **Kavála** geht es auf der Autobahn Odós Egnatía
52	nach **Xanthí**. Von dort nordwärts zunächst auf der N 14, dann auf der E 55 nach
80	**Échinos**, dem größten der Pomakendörfer, und Richtung bulgarische Grenze nach
99	**Thermés**. Rückfahrt auf gleichem Weg nach
146	**Xanthí**. Dann weiter auf der Autobahn E 90/N 2 nach
195	**Komotiní** und anschließend auf einer Kreisstraße nach
225	**Marónia**. Nun die Auffahrt 39 bei Mestí nehmen und auf der Autobahn nach
272	**Alexandroúpolis** fahren. Von hier auf der Autobahn Odós Egnatía weiter bis zur Ausfahrt
308	**Ardánio** und auf der N 51 bis
339	**Souflí**. Von dort auf einer Landstraße über
352	**Dadiá** durch den größten Wald Griechenlands nach
402	**Traianoúpolis** und auf der N 2 in Küstennähe zurück nach
413	**Alexandroúpolis**.

Ein Besuch in Xanthí lohnt sich: Die Stadt wartet mit einer der schönsten Altstädte Nordgriechenlands auf

Der Nationalpark von Dadiá, das größte zusammenhängende Waldgebiet Griechenlands

Über die Odós Egnatía geht es vom ostmakedonischen **Kavála** weiter ins westthrakische **Xanthí**, von wo aus man die außergewöhnlichen **Pomakochória** (vgl. S. 165) in den Wäldern der Rodopen erkunden kann. Man kommt dabei durch die Dörfer **Échinos** und **Thermés**, wo ein Thermalbad lockt, und bis fast an die bulgarische Grenze.

Nach einer Übernachtung in **Xanthí** (vgl. S. 164 f.) mit seinem schönen Altstadtviertel fährt man am Vistónis-See mit seinem reichen Vogelleben und einem fotogenen Kloster auf einem Inselchen vorbei nach **Komotiní** (vgl. S. 156), genießt Natur und Stille in den Ausgrabungen von **Marónia** (vgl. S. 157) und erreicht am Abend **Alexandroúpolis** (vgl. S. 148 ff.).

Am nächsten Morgen geht es auf großen Straßen im Tal des griechisch-türkischen Grenzflusses Évros gen Norden bis nach **Souflí** (vgl. S. 163), Griechenlands Seidenstädtchen. Die Rückfahrt nach Alexandroúpolis erfolgt bis Traianoúpolis auf einer kleinen Landstraße durch den **Wald von Dadiá** (vgl. S. 148 ff.). Auf über 50 Kilometern passiert man kein einziges Dorf – tanken in Souflí nicht vergessen!

Man könnte von Souflí aus auch bis zum nur noch 95 Kilometer entfernten Grenzübergang Orméni weiterfahren und dann die Heimreise nach Mitteleuropa durch Bulgarien fortsetzen.

Strand von Alexandroúpolis

ROUTE 2

WESTGRIECHENLAND UND DIE NORD-KÜSTE DES KORINTHISCHEN GOLFS

Gesamtlänge: 615 km, Reisedauer: 6 Tage

Route: Igoumenítsa – Ammoudiá – Árta – Náfpaktos – Délfi – Theben – Athen

1 2 VON IGOUMENÍTSA NACH ÁRTA

Route: Igoumenítsa – Sivóta – Párga – Glikí – Nekromanteíon – Ammoudiá –Préveza – Nikópolis – Árta (210 km)

Km	Route
0	Ab **Igoumenítsa** auf der E 55 bis
13	**Plataniá**. Weiter auf der küstennahen Straße nach
25	**Sivóta** und danach ins Küstenstädtchen
59	**Párga**. Von hier geht es auf kleinen Kreisstraßen ins Quellgebiet des Acheróndas bei
86	**Glikí**, danach zum Totenorakel **Nekromanteíon** und zur Flussmündung im stillen Badeort
112	**Ammoudiá**. Von dort auf der E 55 nach
155	**Préveza** und weiter zu den antiken Überresten von
160	**Nikópolis**. Von hier immer noch auf der E 55 direkt nach
210	**Árta**.

Fotogen: ein alter Anker im Hafen von Párga

Von **Igoumenítsa** (vgl. S. 174) steigt die E 55 zunächst in die Berge hinauf. Vorsicht ist angebracht, denn in dieser Region weiden 4000 frei laufende Rinder und lassen sich zum Widerkäuen auch schon einmal auf dem warmen Asphalt nieder. Hinter Platariá zweigt eine Nebenstraße ab hinunter in den an mehreren Buchten gelegenen Badeort **Sivóta** (vgl. S. 111) mit einer Marina voller Segeljachten. Zumeist hoch über der Küste mit schönem Blick aufs Ionische Meer geht es dann weiter ins sehr fotogene **Párga** (vgl. S. 182 f.) mit Burg, vorgelagerten Inselchen, farbigen Häusern, vielen Touristen und knappen Parkplätzen.

Sehr viel mehr Ruhe und Ländlichkeit erwarten den Reisenden dann entlang des Flusses **Acheróndas** (vgl. S. 182 f.). Das Quellgebiet bei **Glikí** lädt zu allerlei Aktivitäten ein. Im **Nekromanteíon** steht man in der Empfangshalle des Totenreichs. Von

Die byzantinische Kirche Panagia Parigorítissa entstand im 13. Jahrhundert in Árta

Ammoudiá aus kann man eine Bootsfahrt auf dem Acheróndas unternehmen und der ruhige Ort mit seinem schönen Strand bietet sich auch für eine Übernachtung an.

Die Hafenstadt **Préveza** (16 300 Einw.) liegt am Eingang zum Ambrakischen Golf, der sich wie ein kleines Binnenmeer weit in den Festlandskörper hineinschiebt. Ein mautpflichtiger Tunnel führt auf die andere Seite hinüber – wer mag, nutzt ihn für einen Schlenker rund zehn Kilometer Richtung Süden, wo der Weiler **Áktio** samt mittelalterlicher Burg an eine der berühmtesten Seeschlachten der Antike erinnert. In dieser Schlacht von Actium siegte die Flotte Octavians, der danach als Augustus zum ersten römischen Kaiser aufstieg, im Jahr 31 v. Chr. über die seiner Widersacher Antonius und Cleopatra.

An diesen Sieg erinnern auch die Ruinen des römisch-byzantinischen **Nikópolis** neun Kilometer außerhalb von Préveza an der Straße Richtung Árta. Was man heute dort sieht, ist jedoch meist jüngeren Datums: ein gewaltiges Theater aus dem 2. Jahrhundert, Grundmauern mehrerer frühchristlicher Basiliken und vor allem sehr gut erhaltene Teile der Stadtmauer aus dem 6. Jahrhundert samt Toren und Türmen. Kaiser Justinian ließ sie erbauen. Ein Museum am Stadtrand von Préveza zeigt, was die Archäologen im Ruinenfeld fanden.

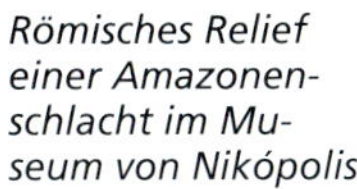

Römisches Relief einer Amazonenschlacht im Museum von Nikópolis

Auf gut ausgeschilderter Straße geht es von Nikópolis weiter ins kleine Provinzstädtchen **Árta** (vgl. S. 168) mit seinen zahlreichen byzantinischen Kirchen und viel Livemusik in den Tavernen.

❸ ❹ VON ÁRTA NACH DÉLFI

Route: Árta – Etolikó – Messolóngi – Náfpaktos – Chaniá – Galaxídi – Itéa – Délfi (235 km)

km	Route
0	Ab **Árta** auf der Autobahn A 5/E 55 bis zur Ausfahrt von
92	**Etolikó**. Im Anschluss über die Landstraße nach

104 **Messolóngi**. Dann auf der A 5 und E 65 weiter bis nach

145 **Náfpaktos**. Über die E 65 auf der Nordseite des Korinthischen Golfs mit kurzen Abstechern nach

170 **Chaniá** und

206 **Galaxídi** bis

223 **Itéa**. Von hier weiter auf der E 65 hinauf nach

235 **Délfi**.

Von **Árta** bis zum Lagunenstädtchen **Etolikó** (vgl. S. 107) ist man nur eine Stunde auf der Autobahn unterwegs. Wer sich sehr für Archäologie interessiert, unternimmt von dort einen Abstecher zu den wenig besuchten Ausgrabungen von **Oiniádes** (hin und zurück ca. 40 km, vgl. S. 107).

Nächstes Ziel ist die nahe »Heldenstadt« **Messolóngi** (vgl. S. 112 f.) mit schönem Strand, Fangoschlamm für ein besonders uriges Bad und dem Herz des Dichters Lord Byron im Heldenpark. Die A 5 führt zur Auffahrt auf die Brücke über den Golf von Korinth, den man hier, zwischen Ríon und Antírion, auch mit der häufig verkehrenden Autofähre überqueren könnte. In osmanischer Zeit standen in den beiden Küstenorten Festungen, die zur Kontrolle der Einfahrt in den Golf dienten. Die Tour überquert den Golf jedoch nicht, vielmehr folgt man der E 65.

Náfpaktos (vgl. S. 113) lohnt einen längeren Stopp bzw. eine Übernachtung. Bildschön sind der kleine venezianische Hafen und die Mauerringe am Burghügel. Es gibt eine schöne Uferpromenade und lange Strände; der Blick zur Brücke hin ist fantastisch.

Die E 65 folgt von Náfpaktos aus weitgehend der Nordküste des Korinthischen Golfs, an dessen anderem Ufer die

Gebirge des Peloponnes aufragen. Vom unterhalb dieser gut ausgebauten Fernstraße gelegenen Dorf **Chaniá** aus kann man mehrmals täglich zum vorgelagerten, autofreien **Inselchen Trizónia** (160 Einw.), das selbst gewieften Inselsammlern noch unbekannt ist, übersetzen.

Unterhalb der Fernstraße liegt spater auch die Kleinstadt **Galaxídi**, die im 18./19. Jahrhundert eine wohlhabende Hafenstadt mit zahlreichen eigenen Reedereien war. Vielen Häusern im auf einer Halbinsel gelegenen Ort sieht man das noch an. Ein kleines Museum im Ortszentrum erzählt die Geschichte der Stadt. Nett sitzen kann man in den Cafés am lang gestreckten Hafenbecken. Wer mag, isst hier Muscheln, denn die werden ganz frisch von mehreren Zuchtstationen in der Nähe angeliefert.

Itéa war in der Antike der Hafenort von Délfi, heute legen hier gelegentlich Kreuzfahrtschiffe an. Von Itéa aus erstreckt sich einer der größten Olivenhaine ganz Griechenlands 13 Kilometer weit ins Hinterland bis zum Städtchen Ámfissa, das in der Antike ein selbständiger Stadtstaat war. Die E 65 führt noch ein kurzes Stück durch diesen Olivenhain, bevor sie sich in großzügigen Serpentinen hinauf nach **Délfi** (vgl. S. 104 ff.) windet, dem antiken »Nabel der Welt«.

Der Hafen von Náfpaktos mit mittelalterlichem Mauerring

Byzantinische ▷ Architektur in Dístomo …

… und mit Gold verzierte Malereien in Ósios Loúkas, seit 1990 UNESCO-Weltkulturerbe

Karten zu Athen finden Sie auf den Seiten 28/29, 33, 38/39 und 42/43.

❺ ❻ VON DÉLFI NACH ATHEN

Route: Délfi – Aráchova – Dístomo – Ósios Loúkas – Theben (Thíva) – Eleusis (Elefsína) – Athen (170 km)

km	Route
0	Auf der N 48 geht es von **Délfi** nach
12	**Aráchova.** 13 km weiter zweigt eine Stichstraße über **Dístomo** zum
34	**Kloster Ósios Loúkas** ab. Anschließend geht es zurück zur N 48 und auf ihrnach
110	**Theben (Thíva).** Von hier führt die E 192 nach
156	**Eleusis (Elefsína**) und weiter nach
170	**Athen**.

Von **Délfi** nach **Aráchova** fährt man an den Hängen des 2457 Meter hohen Parnassós-Gebirges entlang. Das große Dorf auf etwa 800 Metern Höhe ist einer der meistbesuchten Wintersportorte Griechenlands. Das dazugehörige Skigebiet mit zahlreichen Liften und präparierten Pisten liegt 24 Kilometer vom Ort entfernt in 1750 bis 1950 Metern Höhe.

Zum stillen Gedenken fordert das Dorf **Dístomo** auf. Es wurde am 10. Juni 1944 fast vollständig von einer Einheit der Waffen-SS niedergebrannt. 228 seiner Bewohner wurden binnen einer Stunde erschossen, darunter 34 Kinder unter zehn Jahren und sogar vier Säuglinge. An die Opfer erinnert ein weithin sichtbares Denkmal auf einem Hügel am Dorfrand. Heute arbeiten viele Menschen aus dieser Region in der 13 Kilometer entfernten, an der Küste des Korinthischen Golfs gelegenen Aluminiumhütte von Ágios Nikólaos, die das in dieser Region reichlich vorkommende Bauxit verwertet. Dort fährt kaum ein Urlauber hinunter. Viel besuchtes Besichtigungsziel ist hingegen das **Kloster Ósios Loúkas** mit einigen überaus wertvollen mittelalterlichen Mosaiken.

Zurück auf der N 48 geht es vorbei am Städtchen Livádia ins sagenumwobene **Theben**, das heute **Thíva** (vgl. S. 119) heißt. Man besucht es vor allem wegen seines grandiosen archäologischen Museums. In der Stadt kann man eine ruhige Nacht verbringen – oder man fährt noch bis Athen weiter.

Dicht an Theben (Thíva) vorbei führt die Autobahn Thessaloníki–Athen. Die Tour hingegen folgt der E 962 über einen fast 1000 Meter hohen Pass hinunter nach **Eleusis (Elefsína**, vgl. S. 62**)** am Saronischen Golf. In der Industrie- und Hafenstadt liegen die Ausgrabungen einer Mysterienstätte am Eingang zum Hades. Eine vierspurig ausgebaute Schnellstraße führt von hier ins Zentrum von **Athen** (vgl. S. 54 ff.).

ROUTE 3

VON THESSALONÍKI AM OLYMP VORBEI ÜBER DIE PÍLION-HALBINSEL UND EUBÖA NACH ATHEN

Statue der Göttin Aphrodite in der Grabungsstätte von Díon

Gesamtlänge: 747 km, Reisedauer: 6 Tage

Route: Thessaloníki – Litochóro – Vólos – Pílion-Rundfahrt (ohne Übernachtung) – Vólos – Loutrá Édipsou – Chalkída – Fähre nach Rafína bei Athen

❶ ❷ ❸ VON THESSALONÍKI NACH VÓLOS UND RUND UM DIE PÍLION-HALBINSEL

Route: Thessaloníki – Díon – Litochóro (Olymp) – Témpi-Tal – Ambelákia – Lárissa – Vólos –Pílion-Rundfahrt (361 km)

km	Route
0	Von **Thessaloníki** führt die Autobahn A 1/75 zur Ausfahrt
83	**Díon**. Nach der Besichtigung geht es auf der Landstraße weiter nach
94	**Litochóro**. Eine Stichstraße führt von dort zur Jausenstation **Priónia** und zurück. Von Litochóro fährt man auf der Autobahn A 1 bis zur
139	**Ausfahrt Ambelákia**. Kurvenreich geht es nach
148	**Ambelákia** hinauf und auf demselben Weg zurück zur Autobahn. Man verlässt diese über die Ausfahrt
173	**Lárissa**, um einen Blick in die Stadt zu werfen, und kehrt wieder auf die A 1 zurück, um bis zur

Auf dem Weg zum Gipfel des Olymp können einem die unterschiedlichsten Weggefährten begegnen

216 **Ausfahrt Velestíno** weiterzufahren. Die N 6 führt nach
233 **Vólos** hinein. Für eine **Pílion-Rundfahrt** steuert man zuerst das große Bergdorf
248 **Makrinítsa** an. Weiter geht es über
264 **Chaniá** und
283 **Makrirách**i. Hinter
287 **Anílio** zweigt eine kleinere Straße zum Küstendorf
291 **Ágios Ioánnis** und dem Strand **Papá Neró** ab, die auch bis

Ideal für den Stopp am Nachmittag: Damouchári Bay

295 **Damouchári** führt. Von dort geht es wieder hinauf auf die Pílion-Rundstraße. Nächstes Ziel ist

333 **Miliés.** Kurz darauf ist man am Meer und fährt auf der Küstenstraße nach

361 **Vólos** zurück.

Man verlässt **Thessaloníki** und folgt den Wegweisern Richtung Athen auf der gut ausgebauten Autobahn bis zu den Ausgrabungen des antiken **Díon** (vgl. S. 169) zu Füßen des Olymp. Nicht weit entfernt ist **Litochóro** (vgl. S. 181), der Hauptort am antiken Götterberg und Sitz eines sehr informativen Nationalparkzentrums. Eine Stichstraße führt hinauf zur Jausenstation **Priónia** (vgl. S. 181), zu der man bei genügend Zeit auch gut wandern kann. Abends bezieht man in Litochóro für eine Nacht Quartier.

Am nächsten Tag geht es auf der A 1 vorbei an der mächtigen mittelalterlichen **Festung Platamónas**. Kurz darauf ist das legendäre **Témpi-Tal** (vgl. S. 118) erreicht. Hat man es passiert, biegt man sogleich links hinauf ab nach **Ambelákia** (vgl. S. 118), einem besonders traditionellen Dorf in Panoramalage. In **Lárissa** (vgl. S. 110) ist dann vor allem das antike Theater einen längeren Blick wert ist.

Über Autobahn und Schnellstraße geht es nach **Vólos** (vgl. S. 115), wo man gut zwei Nächte Station machen kann. Ein voller Tag gehört dann unbedingt einer **Pílion-Rundfahrt** (vgl. S. 114 f.). Dabei lernt man viele Dörfer mit traditioneller Architektur kennen, durchquert dichte Wälder und Obstbaumplantagen und erfreut sich im Frühjahr und Sommer an den vielen schönen Blumen in fast allen Dörfern. Besonders schöne Dörfer sind **Makrinítsa** und **Miliés**, gut baden kann man am Papá Neró Beach bei Ágios Ioánnis und in der fotogenen **Damouchári Bay**.

❹ ❺ ❻ VON VÓLOS ÜBER DIE INSEL EUBÖA NACH ATHEN

Route: Vólos – Glifá – Loutrá Édipsou – Límni – Chalkída (Chálkis) – Erétria – Marmári – Káristos – Marmári – Rafína – Athen (386 km)

km	Route
0	Ab **Vólos** folgt man den Wegweisern zur Autobahn nach Athen, passiert auf der N 30 die
3	**Ausgrabungen von Dimítrias** und kommt zur
25	**Autobahnauffahrt Mikrothíves**. Auf der A 1 geht es südwärts bis zur
66	**Ausfahrt Ágii Theódori** und auf der Landstraße weiter zum Fährhafen
81	**Glifá**. Auf Euböa fährt man dann von **Agiokámbos** auf der N 77 bis
89	**Loutrá Édipsou**. Eine Küstenstraße führt über
122	**Límni** nach
136	**Strofiliá**, wo man auf die N 77 fährt, die in der Inselhauptstadt
203	**Chalkída (Chálkis)** endet. Auf der N 44 geht es weiter vorbei an
225	**Erétria** und
250	**Alivéri** zum Fährhafen
324	**Marmári**. Eine kleine Rundfahrt führt von hier auf der N 44 nach
340	**Káristos** und über eine Sekundärstraße zurück nach
353	**Marmári**. Von hier Fährüberfahrt nach **Rafína**. Dort der Beschilderung nach
386	**Athen** folgen.

Von Glifá setzen die Fähren nach Euböa über

Kurz hinter **Vólos** passiert man die Ausgrabungen der antiken Stadt **Dimítrias**. Am kleinen Fährhafen **Glifá** setzen Autofähren tagsüber mindestens alle zwei Stunden nach Agiokámbos auf der Insel Euböa über (✆ 22 38 06 13 91, www.ferriesglyfa.gr, Person € 2,50/1,30, Pkw je nach Größe € 13,30 oder € 15).

Auf **Euböa** (vgl. S. 108) geht es zunächst ins Thermalheilbad **Loutrá Édipsou** zur wohligen Entspannung und zur Übernachtung.

Von hier führt eine Straße immer in Meeresnähe zum beliebten Badeort **Límni** und dann inseleinwärts nach Strofiliá. Hier erreicht man die N 77, die durchs grüne und gebirgige Inselinnere zur Inselhauptstadt **Chalkída (Chálkis)** führt. Da kann man gut den ganzen Abend am rätselhaften Kanal verbringen.

Über die A 11/A 1 könnte man von hier in gut einer Stunde nach Athen gelangen. Geruhsamer ist jedoch die Weiterfahrt über Euböa (vgl. S. 108). An der A 44 liegt der Badeort **Erétria** mit antiken Ausgrabungen. Beim Braunkohlekraftwerk von Alivéri wendet sich die A 44 inseleinwärts und durchquert schönste Berglandschaft, bis

sie sich wieder zum Badeort **Marmári** absenkt. Von hier aus geht es am Abend per Fähre zum Festlandshafen Rafína bei Athen (Person € 9/4,50, Pkw € 21). Nachdem man sich am Hafen nach dem tagesaktuellen Fahrplan erkundigt hat, lohnt auf jeden Fall noch der Abstecher zum Küstendorf **Káristos** mit schönen Stränden und mittelalterlicher Burg. Auf dem Weg dorthin steigt die N 44 weit die fast kahlen Hänge des 1498 Meter hohen Óhi-Gebirges hinauf.

Nach der Fährüberfahrt von Marmári nach **Rafína** geht es dann auf der bestens ausgeschilderten Straße nach **Athen** hinein oder über die Umgehungsautobahn direkt zum Athener Flughafen.

Eingebettet zwischen Meer und Óhi-Gebirge: der Küstenort Káristos auf der Insel Euböa

ROUTE 4

RUND UM DEN PELOPONNES: VON ATHEN NACH PATRAS

Helm der Spartaner

Gesamtlänge: 1017 km, Reisedauer: 13 Tage

Route: Athen – Archéa Kórinthos – Nauplia – Epidaurus (ohne Übernachtung) – Nauplia – Sparta – Mistrás (ohne Übernachtung) – Sparta – Gíthio – Rundfahrt durch die Innere Máni (ohne Übernachtung) – Areópolis – Kalamáta – Pílos – Olympia (2 Übernachtungen) – Kalávrita – Patras (oder: Athen)

❶ ❷ ❸ VON ATHEN ÜBER KORINTH NACH NAUPLIA (NÁFPLIO)

Route: Athen – Kanal von Korinth – Archéa Kórinthos – Neméa – Mykene – Nauplia (157 km)

km	Route
0	Vom **Athener Flughafen** führt die Autobahn Attikí Odós um die Stadt herum und dann als A 8 weiter zur
84	**Ausfahrt Loutráki**. Von hier mit einem kleinen Schlenker die alte Straßenbrücke über den Kanal von Korinth überqueren und direkt wieder auf die A 8 fahren. Die Ausfahrt
94	**Archéa Kórinthos** nehmen. Von hier aus geht es auf der A 7 Richtung Kalamáta bis zur
121	**Ausfahrt Neméa** und ins Dorf
126	**Neméa** hinein. Dann wieder zurück zur Auffahrt Neméa, die A 7 unterqueren und auf der alten Nationalstraße N 7 bis
131	**Fichtí** fahren, dort links abbiegen zur Burg von
135	**Mykene**. Von hier folgt man der Ausschilderung nach
157	**Nauplia**.

Der im 19. Jahrhundert erbaute Kanal von Korinth verkürzt den Seeweg um 325 Kilometer

Auf dem Weg von Athen auf den Peloponnes passiert man die Industrie- und Hafenstadt **Eleusis (Elefsína**, vgl. S. 62), 2023 Kulturhauptstadt Europas, und etwas später **Mégara**, dessen antike Bewohner im 6. Jahrhundert v. Chr. das heutige Istanbul gründeten. Von der antiken Stadt der Megarer blieb allerdings nichts erhalten.

Im Anblick der Insel Sálamis geht es nun hoch überm Meer und durch mehrere Tunnel weiter bis zum **Kanal von Korinth**. An der Ausfahrt Loutráki verlässt man die Autobahn und überquert den Kanal auf der alten **Straßenbrücke** (vgl. S. 78), wo man gut parken und in den Kanal schauen kann. Danach kehrt man sogleich auf die Autobahn zurück. Sie teilt sich kurz darauf. Die A 7 führt weiter quer über den Peloponnes bis Kalamáta, die A 8 in Küstennähe nach Patras. Zunächst folgt die

traditional pension
ΚΟΥΣΤΕΝΗΣ

Das Löwentor von Mykene

◁ Nauplia verströmt ein einzigartiges historisches Flair

Tour der A 8 am modernen Korinth vorbei und bis zur Ausfahrt von **Archéa Kórinthos** (vgl. S. 78 f.). In diesem ruhigen Dorf mit den Ausgrabungen des antiken Korinth kann man gut eine erste Nacht auf dem Peloponnes verbringen.

Am nächsten Tag steuert man – nun über die A 7 – das Winzerdorf **Neméa** (vgl. S. 88) mit seinem Zeus-Tempel und dem hervorragend erhaltenen antiken Stadion an. Danach fährt man über **Fichtí**, wo es gute Grilltavernen gibt, nach **Mykene** (vgl. S. 85) mit seinen Zeugnissen der ältesten Hochkultur Europas. Anschließend geht es weiter Richtung Argolischer Golf. Bei der mykenischen Burg von Tirins erreicht die Schnellstraße das bildschöne **Nauplia** (vgl. S. 86 f.), »Griechenlands Rothenburg ob der Tauber«. Hier bucht man am besten für zwei Nächte eine Unterkunft. Die Altstadt mit ihren vielen Geschäften, Cafés und Tavernen lädt zu einem langen Abendbummel ein.

Der nächste Vormittag gehört den Museen der Stadt: Am Nachmittag könnte man einen Ausflug ins 30 Kilometer entfernte antike **Epidaurus** (vgl. S. 74) mit seinem Theater unternehmen. Wer im Juli oder August unterwegs ist, kann hier freitags und samstags am Abend auch die Aufführung einer antiken Tragödie miterleben.

Zeus-Tempel von Neméa

Die ersten Zuschauer sind eingetroffen: Das antike Theater von Epidaurus wird noch heute bespielt

❹ ❺ ❻ VON NAUPLIA (NÁFPLIO) ÜBER SPARTA/MISTRÁS NACH GÍTHIO

Route: Nauplia – Tegéa – Sparta/Mistrás – Gíthio (175 km)

km	Route
0	Von **Nauplia** geht es auf der ufernahen, kleinen Straße am Strand von Néa Kíos entlang nach
12	**Myli**. Nach links abbiegen auf die N 7, die nach Trípoli führt. Man fährt jedoch nicht in die Stadt hinein, sondern an der
56	**Autobahnauffahrt Vóreo Trípoli** auf die Autobahn A 7 Richtung Kalamáta und bei der
59	**Autobahnausfahrt Tegéa** wieder von der A 7 ab, um über die N 39/E 961 nach
66	**Tegéa** und schließlich nach
119	**Sparta** zu gelangen. Ein mehrstündiger Ausflug geht von hier ins nahe
124	**Mistrás** und wieder zurück nach
129	**Sparta**, von wo die N 39 nach
175	**Gíthio** führt.

Am Ufer des Argolischen Golfes führt eine kleine Straße vom Hafen **Nauplias** immer am im Sommer eifrig von Windsurfern genutzten Strand entlang bis zum kleinen Ort Myli, wo wieder die N 7 erreicht wird. Vorbei an den Ausgrabungen von **Lérna** mit den spärlichen Überresten zweier vorgeschichtlicher Häuser steigt die Straße kurz darauf in weiten Kurven im **Parnón-Gebirge** bis auf 700 Meter Höhe an. Nun fällt der Blick in die weite, sehr fruchtbare Arkadische Hochebene.

Auf ihr liegt auch Arkadiens Hauptstadt **Trípoli** (vgl. S. 100 f.). Wer sich nicht ins Einbahnstraßenwirrwarr der nicht sonderlich attraktiven Innenstadt hineinbegeben will, nimmt die N 39/E 961, die südwärts führt. Ein kurzer Abstecher lohnt zu den Fundamenten des Athena-Tempels von **Tegéa** (vgl. S. 100) und dem dortigen kleinen, modernen Archäologischen Museum.

Überreste eines Athena-Tempels in Tegéa

Eine Hügelkette, die man durchfährt, trennt Arkadien von Lakonien, dessen Hauptstadt **Sparta** (vgl. S. 96 ff.) das nächste Ziel ist. Dort sollte man zwei Übernachtungen einplanen, denn nahezu einen ganzen Tag wird man wahrscheinlich mit der Durchwanderung der mittelalterlichen Kirchen- und Ruinenstadt von **Mistrás** (vgl. S. 96 ff.) verbringen. Abends sitzt man schön auf der Platía vor dem Rathaus der Stadt.

Etappenziel am nächsten Tag ist das nur 46 Kilometer entfernte **Gíthio** (vgl. S. 82 f.), das Tor zur Máni. Mit den vielen guten Fischtavernen, dem lebendigen Hafen und den sehr guten Stränden in der Nähe lädt es zu einem ganz entspannten Tag ein.

Schiffswrack Dimitrios bei Gíthio

7 8 VON GÍTHIO ÜBER DIE MÁNI NACH KALAMÁTA

Route: Gíthio – Areópolis – Pírgos Diroú – Kap Ténaro – Marmári – Flomochóri – Areopólis – Stoúpa – Kárdamili – Kalamáta (224 km)

km	Route
0	Von **Gíthio** fährt man auf der N 39 nach
28	**Areópolis**. Auf der einzigen Straße, die rund um die Innere Máni führt, der N 82, sind
44	**Pírgos Diroú** und
62	**Gerolímenas** Anlaufpunkte. Bei
65	**Álika** zweigt von der Rund- eine Stichstraße ab nach
72	**Vathiá** und weiter über Marmári Beach zum
79	**Kap Ténaro**. Zurück in
93	**Álika** geht es auf der Rundstraße weiter über
125	**Flomochóri** und zurück nach
140	**Areópolis**. Nordwärts führt von hier die Landstraße vorbei an
180	**Stoúpa** und
187	**Kárdamili** bis
224	**Kalamáta**.

Kurz hinter **Gíthio** ändert die Welt ihr Gesicht. Die unwirtliche und oft auch unwirklich erscheinende Halbinsel **Máni** (vgl. S. 82 f.) ist erreicht. In den wenigen Dörfern abseits der N 82 ragen die ersten Wehrtürme auf. Schließlich ist **Areópolis**, die Stadt des Kriegsgottes Ares und Hauptdorf der Máni, erreicht. Wer hier ein Zimmer vorgebucht hat, kann es vor der Rundfahrt durch die Innere Máni schon mal beziehen.

Diese Runde führt zu einer Bootsfahrt in der Tropfsteinhöhle von **Pírgos Diroú**, in mehrere typisch maniotische Wehrdörfer, an den schönen Sandstrand von **Marmári** und zum **Kap Ténaro**, dem südlichsten Punkt des Peloponnes. Ein besonders schönes

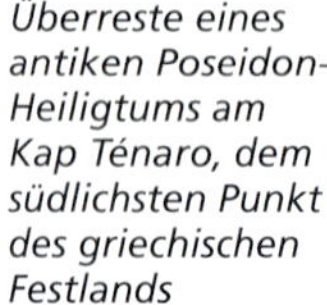

Überreste eines antiken Poseidon-Heiligtums am Kap Ténaro, dem südlichsten Punkt des griechischen Festlands

Wehrdorf mit mehreren Türmen ist im Verlauf der weiteren Rundfahrt **Flomochóri**. Abends ist man dann nach einem sehr erlebnisreichen Tag voller neuer Impressionen wieder im romantischen **Areópolis** zurück.

Am nächsten Tag geht es durch die Äußere Máni in Richtung Kalamáta. Die Straße ist recht schmal und kurvenreich, führt vorbei an alten, kleinen Kirchen und durch ursprünglich gebliebene Dörfer. Eine Badepause kann man in **Stoúpa** einlegen, gleich anschließend präsentiert sich mit **Kárdamili** ein besonders schönes Wehrdorf. 37 Kilometer weiter ist **Kalamáta** (vgl. S. 75 f.) erreicht, die Hauptstadt Messeniens direkt am Meer.

9 10 11 VON KALAMÁTA ÜBER PÍLOS NACH OLYMPIA

Route: Kalamáta – Koróni – Finikoúnda – Methóni – Pílos – Giálova – Nestor-Palast – Chóra – Filiátra – Kiparíssia – Kaiafás – Olympia (223 km)

km	Route
0	Von **Kalamáta** führt die N 82 am südlichen Ende der Flughafenlandebahn vorbei ins moderne Städtchen
7	**Messíni**, das man nicht mit dem viel weiter landeinwärts gelegenen Alt-Messíni (Messene), der Hauptstadt Messeniens in der Antike, verwechseln sollte. In
18	**Rizómilos** biegt man dann auf die Landstraße Richtung
49	**Koróni** ab und fährt später auf der gleichen Straße weiter in den Strandort
70	**Finikoúnda** und nach
84	**Methóni** mit seiner gewaltigen Burg auf Meereshöhe. Von hier geht es auf der N 9 nordwärts nach
98	**Pílos** und
105	**Giálova.** Kurz darauf verlässt man die N 9 und fährt auf einer Kreisstraße weiter zum
115	**Nestor-Palast** und ins Binnendorf
120	**Chóra** mit seinem sehenswerten Archäologischen Museum. In
133	**Gargaliáni** erreicht man dann wieder die N 9 und folgt ihr nach
145	**Filiátra**, ein Zentrum des Olivenanbaus, und ins Städtchen
159	**Kiparíssia**. In
196	**Kaiafás** ist vor allem der See voller Schildkröten interessant, bevor es auf der N 9 weitergeht bis zur Abzweigung nach
208	**Kréstena**, das man auf der N 76 erreicht. Von Kréstena windet sich dann eine schmale Kreisstraße nach
223	**Olympia**.

Fischerboote bei Koróni

Holzpier in der Lagune von Giálova

Man verlässt **Kalamáta** Richtung Flughafen, bleibt dann aber zunächst auf der N 82. Von ihr zweigt in Rizómilos eine Landstraße ab, die um die Messenische Halbinsel, den westlichsten und kürzesten Finger des Peloponnes, herumführt. Ein idyllischer Ort ist hier das von einer mittelalterlichen Burg überragte Fischerstädtchen **Koróni** (vgl. S. 80) mit guten Stränden und viel alter Bausubstanz. Hier wendet sich die Straße landeinwärts und erreicht die Küste dann wieder beim Ferienort **Finikoúnda**, einem beliebten Hotspot für Wind- und Kitesurfer.

Als südwestlichster Ort des Peloponnes folgt **Methóni** (vgl. S. 80) mit seiner ausgedehnten Festung auf einer ganz flachen Halbinsel, auf der in venezianischen Zeiten einer der größten Sklavenmärkte des Mittelmeerraums stattfand. Zwölf Kilometer weiter nördlich ist schließlich das Städtchen **Pílos** (vgl. S. 94 f.) erreicht, wo man gut übernachten kann. Wer lieber direkt an einem Strand wohnt, findet in **Giálova** (vgl. S. 94) eine Alternative. Beide Orte liegen an der Bucht von Navarino, die durch eine vorgelagerte Insel fast vollständig vom offenen Meer abgeschirmt ist. Hier ist es nun nicht mehr die Ägäis, sondern das Ionische Meer.

Am nächsten Morgen kann man sich zunächst der vogelreichen Lagune widmen, bevor man zu den anschaulich gestalteten Ausgrabungen des **Nestor-Palastes** (vgl. S. 94 f.) fährt, vor 3500 Jahren Wohnsitz eines mykenischen Fürsten. Im gleich darauffolgenden Dorf **Chóra** (vgl. S. 95) zeigt das Archäologische Museum dortige Funde.

Auf der Weiterfahrt wird die Landschaft nun überwiegend von großen Olivenhainen geprägt. In **Filiátra** führt die Straße an einer Miniaturkopie des Pariser Eiffelturms vorbei, die ein Privatmann seiner Heimatstadt gestiftet hat. **Kiparíssia** ist dann ein nettes Städtchen für eine Mittagspause in einem der Restaurants am Strand oder Hafen. Zudem findet sich auch hier eine Burgruine.

Die N 9 führt nun immer in der Nähe der Küste mit langen Sandstränden nordwärts bis nach **Kaiafás** mit einem kleinen Thermalbad und einem See voller Schildkröten. Kurz darauf zweigt von der N 9 eine Straße über Kréstena nach **Olympia** (vgl. S. 88 ff.) ab, dem Geburtsort der Olympischen Spiele. Hier sollte man zwei Nächte gebucht haben, um den ganzen nächsten Tag den Ausgrabungen und Museen des Ortes widmen zu können.

Philippeíon in der Altis von Olympia

⓬ ⓭ VON OLYMPIA ÜBER KALÁVRITA NACH PATRAS

Route: Olympia – Langádia – Dimitsána – Vítina – Planiteró – Spíleo ton Límnon – Kalávrita – Méga Spíleo – Diakoptó – Patras (238 km)

km	Route
0	Auf der N 74 von **Olympia** bis kurz hinter
60	**Langádia** fahren. Hier einen Abstecher nach **Dimitsána** unternehmen. Wieder auf die N 74 zurück, vorbei an
83	**Vítina** und kurz darauf vor Vlachérna nach links auf die N 33 einbiegen und bis **Kalívia** fahren. Hier biegt eine Landstraße nach Norden ab. Sie passiert die Zufahrt zu den Forellentavernen von
128	**Planiteró** und die Tropfsteinhöhle
136	**Spíleo ton Límnon**. Die nun hoch am Chelmós verlaufende Straße führt 16 km später an einem Abzweig ins 6 km entfernte Skigebiet vorbei. Die Hauptstraße senkt sich nun hinab nach
161	**Kalávrita**. Von hier geht es auf einer ebenfalls kurvenreichen, jedoch weitaus besser ausgebauten Straße am
173	**Kloster Méga Spíleo** vorbei hinunter an die Nordküste, die bei
184	**Diakoptó** erreicht wird. Die Autobahn A 8 führt fast direkt ins Zentrum von
238	**Patras** hinein.

Statt über die N 9 bzw. die bald fertiggestellte A 9 direkt binnen etwa eineinhalb Stunden nach Patras zu fahren, kann man besser noch einen Schlenker durch die imposante Bergwelt des Peloponnes unternehmen. Dafür geht es zunächst auf der N 74 durch das üppig grüne Tal des Alfíos- und dann des Ládon-Flusses und schließlich kurvenreich ins große arkadische Bergdorf **Langádia** auf 900 Metern Höhe, dessen Häuser sich über 300 Höhenmeter über den Hang ziehen. Ein kurzer Abstecher führt wenig später ins Bergdorf **Dimitsána** (vgl. S. 81) hoch über der Loúsios-Schlucht. Das Freilichtmuseum der Wasserkraft lohnt hier unbedingt einen Besuch – und wer Zeit genug hat, kann von hier aus auch eine der schönsten Tageswanderungen auf dem Peloponnes unternehmen, nämlich durch die Loúsios-Schlucht.

Nun fährt man an **Vítina** mit guten Tavernen und originellen Souvenirgeschäf-

Im Bergdorf Langádia

Wassermühle im Freilichtmuseum der Wasserkraft in Dimitsána

Der Ládon entspringt im Aroánia-Gebirge

ten vorbei und hat nach dem Abzweig in Kalívia das Aroánia-Gebirge mit dem 2341 Meter hohen Gipfel des Chelmós vor sich, eines der besten und meistbesuchten Skigebiete ganz Griechenlands. Ein kurzer Abstecher könnte nach **Planiteró** mit seinen schattigen Tavernen neben Forellenzuchtstationen führen. Die Straße passiert dann die kurze Zufahrt zur Tropfsteinhöhle **Spíleo ton Límnon** (vgl. S. 76 f.) mit einem unterirdischen Fluss und kleinen Sinterterrassen. Später klettert sie die Hänge des Aroánia-Gebirges hinauf, passiert die Zufahrt zum Skigebiet am Chelmós und senkt sich dann in die Hochebene von **Kalávrita** (vgl. S. 76 f.) mit vielen Hotels und Pensionen ab. In und bei diesem heute so friedlichen Ort erinnert einiges an andere Zeiten: an deutsche Gräueltaten im Zweiten Weltkrieg und den Beginn des griechischen Freiheitskampfes im Jahr 1821.

Nach der Besichtigung zweier Gedenkstätten geht es auf sehr gut ausgebauter Straße am nächsten Morgen Richtung Küste. Zwischen Kalávrita und Diakoptó verkehrt eine Zahnradbahn auf spektakulärer Strecke. Direkt an der Straße scheint das vielgeschossige **Kloster Méga Spíleo** (vgl. S. 76 f.) an der Felswand zu kleben. Bei **Diakoptó** (vgl. S. 76 f.) sind dann die Autobahn A 8 und das Meer erreicht. Wer von **Patras** aus die Heimreise mit der Fähre antreten oder über Délfi weiter nach Athen fahren will, fährt Richtung Westen auf der Autobahn weiter. Alternativ kommt man Richtung Osten auf der Autobahn über Korinth wieder nach Athen zurück.

UNTERKÜNFTE

HOTELS, PENSIONEN, GUEST HOUSES, APARTMENTS, FERIENHÄUSER, CAMPING

Hotels, Pensionen und Apartmenthäuser gibt es in allen Küstenorten und touristisch relevanten Bergdörfern in großer Zahl. In ausgesprochenen Badeorten sind sie oft nur im Sommerhalbjahr geöffnet. Bei Ferienwohnungen und -häusern sind Bettwäsche, Hand- und Küchentücher meist im Mietpreis inbegriffen; eine Gebühr für die Endreinigung wird fast nirgends erhoben. Ferienwohnungen sind bei größerer Grundfläche oft wesentlich preiswerter als Hotel- oder Pensionszimmer, wobei die Küchen oder Kochnischen in der Regel nur dürftig mit Zubehör ausgestattet sind – skandinavische Verhältnisse darf man hier nicht erwarten.

Fast alle Unterkünfte kann man zuverlässig online buchen. Die Mehrzahl ist dem Buchungsportal www.booking.com angeschlossen. Dieses vermittelt einen guten Überblick über das Angebot in dem jeweiligen Ort oder der Region. Viele Quartiere betreiben auch eine eigene Website, die man allerdings nur findet, wenn man den Namen der Unterkunft kennt. Doch diesen erfährt man ja über die Buchungsportale. Wer dem Vermieter die bis zu 20 Prozent betragenden Provisionen an die Portale ersparen will, bucht direkt – telefonisch oder über die hoteleigene Website. Billiger wird das allerdings nur in wenigen Fällen, manchmal sogar teurer. Ein Preisvergleich lohnt also auf jeden Fall. Das Frühstück ist in Hotels und Pensionen oft im Preis inbegriffen. Halb- und Vollpension bieten fast ausschließlich große Strandhotels an.

Zum vereinbarten Zimmerpreis kommt fast immer noch eine vor Ort zu zahlende Touristensteuer hinzu, die abhängig von jenem zwischen einem und vier Euro pro Person beträgt. Die Übernachtungspreise sind starken saisonalen und auch tagesaktuellen Schwankungen unterworfen. Die genannten Preise können deshalb nur als Orientierung dienen.

Die im Folgenden angegebenen Preiskategorien beziehen sich auf den Zimmerpreis für zwei Personen pro Nacht mit Frühstück in der Zwischensaison (Mai/Juni und September/Oktober). Im Hochsommer sind sie höher, in der kälteren Jahreszeit (außer in Bergdörfern und Wintersportzentren) niedriger.

€	unter 60 Euro
€€	60 bis 100 Euro
€€€	über 100 Euro

Die Farben der griechischen Flagge sind ein beliebtes Stilmittel bei der Einrichtung von Unterkünften

Áfitos

Rigas Boutique
An der Höhenpromenade, Áfitos
✆ 23 74 09 11 87, www.rigas-hotel.gr
Das konsequent moderne Design, die exponierte Lage direkt am Steilabfall und eine Restaurantterrasse mit moderner griechischer Küche machen dieses Haus zur besten Adresse im Ort. Das Ortszentrum ist über die Höhenpromenade nur fünf Gehminuten entfernt, Parkplätze allerdings findet man kaum in unmittelbarer Nähe. €–€€

The Beach House
Am Strand, Áfitos
✆ 23 74 09 16 35, www.the-beach-house.gr
Das kleine, sehr liebevoll geführte Haus ist ideal, wenn man viel Zeit am Strand verbringen und nur gelegentlich in den Ort hinaufgehen möchte. Kinder unter 16 Jahren sind hier als Gäste unerwünscht. €

Ägina (Égina, Aígina)

Kalokénti Studios
Petríti 36, Stadt Ägina (Égina)
✆ 22 97 02 23 15, www.kalokenti.gr
Die kleine Pension mit 13 Zimmern steht in einem üppigen Garten mit Zitronen- und Orangenbäumen, 500 m von Hafen und Busstation sowie 100 m vom nächsten Strand entfernt. Von den Balkonen hat man meist einen Blick aufs Meer und die nahe Säule von Kolónna. €

Vagiá
✆ 22 97 07 11 79
www.vagiahotel.gr
Das kleine, von den Inhabern selbst liebevoll betreute Hotel besitzt einen besonders üppigen Garten, in dem auch Palmen wachsen. Hier wird auch das Bio-Frühstück serviert. Zum Strand geht man fünf Minuten, zum Aféa-Tempel kann man in 30 Minuten wandern. €

Auf Touristen eingestellt: Áfitos bietet zahlreiche kleine Hotels und Restaurants

Alexandroúpolis

Erika
Dim. Karaóli 110, Alexandroúpolis
✆ 25 51 03 41 15, www.hotel-erika.gr
Das Hotel mit nur 24 Zimmern steht an der Uferstraße hoch überm Hafen und nahe dem Leuchtturm. Von den seeseitigen Balkons aus blickt man hinüber bis zur Insel Samothráki. €

Ammoudiá

Coráli Studios
Ammoudiá
✆ 28 64 04 17 63, www.coralistudios.gr
Wer groß gewachsen ist, wird sich über die mehr als 2 m langen Betten freuen. Die 14 Studios und Apartments liegen nur 130 m vom Strand und 1 km vom Fluss entfernt, sind für ein paar Badetage zwischendurch bestens geeignet und zudem sehr preiswert. €

Archéa Kórinthos

Jo Marínis Rooms
Am unteren Ortsanfang an der Zufahrtsstraße von Korinth her, Archéa Kórinthos
✆ 27 41 03 14 81, www.jorooms.com.gr
Der schlichte Bau mit umlaufendem Balkon im Obergeschoss, zu dem hin sich die acht Zimmer öffnen, liegt etwa zehn Gehminuten vom Dorfzentrum und den Ausgrabungen entfernt. Parken kann man vor dem Haus. €

Pígasos
Kentrikí Platía, Archéa Kórinthos
✆ 27 41 03 13 66, www.pegasusrooms.gr
Mitten im Dorf steht diese Pension mit schöner Dachterrasse direkt oberhalb eines der Gemeindeparkplätze. Zum Eingang der Ausgrabungen geht man drei Minuten zu Fuß, zu guten Tavernen nicht einmal eine Minute. €

Areópolis

Ktíma Karageórgou
Areópolis
✆ 27 33 05 13 68
www.ktimamanihotel.com

Blick von der Terrasse des Electra Palace Hotels auf den Akropolisfels

Hier umfängt den Gast die Máni total. Naturstein dominiert überall, selbst der Pool versinkt fast in ihnen. Der Garten gibt sich maniotisch karg, das Frühstück mit vielen regionalen Köstlichkeiten hingegen ist üppig. Besonderer Clou in diesen beiden historischen Wehrtürmen nachempfunden Gebäuden: In den meisten Zimmern steht neben dem Bett gleich ein Jacuzzi. €€

Trapéla
Areópolis
✆ 27 33 05 26 90, www.trapela.gr
Das nach einer besonderen Technik des Wachtelfangs benannte Guest House mit zwölf Zimmern ist zwar ein Neubau, nimmt den erdverbundenen maniotischen Baustil aber gut auf. Die Zimmer tragen maniotische topographische Namen, die Matratzen auf den Betten stammen von der weltbekannten griechischen Firma Cocomat. €

Árta

Crónos
Platía Kílkis, Árta
✆ 26 81 02 22 11, www.hotelcronos.gr
Das einzige Hotel in der Innenstadt ist schlicht, aber funktional, die Café-Bar ist auch ein beliebter Treffpunkt der Einheimischen. €€

Athen

Electra Palace
Navárchou Nikodímou 18–20, Pláka, Athen
✆ 21 03 37 00 00, www.electrahotels.gr

Luxushotel in der Altstadt. Tiefgarage, Wellnesscenter mit Indoor- und Outdoor-Pool, Dachgarten-Restaurant mit Akropolis-Blick, gepflegte Bar mit schönem Garten. €€€

Grande Bretagne
Platía Síntagma, Athen
✆ 21 03 33 00 00
www.grandebretagne.gr
Das namhafteste Luxushotel der Stadt steht schräg gegenüber vom Parlament, dem alten Königspalast. Die Zahl seiner prominenten Gäste ist Legende, im Zweiten Weltkrieg war hier auch die Machtzentrale der Wehrmacht untergebracht. Spa, Restaurants und Bars stehen auch gut gekleideten Nichthotelgästen offen. €€€

Ádrian
Adrianoú 74, Pláka, Athen
✆ 21 03 22 15 53, www.douros-hotels.com
Näher an den Stätten des klassischen Athen kann man kaum noch wohnen. Geräumige, hübsch eingerichtete Zimmer, ein kleiner Platz mit guten Cafés direkt vor der Haustür, im Sommer Frühstück im Dachgarten mit Akropolis-Blick. €€

Ermís (Hermes)
Apollónos 19, Pláka, Athen
✆ 21 03 22 27 06, www.hermeshotel.gr
Zentral am Altstadtrand nahe dem Síntagma-Platz gelegen, drei Minuten vom Flughafenbus. Schlichte Zimmer mit Balkon, freundliches Personal. €€

Unmittelbar am Síntagma-Platz gelegen: das Grande Bretagne in Athen

Fresh
Sofokléous 26 & Klisthénous, Omónia Athen
✆ 21 05 24 85 11, www.freshhotel.gr
Das im Herzen des modernen Athen gelegene Haus war eins der ersten pfiffigen Designhotels der Stadt. Hier liebt man Farben und besondere Details wie die Badewanne gleich neben dem Bett in einigen Zimmern. Von der Dachterrasse aus ist die etwa 2 km entfernte Akropolis gut zu sehen. €€

Student's and Traveller's Inn
Kyathinéon 16, Pláka, Athen
✆ 21 03 24 48 08
www.studentstravellersinn.com
Zimmer mit und ohne Bad sowie Betten in Mehrbettzimmern. Sehr zentrale Lage, Frühstücksbüfett im kleinen Innenhof. €

Chalkída/Euböa

Lucy
Voudoúri 10, Chalkída
✆ 22 21 02 38 31, www.lucy-hotel.gr
Das auch von griechischen Geschäftsleuten gern frequentierte Hotel steht an der Fußgängerpromenade entlang des Euripus-Kanals. Ein kleiner, gebührenpflichtiger Hotelparkplatz ist vorhanden. €–€€

Délfi

Amalía
Apollónos 13, Délfi
✆ 22 65 08 21 01
www.amaliahoteldelphi.gr
Der große Vorteil dieses 180-Zimmer-Hotels, in dem auch viele Reisegruppen absteigen, sind sein großer Pool mit schönstem Talblick und sein großer Parkplatz. €€

Acropole Delphi
Filellinon 13, Délfi
✆ 22 65 08 31 71
www.delphi.com.gr
Das relativ altmodisch möblierte Hotel mit 42 Zimmern steht an der unteren Hauptstraße; man sollte Zimmer mit Talblick

Das traditionelle 4 Seasons in Édessa verbindet modernen Komfort mit historischem Flair

buchen. Museum und Ausgrabungen sind ca. 500 m entfernt. €

Delphi Camping
An der Straße nach Itéa, Délfi
✆ 22 65 08 22 04
www.delphicamping.com
Der Platz liegt am Hang mit schönem Blick auf Itéa und den Korinthischen Golf, ist von April bis Oktober geöffnet und verfügt über einen Pool. Délfi kann man auch über alte Wege in 4 km zu Fuß erreichen.

Diakoptó

Chris-Paul
Diakoptó, 100 m vom Bahnhof
✆ 26 91 04 21 18, www.chrispaul-hotel.gr
Das kleine Hotel mit 25 Zimmern liegt nur 150 m vom Bahnhof der Zahnradbahn entfernt. Auch ein kleiner Pool mit Bergblick ist vorhanden. €

Édessa

Varósi 4 Seasons
Archieréos Meletíou 48, Édessa
✆ 23 81 05 14 40, www.varosi4seasons.gr
Die zehn Zimmer liegen in einem alten, mehrgeschossigen und kürzlich sehr aufwendig restaurierten Herrenhaus in der Altstadt. Bar und Restaurant stehen den Zimmern an historischem Flair nicht nach, auf die kleinen Terrassen kommen abends auch viele Einheimische. €€

Finikoúnda

P Estía
Finikoúnda
✆ 27 23 07 11 16, www.hotelestia.com
Der Vorteil dieser Studios und Apartments ist ihre Geräumigkeit. In den Ort geht man etwa fünf Minuten, ein Parkplatz ist vorhanden. €–€€

Giálova

Zoé Resort
Am Ufer auf Höhe der Mole, Giálova
✆ 27 22 30 02 20 25, www.zoeresort.com
Die stark im regionalen Naturschutz engagierte Inhaberfamilie bietet 28 Zimmer in ihrem Hotel am Wasser und 20 sehr geräumige, gut möblierte Apartments auf der Rückseite des großen Grundstücks. Dazwischen liegen der große Pool und ein Teil der Beete, auf denen die Familie organisches Gemüse für die Hotelküche anbaut. Am Strand bieten alte Bäume teil-

weise Naturschatten, viele Aktivitäten wie Tauchen, Wind- und Kitesurfen, Wandern, Mountainbiken und Bootsmiete werden von der Rezeption zügig vermittelt. €–€€

Gíthio

La Bohème
Tzáni Tzanetáki, Gíthio
✆ 27 33 02 19 92, http://laboheme.gr
Das stilvolle Hotel mit nur acht Zimmern und einer Suite wurde 1923 nach Plänen des deutschen Architekten Ernst Ziller erbaut. Es ist auch im Stil jener Zeit möbliert und steht am Hafen. €€–€€€

Sága
Tzáni Tzanetáki, Gíthio
✆ 27 33 02 32 20
www.sagapension.gr
Die Zimmer der Pension am Hafen sind schlicht, der Preis stimmt – und die französische Wirtin ist äußerst charmant. €

Hydra (Ýdra)

Bratserá
Ort Hydra (Ýdra)
✆ 22 98 05 39 71, www.bratserahotel.com
Das elegante Hotel wurde in einer ehemaligen Schwammfabrik von 1860 eingerichtet. Für diese Arbeit erhielt der Architekt 1996 den Europa-Nostra-Preis. Innen duftet es nach Holz, im Innenhof und am Pool verwöhnen viele Blüten das Auge. Der Hafen ist 150 m entfernt. €€€

Mistrál
Ort Hydra (Ýdra)
✆ 22 98 05 25 09, www.hotelmistral.gr
Das Hotel wurde im traditionellen Stil neu erbaut. Die 18 relativ kleinen Zimmer verteilen sich auf drei Etagen und bieten einen schönen Blick über den Ort. Der Hafen ist 500 m entfernt. €€

Igoumenítsa

Aktaíon
Ágion Apóstolon 17, Igoumenítsa
✆ 26 65 02 27 07, www.hotel-aktaion.gr
Das kleine Hotel mit 20 Zimmern, fünf Minuten vom internationalen Fährhafen und

Häuser aus Naturstein sind in der Gegend um Ioánnina keine Seltenheit

der Innenstadt entfernt, ist gut für eine preisgünstige Zwischenübernachtung vor oder nach einer Griechenlandrundfahrt. €

Ioánnina

🅿 Grand Hotel Palládion
Nóti Botsári 1, Ioánnina
✆ 26 51 02 58 56, www.palladionhotel.gr
Das große Plus dieses klassischen Hotels, dessen Name allerdings mehr Komfort verspricht, als es hält, sind seine zentrale Lage und der großzügige Hotelparkplatz. Die Zimmer sind altmodisch möbliert, aber in Ordnung. Zum See geht man maximal zehn Minuten. €€

Kalamáta

Grecotel Filoxénia
Térma Navarínou, Kalamáta
✆ 27 21 02 31 66
www.filoxeniakalamata.com
Das klassische Badehotel der Stadt liegt an der Endhaltestelle einer Stadtbuslinie ins Zentrum und ist somit ideal für eine Kombination aus Badeurlaub und Städtereise. Seine 188 Zimmer liegen in einer alten Gartenanlage, es gibt einen Pool und einen Spa-Bereich. €€€

Eléktra
Psarón 152, Kalamáta
✆ 27 21 09 91 00, www.elektrahotelspa.com
Das moderne Hotel am Hafen mit 30 modern designten Zimmern hat einen Pool auf dem Dach und besitzt einen Wellnessbereich; mit dem Stadtbus kommt man schnell ins Zentrum. €€

Kalamáta Art Rooms
Platía Agíou Georgíou, Kalamáta
✆ 27 21 02 71 51, www.kalamatartrooms.com
Das Haus im Herzen der Stadt bietet vier Apartments, die modern und geschmackvoll eingerichtet sind. €

Kalambáka/Metéora

Amalía
An der Straße Richtung Tríkala, Kalambáka
✆ 24 32 07 22 16
www.amaliahotelkalambaka.gr

Kalambáka: Wer zu Fuß bis zu den Klöstern hinaufsteigt, kann sich danach hier eine Verschnaufpause gönnen

Das große Hotel mit 172 Zimmern auf drei Ebenen verwöhnt mit einem schönen Garten, dem regionalen Baustil angepassten Gebäuden und einem großen Pool. Das Ortszentrum von Kalambáka ist allerdings 6 km entfernt, Parkplätze sind dafür reichlich vorhanden. €€

Kalávrita

Filoxénia
Ethnikís Antistásseos 10, Kalávrita
✆ 26 90 22 24 93, www.hotelfiloxenia.gr
Das moderne Hotel im Stadtzentrum ist ganzjährig ein äußerst angenehmer Aufenthaltsort. Kostenlose Parkplätze und gute Tavernen gibt es reichlich in unmittelbarer Nähe. €€

Kardámili

Kalamítsi
Unterhalb der Küstenstraße, 1,5 km südlich von Kardámili
✆ 27 21 07 31 31, www.kalamitsi-hotel.gr
Hier wohnt man sehr ruhig in einer der schönsten Hotelanlagen des ganzen Peloponnes auf einem weitläufigen, baumreichen Gelände direkt am Meer. Baden kann man an winzigen Kiesstränden. Außer Zimmern und Apartments werden auch Familien-Bungalows angeboten. €€

Káristos/Euböa (Évia)

Anastasía
Ditikí Paralía, Káristos
✆ 22 24 02 72 22, www. anastasiahotel.com.gr
Das moderne, viergeschossige Urlaubshotel mit Pool steht an der Uferstraße, die hier einen langen Sandstrand passiert. Zum Ortszentrum sind es etwa 300 m. €€

Kastoriá

Kastoriá
Níkis 222, Kastoriá
✆ 24 67 02 94 53, www.lake.gr
Das traditionsreichste Hotel der Stadt steht direkt am Seeufer vor einer Felswand am Rande der Altstadt. Die Balkons aller Zimmer bieten Seeblick. €€

Orologópoulos Mansion
Platía Doltsó/Pichéon 1, Kastoriá
✆ 24 67 02 16 04
www.orologopoulos.gr
Das Herrenhaus aus dem 19. Jahrhundert befindet sich im schönsten Altstadtviertel von Kastoriá, etwa zehn Gehminuten vom Stadtzentrum und zwei Gehminuten vom Seeufer entfernt. Naturstein, Holz und Farbenvielfalt prägen das Ambiente und die neun stilvoll eingerichteten Zimmer. €€

Das 1817 gebaute Imaret von Muhammad Ali Pascha ist heute ein exklusives Hotel

Kastráki/Metéora

Pírgos Adráchti
Rechts oberhalb der Straße zu den Klöstern, Kastráki
✆ 24 32 02 22 75, www.hotel-adrachti.gr
Das Haus im makedonischen Stil steht auf einem der höchsten Punkte im Ortsgebiet von Kastráki ganz nah an den Felsen und bietet wahlweise Fels- oder Píndos-Blick. Über drei Etagen verteilen sich die nur acht im traditionellen Stil eingerichteten Zimmer, deren Preis sich vor allem nach der Aussicht richtet. €–€€

Camping Vráchos
Rechts unterhalb der Straße zu den Klöstern, Kastráki
✆ 24 32 02 22 93
www.campingkastraki.com
Schon 1965 eröffnet bietet der Platz für Zelte und Wohnmobile viel schönen Baumschatten. Von der großen Poolterrasse aus genießt man einen Panoramablick auf die Felsen und Klöster, zum Platz gehören ein Restaurant und kostenlos zu nutzende Grills.

Kavála

Imaret
Polídou, Kavála
✆ 25 10 62 01 51, www.imaret.gr
Ein Traum von Hotel – hier wohnt es sich fast wie in der Alhambra. Die Zimmer liegen an zwei großen Innenhöfen, sind meist überkuppelt, haben Mauernischen und große Bäder. In der Bibliothek liegen auch Raritäten aus, geschwommen wird in alten Gewölben, der Blick vom Hotelrestaurant fällt über die Dächer der Altstadt auf Hafen und Meer. €€€

Galaxy
El. Venizélou 27, Kavála
✆ 25 10 22 48 12
www.airotel.gr
Das moderne Hotel steht direkt am Hafen, ein gebührenpflichtiger Parkplatz ist etwa vier Gehminuten entfernt. Von den Balkonen auf der Seeseite blickt man bis zur Insel Thássos hinüber. Vom Dachgarten-Restaurant, in dem auch das Frühstücksbüfett aufgebaut wird, überblickt man die ganze Stadt. €–€€

Komotiní

Ólimbos
Odós Orféos 37, Komotiní
✆ 25 31 037690, www.hotel-olympos.gr
Das schlichte Hotel mit 30 Zimmern liegt sehr zentral an einer Hauptstraße; die Wirtsleute stammen von hier und geben gern Tipps für Aktivitäten. €

Kónitsa

Kónitsa Mountain
Kónitsa
✆ 26 55 02 93 90
Auch wenn bei der Innendekoration die Grenze zwischen Plüsch und Kitsch schon fast überschritten wird, ist das moderne Haus mit 25 Zimmern eine Oase für ein paar Tage Urlaub im Gebirge. Die Rezeption hilft bei der Verwirklichung vielerlei Outdoor-Aktivitäten. Im Haus stehen Fitnessraum, Sauna, Dampfbad und Spa-Angebote zur Verfügung. €

Koróni

Xénios Zeus 1
Auf Höhe der Mole, Koróni
✆ 27 25 05 22 29, www.booking.com
Nur 3 m vom Meer und fast direkt unterhalb der Burg steht dieses ältere Haus mit einigen sehr schlichten Zimmern. Für eine Nacht sind sie der Lage und des günstigen Preises wegen durchaus zumutbar. €

Krinídis

Yánnis
Laspóloutra, Krinídis
✆ 25 10 51 73 60, www.yannis.gr
Das kleine, überwiegend von älteren griechischen Kur-Urlaubern frequentierte Hotel liegt an den Schlammbädern und deren Garten. Ruhe ist garantiert, Volksnähe auch. €

Léfkas (Lefkáda)

Ionion Star
Lefkáda
✆ 26 45 02 47 62, www.ionion-star.gr

Höhlenartige Felsformationen am Strand von Loutrá Édipsou laden zum Entdecken ein

Das beste Hotel der Inselhauptstadt steht fast genau da, wo der Damm auf der Insel endet. Die Zimmer sind modern möbliert. In die Fußgängerzone geht man zwei Minuten, es gibt einen Pool. €€

Pirofáni
Derpfeld 16, Lefkáda
✆ 26 45 02 58 44
www.pirofanilefkada.gr
Die moderne Pension mit 18 Zimmern befindet sich an der Hauptfußgängerstraße. Parken kann man am Hafen. €

Litochóro/am Olymp

Mírto
Agíou Nikoláou 5, Litochóro
✆ 23 52 08 13 98, www.hotelmirto.gr
Das kleine, relativ moderne Hotel liegt zentral im Ort neben Dorfkirche und Polizeistation, 20 m entfernt kann der Gemeindeparkplatz von den Gästen genutzt werden. Für eine Olymp-Besteigung gibt es an der Rezeption aktuelle Tipps. €

Loutrá Édipsou/Euböa (Évia)

Thermae Sylla Spa
Possidónos 2, Loutrá Édipsou
✆ 22 26 02 20 55
www.thermaesylla.gr
Das moderne Haus mit 108 Zimmern ist eins der luxuriösesten Kurhotels im ganzen Land. Im Sommer schwimmt man im Pool im Innenhof, im Winter im Hallenbad. Die meisten Gäste hier haben all-inclusive gebucht. €€€

Maravellia Art
Odós 28is Oktovríou 10, Loutrá Édipsou
✆ 22 26 06 05 25
www.booking.com
Das schlichte kleine Hotel an der Uferstraße bietet sehr gute Preise, eine schöne Sonnenterrase mit Meerblick und einen hauseigenen Fahrradverleih. Zu jedem Zimmer gehören Balkon und kleine Kochnische; die Thermalquellen sind etwa 400 m entfernt. €

Loutráki

Club Hotel Casino Loutráki
Posidónos 48, Loutráki
✆ 27 44 06 03 00
www.clubhotelloutraki.gr
Zum großen Strandhotel gehört Europas Spielcasino. Im Garten wachsen neben Palmen und Ölbäumen über 60 000 Blumen, in der Konferenzhalle treten öfters Stars der griechischen Musikszene auf. Es gibt einen Club und einen eigenen Spa für Kinder, mehrere Innen- und Außenpools und eine Wassersportstation. Die Tiefgarage fasst 900 Autos. €€

Makrinítsa/Pílion

Archontikó Evílion
Makrinítsa
✆ 24 28 09 97 77, www.evilion1856.gr
Hinter 70 cm dicken Mauern schläft es sich sehr ruhig in diesem alten Herrenhaus von 1856. Geparkt wird am Dorfeingang. €

Messolóngi

Theoxénia
Tourlídas 2, Messolóngi
✆ 26 31 02 33 03
www.theoxenia-hotel.gr
Das mit 107 Zimmern recht große Hotel steht am Stadtrand unmittelbar am Ansatz des Dammes hinüber zur Tourlída-Halbinsel. Es hat einen Pool und vermittelt zahlreiche Outdoor-Aktivitäten in der Umgebung. €

Methóni

Methóni Beach
An der Südwestecke der Burg, Methóni
✆ 27 23 03 15 55
www.methonibeachhotel.gr
Der besondere Reiz des kleinen Strandhotels mit zwölf Zimmern besteht in seiner exponierten Lage gegenüber den venezianischen Burgmauern. Parkplätze sind ausreichend vorhanden. €€

Miliés/Pílion

Paliós Stathmós
Am unteren Dorfrand nahe der Straße zur Küste, Miliés
✆ 24 23 08 64 25
www.paliosstathmos.com
Im ehemaligen Bahnhof der Kleinbahn nach Vólos schläft es sich ruhig inmitten von viel Grün. Zum historischen Natursteinhotel gehört ein gutes Restaurant. €

Monemvasiá

Moní Emvásis
Altstadt, Monemvasiá
✆ 27 32 06 21 22
www.moniemvasia.gr
Geräumiger, eleganter – und teurer – als in diesem zum Hotel umgebauten kleinen Kloster kann man im Städtchen nicht wohnen. Antiquitäten, regionale Möbel und italienisches Design verschmelzen hier zu einer Einheit. Von den Balkonen und Terrassen blickt man über die Ziegeldächer aufs Meer. €€€

Malvásia Traditional
Altstadt, Monemvasiá
✆ 27 32 06 11 60
www.malvasiahotel-traditional.gr
Anlaufstelle ist die Rezeption 50 m hinter dem Stadttor. Von hier geleitet man die Gäste zu ihrem Zimmer in einem der über die Altstadt verteilten Häuser, die das Hotel bilden. €–€€

Danái Beach Resort – exklusiv und Mitglied der »Leading Hotels of the World«

Monódendri/Zagorochória

Ladías
An der Straße Richtung Áno Pedídon Monódendri
✆ 26 53 07 14 83
www.ladiasmonodendri.com
Die Pension mit 18 Zimmern in einem Zwillingsbau aus Naturstein liegt etwa 300 m vom Dorfzentrum entfernt. Zum Frühstück im Innenhof gibt es viele regionale Produkte. €

Mykene (Mikíni)

La Petite Planète
An der Straße zur archäologischen Stätte Mikíni
✆ 27 51 07 62 40, www.petite-planet.gr
Das beste Hotel des Dorfs steht am Ortsrand links oberhalb der Straße, bietet 29 moderne Zimmer, ein gutes Restaurant und viel Platz zum Parken. Zu den Ausgrabungen geht man 1 km. €

Náfpaktos

Nafs
Athanasiádi Nova 33, Náfpaktos
✆ 26 11 18 03 13, www.nafshotel.com
Das moderne, geschmackvoll eingerichtete Haus steht direkt an der Strandpromenade und doch nur 200 m vom historischen Hafen entfernt. €€

Nauplia (Náfplio)

Grande Bretagne
Platía Filéllinon, Nauplia (Náfplio)
✆ 27 52 09 62 00
www.grandebretagne.com.gr
In dem 1878 erbauten Hotel an der Uferstraße haben schon Heinrich Schliemann und seine Sophia genächtigt. Die 20 Zimmer sind klassisch möbliert. Parkplätze gibt es in der Nähe genug. €€–€€€

Xénon Inn
Platía Sintagmátos 2, Nauplia (Náfplio)
✆ 27 52 02 93 33, www.xenoninn.gr
Zentraler kann man in Nauplia nicht wohnen. Das kleine, zweigeschossige Hotel im klassizistischen Stil mit öffentlichem Café im Erdgeschoss liegt am autofreien Hauptplatz der Stadt gegenüber von zwei Moscheen und dem Archäologischen Museum. Zum Meer geht man nur eine Minute. €€

Nikíti

Danái Beach Resort
4 km nördlich am Meer, Nikíti
✆ 23 75 02 23 10, www.dbr.gr
Das Resort ist eins der exklusivsten und teuersten in Nordgriechenland, auch Hoch- und Geldadel steigen hier gern ab. Zimmer und Villen gibt es in vielen verschiedenen Größen, die gesamte Anlage liegt am Strand auf einem parkähnlichen Grundstück. Das Hotelrestaurant ist öffentlich, wenn man vorab reserviert. €€€

Marína
An der Uferstraße auf Höhe der Marina Nikíti
✆ 23 75 02 21 23
www.halkidiki.com/marina
Zum kleinen Hotel mit zehn schlichten Zimmern und drei modern möblierten Studios gehört eines der besten Restaurants der Chalkidikí. Zum nächsten Strand geht man drei, ins alte Dorf zehn Minuten. €

Olympia

Olympion Asty
Droúva, Olympia
✆ 26 24 02 36 65, www.olympionasty.gr
Wer gern ruhig schläft, nachts die Sterne betrachten will, einen großen Pool und Parkplatz schätzt, wohnt hier ideal. Bis ins Zentrum von Olympia sind es allerdings etwa 2,5 km. €€

Pelops
Vareía 2, Olympia
✆ 26 24 02 25 43, www.hotelpelops.gr
Mitten im Dorf steht dieses kleine, sehr familiär geführte Hotel. Zu Ausgrabungen und Museen geht man nur 10 Minuten zu Fuß – und der Wirt ist ein großer Lokalpatriot, der gern gute Tipps gibt. €

Camping Diána
Olympia
✆ 26 24 02 23 14, www.campingdiana.gr
Der einfache Platz am westlichen Ortsrand bietet viel Naturschatten und einen Pool. Zu den Ausgrabungen sind es von hier etwa 800 m.

Olimbiáda

Akroyiáli (ehemals Germany)
Uferstraße, nahe am Hafen, Olimbiáda
✆ 23 76 05 12 57, www.chalkidiki.de
Zum kleinen Hotel zehn Schritte vom Meer entfernt gehört eine Taverne mit Tischen am schmalen Strand. Wer Halbpension bucht, kann täglich aus allen in der Küche frisch zubereiteten Speisen wählen, nur für frischen Fisch und Krustentiere ist ein Aufpreis zu zahlen. Der gut Deutsch sprechende Wirt Dimítris ist sehr in der Tourismusförderung des Örtchens engagiert, markiert selbst Wanderwege und kann wanderlustige Urlauber bestens beraten. €

Ouranoúpolis

Skítes
An der unbefestigten Küstenstraße zur Grenze der Mönchsrepublik, Ouranoúpolis
✆ 23 77 07 11 40, www.skites.gr
Fast schon mönchische Ruhe herrscht in der von der Straße aus kaum zu erkennenden – weil in üppigem Grün versteckten – Anlage, die von allen Hotels des Ortes der Grenze zur Mönchsrepublik am nächsten liegt. Am Meer gibt es einen sehr kleinen Pool, über Leitern kann man auch ins Meer einsteigen. Die Inhaberin spricht perfekt Deutsch. €€

Xénia
An der Straße aus Richtung Néa Róda direkt am Ortsanfang zwischen Straße und Meer, Ouranoúpolis
✆ 23 77 07 14 12, www.paphotels.gr
Die sehr naturnahe Hotelanlage mit mehreren niedrigen Gebäuden im Áthos-Stil und großem, altem Garten ist ein ideales Badehotel und liegt doch nur drei Gehminuten vom Ortszentrum entfernt. €€

Pápingo/Zagorochória

Papaevángelou
Megálo Pápingo
✆ 26 53 04 11 35
www.hotelpapaevangelou.gr
In der Nähe alpiner Gipfel wohnt man hier in einem regionaltypischen Natursteinhaus mit zehn Zimmern und vier Studios fast mitten im Dorf. Die Inhaber können viele Outdoor-Aktivitäten vermitteln. €€

Párga

Acrothéa
Agías Marínas (Hauptstraße ins Dorf), Párga
✆ 26 84 03 24 42, www.acrotheahotel.com

Das auffällig rot gestrichene, aus vier Gebäuden in Hanglage bestehende Hotel liegt 300 m vom Ortszentrum und 500 m vom Strand entfernt. Durch die amphitheatralische Lage bietet sich von Terrassen und Balkonen ein herrlicher Blick auf die Stadt, die Burg und das Meer. €–€€

Parthenónas

Parthenónas
Im oberen Teil des Dorfes, Parthenónas
✆ 23 75 07 22 25
www.parthenonas-chalkidiki.com
Das kleine, ganz aus Naturstein erbaute Hotel im schönsten Binnendorf der Chalkidikí hat viel historisch-ländliches Flair. Hier verbringt man garantiert eine ganz ruhige Nacht. €

Patras

Astir
Agíou Andréou 16, Patras
✆ 26 10 27 75 02
www.hotelastirpatras.gr
Das 120-Zimmer-Hotel in der Nähe von Bahnhof und Busbahnhof im Zentrum der Stadt bietet viel Komfort für wenig Geld (außer in der Karnevalszeit). Die Zimmer sind geräumig, von der Dachterrasse mit Pool hat man einen grandiosen Blick auf Berge, Meer und Großstadt. €, Karneval €€€

Galaxy City Center
Agíou Nikoláou 9, Patras
✆ 26 10 27 59 81, www.galaxyhotel.com.gr
Zentraler kann man nicht wohnen, wenn man ins junge Leben der Stadt eintauchen oder viel shoppen will. Bahnhof und Busbahnhof sind ganz in der Nähe. €

Pílos

Miramáre
Tsamadoú 3, Pílos
✆ 27 23 02 27 51, www.booking.com
Die zentrale Lage am Hafen macht dieses schon ältere, aber innen kürzlich modernisierte Hotel attraktiv. Ein Parkplatz in der Nähe sollte sich finden lassen. €–€€

Nicht zu übersehen: das Acrothéa in Párga

Póros

Sirene Blue Resort
Monastíri, Póros
✆ 22 98 02 27 41
www.sireneblueresort.gr
Das beste Inselhotel liegt 3,5 km außerhalb der Stadt und klimmt von einer Klippe über sieben Etagen ans Meer hinab. Ganz oben sind Rezeption, Restaurant und Bar, im Garten liegt man auf Liegewiesen, am Wasser auf einer hölzernen Plattform überm Meer. €€€

Préspes

Ágios Achíllios
Agíos Achíllios Island, Kleiner Préspa-See Préspes
✆ 23 85 04 66 01, www.agiosahilios.gr
Hier ist jeder Tag ein Ruhetag. Das Gepäck wird vom kleinen Parkplatz mit dem Boot abgeholt, die Gäste gehen über eine lange Fußgänger-Pontonbrücke hinüber zur Insel. Das Restaurant ist mit lokaler Kunst geschmückt, Kanus können gemietet werden. Die Morgen- und die Abenddämmerung sind besonders geeignet, um die eindrucksvolle Vogelwelt an den Seen kennenzulernen. €€

Préveza

Dióni
Kaloú, Préveza
✆ 27 23 02 27 51, 26 82 02 73 81
www.masthotels.gr
Technisch modern, aber klassisch möbliert sind die Zimmer im zentralen Hotel Dióni.

Man schläft auf Matratzen der griechischen Edelmarke Cocomat, die Beauty-Artikel im Bad sind von Korres. €€

Rafína

Ávra
Arafinídon 3, Rafína
✆ 22 94 02 27 80
www.hotelavra.gr
Das fünfgeschossige, moderne Hotel über dem Hafen von Rafína ist ideal, wenn man einen Tagesausflug nach Tínos oder Ándros unternehmen will. Außerdem bietet das Haus rund um die Uhr einen kostenlosen Shuttle zum Athener Flughafen an. €–€€

Souflí

Koukoúli
Flórou, Souflí
✆ 25 54 02 24 00
koukoulihotel.gr
Das 1850 errichtete, dreigeschossige Gebäude diente bis 1975 der Aufzucht von Seidenraupen. Es wurde behutsam zum einfachen Hotel mit elf Zimmern und einem angeschlossenen Café umgestaltet.

Soúnio

Cape Soúnio
Km 67 der Küstenstraße Athen–Soúnio
Soúnio
✆ 22 92 06 97 00
www.capesounio.com
Lottogewinner und andere Gutbetuchte gönnen sich mit diesem Grecotel Exclusive Resort eins der besten Hotels in Attika. Man wohnt in Bungalows und Villen nahe dem Meer zwischen viel Grün, geht in den edlen Spa, treibt allerlei Wassersport und genießt dabei den Blick auf den Poseidon-Tempel. €€€

Sparta (Spárti)

Menelaíon
K. Palaiológou 91, Sparta (Spárti)
✆ 27 31 02 21 61, www.menelaion.gr
Das beste Hotel der Stadt ist ein klassizistischer Bau mit 48 klassisch möblierten Zimmern. Er liegt sehr zentral, einen kleinen Pool gibt es auch. €€€

Maniátis
K. Paleológou 72–76, Sparta (Spárti)
✆ 27 31 02 26 65, www.maniatishotel.gr
Hier wohnt man zwar an der Hauptkreuzung der Innenstadt, dafür aber auch optimal zentral. Zum Archäologischen Museum und der Bushaltestelle nach Mistrás sind es keine zwei Minuten, auch die zentrale Platía ist nur einen Steinwurf entfernt. €€

Camping Castle View
Rechts der Straße von Sparta nach Mistrás
Mistrás
✆ 27 31 08 33 03, www.castleview.gr
Oliven- und Maulbeerbäume spenden Schatten, ein Pool sorgt für Erfrischung. Bis ins Dorfzentrum von Mistrás sind es 500 m, bis zum Eingang zur byzantinischen Stadt 1500 m.

Spétses

Poseidonion Grand
Drapiá, Spétses
✆ 22 98 07 45 53, www.poseidonion.com
Das 1914 eröffnete Haus war das erste Luxushotel auf einer griechischen Insel. 2009 wurde es nach fünfjähriger Restaurierung wieder eröffnet. Zum historischen Flügel kam ein neuer hinzu. Die Zimmer im Hotel haben zum Teil sogar einen eigenen kleinen Garten; es gibt einen eleganten Spa-Bereich und zwischen Juni und Oktober ein öffentlich zugängliches Sommerkino. €€€

Theben (Thíva)

Meletíou
Epaminónda 58, Theben (Thíva)
✆ 22 62 02 73 33, www.hotelmeletiou.gr
Das kleine, 2009 modernisierte 40-Zimmer-Hotel ist das beste in der Innenstadt. €

Eine der ersten Adressen in Thessaloníki

Thessaloníki

Electra Palace
Platía Aristotélous 9, Thessaloníki
✆ 23 10 29 40 00, www.electrahotels.gr
Die beste Traditionsadresse der Stadt, architektonisch perfekt ins Straßenbild eingepasst. Viele Zimmer haben Meerblick, auf dem Dach gibt es einen winzigen Pool und ein erstklassiges Restaurant, in der Lounge Bar brennt im Winter Feuer im offenen Kamin. €€€

Phlippíon
Seich Sou Forest, Ausfahrt Nr. 7 der Ringautobahn, Thessaloníki
✆ 23 10 20 33 20, http://philippion.gr
Dieses etwas andere Hotel steht ganz allein am oberen Stadtrand in einem kleinen Wäldchen. Thessaloniker feiern hier gern große Familienfeste. Es gibt einen Pool, auf den Balkonen atmet man beste Waldluft ein. Platz zum Parken ist üppig vorhanden, ein Shuttlebus fährt ins Stadtzentrum – und das Taxi dorthin kostet auch nur maximal 10 Euro. €–€€

Blue Bottle Boutique
Odós Epískopou Amvrósiou 16/Odós Singroú, Thessaloníki
✆ 23 10 52 00 90, www.bluebottlehotel.gr
Das witzige, sehr poppig aufgemachte Haus bringt frischen Wind in die Hotelszene der Stadt. Fast alle relativ kleinen Zimmer haben einen Balkon, Parken in der Nähe ist nach Voranmeldung kostenlos. Zur Platía Aristotélous geht man 1 km, zur Kirche Ágios Dimítrios etwa 500 m. Fahrräder können im Hotel gemietet werden. €

Orestías Kastoriás
Agnóstou Stratiótou 14, Thessaloníki
✆ 23 10 27 65 17, www.okhotel.gr
Das einfache Hotel zwischen Dimítrios-Kirche und Römischem Forum wird gern von Áthos-Pilgern, Mönchen und Popen frequentiert. Die Zimmer sind schlicht, die Lage ist ideal zur Stadterkundung, das Personal ausgesprochen freundlich. €

Trípoli

Mainalon Resort
Platía Aréos, Trípoli
✆ 27 10 23 03 00, www.mainalonhotel.gr
Das stilvoll restaurierte Hotel in einem Gebäude aus dem Jahr 1936 steht am zentralen Platz der Stadt. €€–€€€

Sonnenuntergang am Strand von Vourvouroú auf der Sithonía-Halbinsel

Vergína

🅿 Archontikó Dímitra
Nahe der Dorfkirche, Vergína
✆ 23 31 09 29 00, www.booking.com
Die zweigeschossige, einem großen Wohnhaus ähnelnde Pension bietet geräumige Zimmer zum guten Preis, alles Sehenswerte ist fußläufig erreichbar, Parkplatz ist genug vorhanden. €

Véria

Kókkino Spíti
Olganoú 10, Véria
✆ 23 31 07 44 40, www.kokkinospiti.gr
Das traditionelle Herrenhaus im ehemals jüdischen Stadtviertel Barboúta ist ein romantischer Ort. Die Zimmer sind traditionell möbliert, haben Holzböden und Natursteinwände. Idyllisch ist auch der kleine, blumenreiche Garten, in dem das Frühstück mit vielen regionalen, teilweise hausgemachten Produkten serviert wird. €€

Vólos

Aígli
Argonáfton 24, Vólos
✆ 24 21 02 44 71, www.aegli.gr
Der klassizistische Bau aus dem Jahr 1933 steht an der zentralen Uferpromenade, sodass man die berühmten Tsipourádika am Hafen ausgiebig genießen kann, ohne einen langen Heimweg zu haben. €€

Vourvouroú

Ekiés All Senses
Zufahrt von der Straße zum Karídi Beach aus, Vourvoroú
✆ 23 75 09 10 00, www.ekies.gr
Das gut in seine Umgebung eingepasste, von einer weitläufigen Grünfläche umgebene Hotel steht am schmalen Strand von Vourvouroú. Zum Traumstrand von Karídi geht man zehn Minuten. Mit dem Meer konkurriert der große Pool im Garten. Motorboote werden verliehen, die Sonnenuntergänge sind von hier aus gesehen fantastisch schön. €€

Xanthí

1905 Boutique
Evripídi Hassirzóglou 5, Xanthí
✆ 25 41 07 73 62,http://1905.gr
Das dreigeschossige, gelbe Haus aus dem Jahr 1905 steht am Rande der Altstadt. Es wurde samt all seinen Wand- und Deckenmalereien aus der Belle Époque sorgfältig restauriert und ist teilweise mit Möbeln jener Epoche ausgestattet. €€€

SERVICE VON A BIS Z

Anreise, Einreise

Flüge nach Griechenland
Auf dem griechischen Festland gibt es zehn **Verkehrsflughäfen**: Athen, Thessaloníki, Alexandroúpolis, Áraxos bei Patras, Ioánnina, Kalamáta, Kavála, Kozáni, Préveza und Vólos. Athen und Thessaloníki werden von den deutschsprachigen Ländern aus ganzjährig angeflogen. Direkte Verbindungen nach Áraxos, Kalamáta, Préveza und Vólos kommen im Sommerhalbjahr hinzu. Alexandroúpolis, Ioánnina, Kavála, Kozáni und Préveza erreicht man ganzjährig mit Umsteigen in Athen. Wichtigste Fluggesellschaften im innergriechischen Verkehr sind Aegean Air/Olympic Airways (www.aegeanair.com), Ryan Air (www.ryanair.com), Sky Express (www.skyexpress.gr) und Astra Airlines (www.astra-airlines.gr).

Vor den Flughafenterminals warten immer Taxis in ausreichender Zahl. Außerdem gibt es überall sehr preiswerte Linienbusverbindungen in die jeweilige Stadt.

Fährüberfahrten nach Griechenland
Autofähren verbinden die griechischen Fährhäfen Patras und Igoumenítsa ganzjährig mit mehreren Häfen in Italien, darunter vor allem Ancona und Brindisi. Fahrpläne findet man u. a. auf www.greekferries.gr und www.gtp.gr.

Toll für Spotter: Skiáthos Airport

Einreise
EU-Bürger und Schweizer Staatsbürger benötigen für die Einreise einen mindestens noch drei Monate gültigen Personalausweis oder Reisepass. Kinder bis 12 Jahre brauchen einen Kinderreisepass mit Lichtbild. Wer bei der Einreise mehr als 10 000 Euro in bar oder als Schecks bei sich führt, muss den genauen Betrag deklarieren.

Hunde können nur mit EU-Heimtierausweis eingeführt werden. Das Tier muss durch Tätowierung oder Mikrochip eindeutig identifizierbar, die Kennzeichnungsnummer im Heimtierausweis eingetragen sein. Die letzte Tollwut-Impfung darf nicht länger als ein Jahr zurückliegen und muss mindestens 21 Tage vor der Einreise erfolgt sein.

Auskunft

i Griechisches Fremdenverkehrsamt in Deutschland
Holzgraben 31
D-60313 Frankfurt/Main
✆ (069) 257 82 70

i Griechisches Fremdenverkehrsamt in Österreich
Opernring 8, A-1010 Wien
✆ (01) 512 13 57

Informationen zu Griechenland im Netz vgl. Internet.

Automiete, Autofahren

Mietwagen jeder Art kann man an Häfen und Flughäfen sowie in allen Städten übernehmen, aber auch in jedem Ferienort buchen. Bei der Buchung vor Ort sind Schäden an den Reifen und auf der Unterseite des Wagens meist selbst durch Vollkasko nicht abgedeckt. Viele – auch renommierte internationale – Autovermieter übergeben die Mietwagen nicht vollgetankt oder erwarten die sofortige Zahlung des Tankinhalts. Dafür kann man den Wagen dann mit leerem Tank zurückgeben – falls man die Nerven dafür hat.

Vorgeschriebene Fahrtrichtung für Eselkarren: rechts!

Das griechische Autobahnnetz ist gut ausgebaut. Die fünf wichtigsten **Autobahnen** sind: vom Fährhafen Igoumenítsa bis an die türkische Grenze bei Alexandroúpolis, von Athen über Patras bis Ioánnina und Igoumenítsa, von Athen bis Kalamáta und zwischen Athen und Thessaloníki. Die Autobahnen sind mautpflichtig, die Mautgebühren sind jedoch im Vergleich zu Italien, Frankreich oder Spanien gering. Die zulässige Höchstgeschwindigkeit auf Autobahnen beträgt je nach Strecke 120 km/h oder 130 km/h. Eine griechische Eigenart ist die Nutzung des Standstreifens von langsam fahrenden Fahrzeugen, um schnelleren das Überholen zu erleichtern.

Gut ausgebaut sind auch viele andere Fernstraßen. Nebenstraßen sind oft eng und kurvenreich. Da ist vorsichtiges Fahren besonders angesagt; beim Kalkulieren von Fahrzeiten auf Nebenstraßen sollte man mit höchstens 40 km/h rechnen. Vor unübersichtlichen Kurven empfiehlt sich das Hupen.

Die **Höchstgeschwindigkeit** beträgt für Pkws innerorts 50 km/h, auf Landstraßen 90 km/h; für Motorräder innerorts 40 km/h, außerorts bis zu 125 ccm generell 70 km/h. Im Kreisverkehr hat Vorfahrt, wer von rechts kommt, wenn nicht anders ausgeschildert. Die Promillegrenze liegt für Autofahrer bei 0,5, für Motorradfahrer bei 0,2. Eine gewöhnungsbedürftige Besonderheit: Vorfahrtsstraßen sind oft nicht als solche gekennzeichnet. Man erkennt sie nur daran, dass an den einmündenden Straßen Stopp- oder Vorfahrt-Achten-Schilder stehen.

Bußgelder sind in Griechenland drastisch hoch. Bis zu 60 Euro sind fällig, wenn man falsch parkt, Alkoholsündern drohen sogar Gefängnisstrafen.

Diplomatische Vertretungen

i Deutsche Botschaft
Odós Karaóli/Odós Dimitrúiou 3
10675 Athen
✆ 21 07 28 51 11
www.griechenland.diplo.de

Generalkonsulat in Thessaloníki, Konsulate in Igoumenítsa, Komotiní, Patras und Vólos

Österreichische Botschaft
Leofóros Vass. Sofías 4, 10675 Athen
✆ 21 07 25 72 70
www.bmeia.gov.at/oeb-athen
Konsulate in Patras und Thessaloníki

Schweizer Botschaft
Odós Iassíou 2, 1521 Athen
✆ 21 07 23 03 64
www.eda.admin.ch/athens
Konsulate in Patras und Thessaloníki

Drogen

Besitz von und Handel mit Drogen werden streng bestraft. Zentren des Drogenhandels sind die Universitätsgelände, da die Polizei diese nicht betreten darf. Ein entsprechendes Gesetz wurde nach dem Ende der Militärdiktatur (1967–1974) erlassen.

Einkaufen

Was man so täglich braucht, kaufen auch die Griechen inzwischen am häufigsten in großen Supermärkten. Landesweiter Marktführer ist Lidl. Außerdem gibt es in den Großstädten Fleisch-, Gemüse- und Fischmärkte, die täglich außer sonntags geöffnet sind. In kleineren Städten finden Wochenmärkte statt. In vielen Regionen bieten in der entsprechenden Saison Landwirte ihre eigenen Produkte an Stände an den Straßen feil. Generell sind die meisten Lebensmittel außer Obst und Gemüse in Griechenland etwas teurer als bei uns – trotz des sehr viel geringeren Durchschnittseinkommens.

Wahre Volksfeste mit oft Hunderten von Ständen sind die mehrtägigen **Kirchweihfeste** mit angeschlossenem Markt wie z. B. in Ágios Mámas auf der Chalkidikí oder in Mistrás auf dem Peloponnes. Da fühlt man sich dann schon ein wenig in den Orient versetzt.

Souvenirs stammen häufig aus asiatischer Massenproduktion. Es gibt aber in vielen Städten und Dörfern, die von touristischem Interesse sind, örtliche **Kunsthandwerker**, die außer Schmuck und Keramik auch Schnitzarbeiten aus Olivenholz anbieten. Mode griechischer Designer ist eher selten zu finden, groß hingegen ist das Angebot an – teils recht

Souvenirshop in Áfitos: Große Auswahl an Schmuck und handgemachter Keramik

gewagter – Schuhmode. **Kastoriá** in Nordwestgriechenland ist das Zentrum der europäischen Pelzverarbeitung, **Souflí** in West-Thrakien der einzige Ort Griechenlands, in dem noch Seide gewonnen und verarbeitet wird.

Eintrittspreise, Ermäßigungen

Kinder und Jugendliche unter 18 Jahren, Schüler mit nationalem Schülerausweis, Studenten aus EU-Ländern mit internationalem Studentenausweis und Journalisten mit internationalem Presseausweis haben grundsätzlich freien Eintritt zu staatlichen Museen und archäologischen Stätten. Senioren ab 65 Jahren und Studenten aus Nicht-EU-Ländern erhalten eine Ermäßigung.

Für alle kostenlos ist der Zutritt zu staatlichen Museen und archäologischen Stätten in ganz Griechenland an jedem ersten Sonntag im Monat zwischen November und März. Freier Eintritt wird weiterhin gewährt an gesetzlichen Feiertagen, am letzten Wochenende im September, am 6. März (zum Gedenken an die Schauspielerin, Sängerin und Kultusministerin Melina Mercouri), am 18. April (internationaler Denkmaltag), am 18. Mai (internationaler Museumstag) und am 5. Juni (internationaler Umwelttag). Frei ist der Eintritt zudem in der ersten Vollmondnacht im August, wenn viele Ausgrabungsstätten und Museen bis Mitternacht geöffnet sind.

In Orten oder Regionen, in denen viele Museen und/oder archäologische Stätten dicht beieinander liegen, werden Kombitickets zum vergünstigten Preis angeboten.

Essen und Trinken

Das wichtigste Merkmal griechischer Esskultur besteht darin, dass man fast nie allein oder nur zu zweit zum Essen geht. Man trifft sich mit Verwandten oder Freunden, die Teil der für Hellenen so wichtigen ***paréa***, der Tischgemeinschaft, werden. Innerhalb der *paréa* bestellt man gemeinsam. Menüs, vom Wirt oder dem einzelnen Gast nur für sich selbst zusammengestellt, sind völlig unüblich. Nur ausgesprochene Touristenlokale bieten dies manchmal an. Für Griechen wird die gesamte Bestellung in die Tischmitte gestellt. Davon nimmt sich jeder, was und wie viel er mag, auf sein eigenes Tellerchen. Die Rechnung begleicht einer für alle – man kann sie sich ja hinterher teilen.

Die meisten Tavernen bieten von vormittags bis spät in die Nacht hinein durchgehend warme Küche. Nur einige vornehmere Restaurants haben feste Öffnungszeiten. Vor der Bestellung schauen Griechen nur selten in die – fast immer mehrsprachige – Speisekarte. Sie lassen sich lieber vom Kellner aufzählen, was es gibt. Als Ausländer geht man am besten an den Warmhaltetresen, in dem meist die gekochten und gebackenen Tagesgerichte ausgestellt sind. Manchmal darf man auch noch wie in alten Zeiten in der Küche in die Töpfe schauen.

Verschiedene **Vorspeisen** gehören auf jeden Fall auf den Tisch – neben dem allseits bekannten Tzazíki etwa auch das Auberginenpüree *melindsanosaláta* und das Knoblauch-Kartoffel-Püree *skordaljá*. Köstlich ist das eigentlich aus Kreta stammende Platterbsenpüree *fáva* mit Öl und Zwiebeln. Etwas Mut erfordert das in der Regel rötliche Fischrogenpüree *taramosaláta*.

Ein **Salat** fehlt selten auf griechischen Tischen. Neben dem legendären Bauernsalat *choriátiki* stehen je nach Jahreszeit oft auch der hier keineswegs säuerliche Rote-Bete-Salat *patsarjá* und der Mangoldsalat *chórta* auf der Karte. Zu den besonders schmackhaften **Gemüsegerichten** gehören *briám*, eine Art Ratatouille, und *lachanodolmádes*, die kleine griechische Variante der Kohlroulade.

Fleisch wird in Tavernen nicht nur gegrillt oder gebraten. Beliebt sind auch *stifádo*, geschmortes Rind- oder Kaninchenfleisch mit Zwiebelgemüse in einer Zimt-Tomaten-Soße, und *juvétsi*, im Tongefäß gebackenes Rind- oder Lammfleisch mit reiskornförmigen Gerstennudeln. Sehr populär sind **Aufläufe** wie das *moussaká* aus Auberginen oder Zucchini, Kartoffeln, Hackfleisch und Béchamelsoße sowie das *pastítsjo* aus Makkaroni, Hackfleisch und Béchamelsoße.

Frischer **Fisch** ist ausgesprochen teuer. In der Regel zahlt man für Wildfisch der besten Qualität 50 bis 80 Euro pro

Kilogramm. Besondere Raffinessen bei der Zubereitung darf man außer in Trend-Restaurants in Athen und Thessaloníki bei der Zubereitung kaum erwarten. Fisch wird fast überall schlicht über Holzkohle gegrillt und so auf den Tisch gestellt – als Soße schätzen viele Hellenen nur Olivenöl und Zitrone.

Tintenfisch ist weitaus preiswerter. *Kalamarákia*, also Calamares, werden allerdings so häufig bestellt, dass sie fast überall aus der Tiefkühltruhe kommen und zumeist importiert sind. Besser ordert man, wenn sie denn auf der Karte stehen, die teureren frischen Tintenfische, die oft im Ganzen und mit Käse gefüllt angeboten werden. Gut sind auch die den Tintenfischen sehr ähnlichen *supjés* (Sepia). Man bekommt sie auch zusammen mit Nudeln gegart als eine Art Eintopfgericht oder gefüllt. Krake, griechisch *chtapódi*, ist in der Ägäis noch häufig. Vor vielen Tavernen und Kaffeehäusern sieht man Kraken an Wäscheleinen oder Stacheldraht in der Sonne trocknen. Sie lassen sich die Griechen sowohl gekocht als *chtapódi stifádo* als auch sauer eingelegt *(ksidáto)* und gegrillt *(tis charás)* schmecken. Hummer und Languste *(astakós)* werden in edlen Fischrestaurants angeboten, kosten aber zwischen 60 und 90 Euro pro Kilogramm.

Vegetarier profitieren von der griechischen Eigenart, Fleisch, Fisch und Gemüse immer getrennt zu bestellen. So ist es ein Leichtes, sich ein rein vegetarisches Menü zusammenzustellen. **Veganer** finden vor allem in den Großstädten immer mehr Restaurants, die auf ihre Wünsche eingehen.

Ein **Dessert** wird in vielen Tavernen ungefragt und kostenlos serviert. Oft kommt frisches Obst auf den Tisch, häufig auch warme *halvá*, gebackener oder gerösteter Mandelgrieß. Dazu munden als **Digestif** ein korfiotischer Likör aus der Zwergorange Koum Kouat, der Magenbitter *tentoúra* mit Zimt und Nelken aus Patras oder ein mit dem Harz des Mastix-Strauchs versetzter *mastícha* von der Insel Chíos.

Wein, Bier, der Anisschnaps *oúzo* und der Tresterschnaps *tsípouro* sind neben viel Wasser die gängigen **Getränke** zum Essen. Bier brauen zahlreiche – auch regionale – Brauereien. Sogar Weizenbiere stellen sie her. Flaschenweine kommen aus über 400 verschiedenen Kellereien, offener Wein ist überall erhältlich. Als bester griechischer Brandy gilt die Marke Metaxá.

Gern konsumierter griechischer Nachtisch: Halvá

Konkrete Restaurantempfehlungen finden Sie bei den jeweiligen Orten unter Service & Tipps. Die dort aufgeführten Preiskategorien beziehen sich auf den durchschnittlichen Preis für ein Hauptgericht ohne Getränk.

€ – untere Preislage (bis 10 Euro)
€€ – mittlere Preislage (10 bis 15 Euro)
€€€ – gehobene Preislage (über 15 Euro)

Feiertage, Feste, Veranstaltungen

Unbewegliche gesetzliche Feiertage
1. Januar: Neujahrstag
6. Januar: Epiphanias (Tag der Wasserweihe und der Taufe Jesu)
25. März: Nationalfeiertag im Gedenken an den Beginn des griechischen Freiheitskampfes gegen die osmanische Herrschaft im Jahr 1821
1. Mai: Internationaler Tag der Arbeit
15. August: Mariä Entschlafung (nicht Himmelfahrt, weil die leibliche Himmelfahrt Mariens in der orthodoxen Kirche kein Dogma ist)
28. Oktober: Nationalfeiertag zum Gedenken an die Ablehnung eines Ultimatums des italienischen Diktators Mussolini im Jahr 1940, das zum sofortigen Kriegseintritt Griechenlands führte
25./26. Dezember: Weihnachten

Bewegliche gesetzliche Feiertage
Die Ostertage und die davon abhängigen Termine der übrigen beweglichen Feste werden in Griechenland noch nach dem Julianischen Kalender berechnet. Sie können zeitgleich mit den unseren, aber auch ein bis fünf Wochen später liegen.

Rosenmontag: 7. März 2022, 27. Februar 2023, 18. März 2024
Karfreitag: 22. April 2022, 7. April 2023, 29. März 2024
Ostersonntag/-montag: 24./25. April 2022, 16./17. April 2023, 5./6. Mai 2024
Pfingstsonntag/-montag: 12./13. Juni 2022, 28./29. Mai 2023, 19./20. Mai 2024

Feste und Festivals
Fast jede griechische Stadt veranstaltet im Hochsommer **Kulturfestivals** mit viel Kunst, Theater und Musik. In den antiken Theatern von Athen, Epidaurus und Philíppi finden alljährlich **Theaterfestivals** statt, bei denen vor allem antike Dramen zur Aufführung gelangen. Die Programme findet man auf www.greekfestival.gr und www.philippifestival.gr.

Religiöse Feste, *panigíria*, feiern fast alle griechischen Dörfer am Patronatstag des jeweiligen Schutzheiligen. Am Vorabend wird oft gemeinsam gegessen, getrunken und zu Livemusik getanzt. Fremde sind dabei immer gern gesehene Gäste. Besonders viele solcher Kirchweihfeste finden am Tag Mariä Entschlafung, dem 15. August, statt.

Veranstaltungen
Ein reichhaltiges Konzert- und Theaterprogramm bieten ganzjährig nur die Großstädte Athen, Thessaloníki und Patras. Die umfassendste Übersicht überregionaler Termine findet man auf www.viva.gr, der Homepage einer großen Ticketagentur.

Geld, Kreditkarten

Landeswährung ist der Euro (€). Bargeldautomaten sind in großer Zahl vorhanden. Nach Eingabe der PIN erhält man mit Maestro- oder Kreditkarte in der Regel bis zu € 500 pro Tag. Bei der Abhebung mit Maestro-Karte berechnet die griechische Bank € 2–3 und die heimische Bank oft unabhängig von der Höhe des Betrags eine Gebühr von € 5–6 und auch bei Kreditkarten ist meistens eine Mindestgebühr fällig – also besser einmal einen größeren Betrag als mehrmals kleinere ziehen.

Devisen werden von den Banken eingelöst, die in allen größeren Orten zu finden sind. Banken sind Mo–Do 8–14 und Fr 8–13.30 Uhr geöffnet. Kreditkarten, insbesondere Visa und Mastercard, werden in fast allen Hotels sowie vielen Restaurants und Geschäften akzeptiert. Lieber sehen die meisten Griechen allerdings Bargeld.

Parade zum Nationalfeiertag am 28. Oktober in Thessaloníki

Hinweise für Menschen mit Handicap

Insgesamt ist Griechenland kaum auf behinderte Besucher eingestellt. Wenn das Reisebüro nicht weiterweiß, helfen bei der Hotelauswahl Websites wie www.orangesmile.com oder www.behindertengerechte-reisen.com.

Internet

Kostenlosen WLAN-Zugang (WiFi, gesprochen wai-fai) bieten fast alle Cafés, Bars und Tavernen. Auch in kleineren Hotels ist er in der Regel kostenfrei, während in großen Hotelanlagen häufig Gebühren erhoben werden. Internetcafés gibt es in der Smartphone-Zeit nicht mehr. Die Übertragungsgeschwindigkeit ist meist hoch, das Funknetz flächendeckend. In grenznahen Regionen sollte man unbedingt darauf achten, dass man nicht in ein Netz jenseits der Grenze eingeloggt ist.

Informationen zu Griechenland
www.visitgreece.gr – offizielle Website der Griechischen Zentrale für Fremdenverkehr, nur auf Englisch
www.odysseus.culture.gr – Website des Kultusministeriums mit Informationen zu allen staatlichen Museen und fast allen archäologischen Stätten, auf Englisch
www.griechenland.net – Homepage der einzigen deutschsprachigen Zeitung Griechenlands
www.griechische-botschaft.de – Online-Informationsdienst der Griechischen Botschaft in Berlin
www.klaus-boetig.de – Blogs des Autors dieses Reiseführers über Reiseziele in ganz Griechenland
www.in-greece.de – Chat-Forum für alle Urlaubsregionen in Griechenland

Klima, Kleidung, Reisezeit

Nach gängigen Kriterien sind die Monate **Mai bis Oktober** die beste Reisezeit. Dann ist das Wetter weitgehend konstant, es regnet wenig, das Meer ist über 20 °C warm. Juli und August sind für Rundreisen mit großem Besichtigungsprogramm allerdings nur bedingt zu empfehlen, da die Temperaturen in den niedrigeren Regionen dann fast täglich die 30 °C-Marke überschreiten. Gut ist der Hochsommer für Reisen in die vielen Gebirge des Landes: Zwar können ein paar Mal pro Woche heftige Gewitterregen niedergehen, dafür sind jedoch die Nächte zum Schlafen angenehm kühl. Für einen Urlaub zwischen April und Juni spricht der große Blütenreichtum der Natur, für den Herbst die dann höheren Meerwassertemperaturen.

Als **Winterreiseziel** ist Griechenland unverständlicherweise überhaupt nicht en vogue. Dabei bietet das Land in den kühleren Monaten zwischen Dezember und März ganz besondere Reize. Während man an der Küste mittags oft schon frühlingsmäßig gekleidet am Meer sitzen kann und in den Orangenhainen die Apfelsinen geerntet werden, ragen im Hintergrund schneebedeckte Gipfel auf. Der Fernblick ist in dieser Jahreszeit oft grandios. In den über 20 Wintersportgebieten des Landes sitzt man auf der Terrasse einer Skihütte und sieht die Sportler auf Pisten der blauen Ägäis entgegenfahren, entspannt abends vielleicht in einer Taverne oder gar in seinem Hotelzimmer am offenen Kamin.

Wer **zwischen November und April** auch einmal längere Zeit die Sonne genießen will, wählt dafür am besten die Halbinseln des Peloponnes aus. Als besonders mild gelten die Winter in der Árgolis und im Bereich von Kalamáta und Koróni.

Kleidungsvorschriften gibt es in Griechenland kaum. Man kann das »Kleine Schwarze« und die Krawatte ruhig zu Hause lassen. Eine leichte Jacke für windige Abende gehört selbst im Hochsommer ins Gepäck, ebenso ein leichter Regenschutz. Eine Taschenlampe für Stromausfälle oder schlecht beleuchtete Wege und eine Kopfbedeckung als Sonnenschutz sind zudem immer empfehlenswert.

Literaturempfehlungen

Alberti, Waltraud H.: Garten der Götter. Pflanzen am Mittelmeer: Heilkraft, Mythos, Geschichten & Rezepte (Verlag der Griechenland Zeitung, 2011, 208 S.).

Ein reich bebildertes Buch, in dem es um Gewürzpflanzen, Wildgemüse und Früchte geht.

Gage, Nicholas: Eleni (dtv, 1987, 510 S.). Auf Tatsachen basierender Roman, der während des Zweiten Weltkriegs und des sich anschließenden Bürgerkriegs in einem nordwestgriechischen Dorf nahe der albanischen Grenzen spielt.

Kazantzákis, Níkos: Griechische Passion (rororo, 1989, 376 S.). Der wohl beste Roman des berühmtesten griechischen Autors, der auch »Aléxis Sorbás« schrieb. Er spielt in den 1920er Jahren und erzählt die Geschichte von Flüchtlingen und ihrer Aufnahme bei ihren Landsleuten. Der Roman wurde auch verfilmt (»Der Mann, der sterben musste«), fürs Theater und Ballett bearbeitet.

Markáris, Petros: Die Kinderfrau. Ein Fall für Kostas Charitos (Diogenes, 2009, 316 S.). Der spannendste Krimi des bekanntesten griechischen Krimi-Autors, der auch Einblicke in griechisches Familienleben gewährt.

Milona, Marianthi: Culinaria Griechenland (Ullmann, 2013, 380 S.). Ein großformatiges Buch über die griechische Küche, nach Regionen gegliedert, mit vielen Rezepten und guten Fotos.

Schorlau, Wolfgang: Der grosse Plan. Denglers neunter Fall (Kiepenheuer & Witsch, 2018, 434 S.). Ein spannender Kriminalroman, der versucht zu erklären, was wirklich hinter der Griechenlandkrise steckt.

Medizinische Versorgung

Zwischen Deutschland, Österreich und Griechenland gilt ein Sozialversicherungsabkommen. Mitglieder gesetzlicher Krankenkassen können sich de jure unter Vorlage ihrer Europäischen Krankenversicherungskarte (EHIC) von den Vertragsärzten der griechischen Krankenkassen kostenlos behandeln lassen. De facto ist das jedoch kaum möglich – die Ärzte erwarten Barzahlung. Hat man eine **Auslandskrankenversicherung** abgeschlossen, erhält man nach Vorlage von Diagnose, Arztrechnung und Apothekenquittung die Auslagen nach der Heimkehr ersetzt. Private Krankenversicherungen gelten zumeist ohnehin im europäischen Ausland.

Kostenlos für alle und völlig unbürokratisch sind Notfallbehandlungen in Krankenhäusern. Die **Krankenhäuser** sind jedoch oft sehr schlecht ausgestattet, Medikamente müssen zum Teil von den Patienten selbst in einer Apotheke gekauft werden.

Apotheken sind zahlreich. Viele Arzneimittel gibt es hier auch ohne Rezept und sehr viel günstiger als in Mitteleuropa. Welche Apotheke gerade Nacht- oder Wochenenddienst hat, wissen u. a. Taxifahrer.

Mit Kindern in Griechenland

In Griechenland macht man um den Nachwuchs nicht viel Aufheben: Er ist ganz einfach überall und jederzeit dabei. Nach Sonnenuntergang sind die Temperaturen im Sommer ja auch viel angenehmer zum Spielen. Spezielle Einrichtungen und Angebote für die Kleinen gibt es allerdings bis auf ein paar öffentliche Spielplätze *(pediká chará)* kaum. Beim Essen bekommen sie ganz einfach einen leeren Teller vorgesetzt und können sich wie die Großen aus der Tischmitte nehmen, was ihnen schmeckt.

An ein paar Vorsichtsmaßnahmen sollte man denken. Für Kinder ist ein guter Sonnenschutz noch wichtiger als für Erwachsene. Ein Hütchen gehört ebenso ins Reisegepäck wie Badeschuhe, da der Sand am Strand glühend heiß werden kann. Griechische Ärzte verschreiben Kindern auch bei leichteren Erkältungen oft schon Antibiotika. Wer das nicht schätzt, bringt besser sanftere Mittel aus der Hausapotheke mit.

Nachtleben

Bei dem Wetter kein Wunder: Die Griechen lieben es, abends auszugehen. Nicht allein natürlich, sondern mit Freunden. Was sie – anders als Italiener und Spanier – nicht mögen, ist der Zug durch die Gemeinde. Man verabredet sich in einem Lokal und da bleibt man. Musik ist fast immer gefragt, am besten live oder aber vom

DJ ausgewählt. Und zumindest ein wenig Essen gehört einfach dazu. Um Mitternacht ist meistens Schluss – doch an Wochenenden und während der Ferien kann der Abend auch bis zum Sonnenaufgang dauern. Eine Sperrstunde gibt es nicht, viele Lokale sind bis drei oder vier Uhr morgens geöffnet. Konzerte beginnen oft zwischen 21 und 22 Uhr. Diskotheken und Bouzoukias, die typischen griechischen Musiklokale mit Livemusik, erwachen erst um Mitternacht zum Leben.

Nationalparks

Von den 17 griechischen Nationalparks liegen 14 auf dem Festland: zwei auf dem Peloponnes und die übrigen zumeist in Nord- und Westgriechenland. Leider werden sie schlecht vermarktet, auch Informationsmaterial ist oft nur spärlich zu finden. Die hingegen häufig schon vorhandenen Nationalparkzentren sind von höchst unterschiedlicher Qualität und in der Regel vorwiegend auf Griechisch sprechende Besucher eingestellt. Eine offizielle Übersichts-Website gibt es nicht.

Notfälle, wichtige Rufnummern

Europäischer Notruf: ✆ 112 (Englisch wird fast immer verstanden)
Sperren von Kreditkarten: ✆ +49 11 61 16
Sperren von Maestro-Karten: ✆ +49 18 05 02 10 21

Öffnungszeiten

Die meisten Souvenirgeschäfte sind im Sommer von 10 bis 23 Uhr geöffnet, in den Ferienorten auch die Supermärkte. Für Läden, die sich überwiegend an einheimische Kundschaft wenden, gelten folgende Öffnungszeiten: Mo, Mi, Sa ca. 8.30–15.30, Di, Do/Fr ca. 8.30–13.30 und 17–20.30 Uhr.

Die Öffnungszeiten der Museen sind unter Service & Tipps bei den jeweiligen Orten angegeben. Sie können sich jedoch jederzeit ändern.

Der 24 000 Hektar große Nationalpark um den Olymp beindruckt mit einzigartiger Natur und wunderschönen Ausblicken

Post, Briefmarken

Postkarten und Briefe in die deutschsprachigen Länder (Porto € 0,90) sind etwa zwei bis vier Tage unterwegs. Briefmarken erhält man bei allen Postämtern, beim Kauf von Ansichtskarten manchmal auch direkt dort. Postämter sind in der Regel Mo–Fr 7–14.30 und Sa 7–13 Uhr geöffnet.

Presse, Medien

Deutschsprachige **Zeitungen und Zeitschriften** sind in Städten ganzjährig, in den anderen Orten im Sommerhalbjahr oft noch am Erscheinungstag erhältlich. In Griechenland selbst erscheint an jedem Mittwoch die deutschsprachige Griechenland-Zeitung, die als pdf auch kostenpflichtig im Internet heruntergeladen werden kann (www.griechenland.net).

Die zahlreichen griechischen **Rundfunksender** strahlen überwiegend griechische Musik aus. Über die aktuellen Frequenzen der Deutschen Welle informiert man sich unter www.deutsche-welle.de oder beim Sender Deutsche Welle, Customer Service, Kurt-Schuhmacher-Str. 3, D-53110 Bonn, ✆ (02 28) 42 94 000.

Auf den griechischen **Fernsehkanälen** laufen viele Filme in der Originalsprache mit griechischen Untertiteln. Deutsche Fernsehsender können in zahlreichen größeren Hotels via Satellit empfangen werden.

Rauchen

In allen öffentlichen Verkehrsmitteln, auf Flughäfen und in den Innenräumen von Schiffen, Restaurants, Cafés, Bars und Diskotheken ist das Rauchen offiziell untersagt. In Lokalen hält man sich daran nicht immer.

Sicherheit

Die Kriminalitätsrate in Griechenland ist niedrig. Auch allein reisende Frauen können sich bedenkenlos zu jeder Tages- und Nachtzeit auf die Straße begeben. Vorsicht vor Taschendieben ist – wie überall – vor allem im Gedränge geboten.

Sport und Erholung

Angeln
Das Angeln im Meer ist auch ohne Fischereischein erlaubt. Für das Angeln in Binnen- und Stauseen erkundige man sich vor Ort.

Baden
Alle Strände in Griechenland sind öffentlich. An vielen Stränden werden Sonnenschirme und Liegestühle vermietet (meistens € 5–8/Tag und Person). Die Pächter haben die Lizenz für ihren jeweiligen Abschnitt von der Gemeinde ersteigert und sorgen für Sauberkeit. Unverpachtete Strandabschnitte werden nur gereinigt, wenn die Gemeinde Geld dafür hat, und häufig auch erst Ende Mai von dem im Winter angespülten Seetang befreit. Eine Strandaufsicht ist für stark frequentierte Strände zwar gesetzlich vorgeschrieben, aber nicht immer von den Gemeinden bezahlbar. An vielen Stränden gibt es Tavernen oder zumindest eine Kantína, die fürs leibliche Wohl sorgt.

Heil- und Thermalbäder
In Griechenland gibt es insgesamt etwa 125 Heil- und Thermalquellen. Manchmal sind sie wie an den **Thermopylen** südlich von Lamía nahe der Autobahn Richtung Athen gänzlich naturbelassen, manchmal wie in **Pozár** oder **Loutrá Édipsou** zwar zu Thermalbädern ausgebaut, aber dennoch zumindest teilweise frei zugänglich.

Kurorte mit Thermalschwimmbecken und kurmedizinischer Betreuung auf modernem Niveau sind **Loutráki** nahe dem Kanal von Korinth, **Loutrá Édipsou** auf der Insel Euböa und **Loutrá Agías Paraskevís** auf der Kassándra-Halbinsel der Chalkidikí. Ungewöhnliche Thermalbadeerlebnisse bescheren der Thermalwassersee von **Vouliagméni** bei Athen und das Schlammbad von Krinídis beim antiken **Philíppi**.

Golf
Je einen Golfplatz gibt es seit vielen Jahren bei **Athen** und in **Porto Carrás** auf der Sithonía-Halbinsel der Chalkidikí. Noch relativ jung sind die besonders guten

Greens von **Navaríno** bei Pílos auf dem Peloponnes.

Kanu- und Kajakfahren

Kanu und Kajak kann man sowohl auf einigen Flüssen als auch an einigen Meeresküsten fahren. Geführte Touren werden z. B. in der **Néstos-Schlucht** an der Grenze zwischen Ost-Makedonien und West-Thrakien und auf mehreren Flüssen in der nordwestgriechischen Provinz Epirus angeboten. Gute Kajakstationen gibt es zudem in **Vourvouroú** auf der Sithonía-Halbinsel der Chalkidikí sowie in **Kardámili** und **Pílos** auf dem Peloponnes und in der **Damouchári Bay** auf dem Pílion.

Klettern

Rock Climbing ist auch in Griechenland ein Trendsport. Das Climber-Paradies liegt zwar auf der Dodekanes-Insel Kálymnos, aber auch auf dem Festland sind Kletterareale zu finden, so an den nicht von Klöstern bekrönten Felsen von **Metéora** und bei **Monemvasiá** im Süden des Peloponnes.

Laufen und Marathon

Volks- und Marathonläufe sind in Griechenland sehr populär. Über 50 000 Teilnehmer lockt alljährlich die Mutter aller Marathonläufe an, der **Athens Marathon** im November. Wie sein legendäres Vorbild führt er vom Städtchen Marathon ins Zentrum von Athen. Über eine besonders geschichtsträchtige Strecke führt auch alljährlich im April der **Alexander the Great Marathon**, der in Pélla, dem Geburtsort Alexanders des Großen, beginnt und am Weißen Turm, dem Wahrzeichen Thessaloníkis, endet. Über alle Marathonläufe und die an diesen Terminen fast immer auch angebotenen Läufe über kürzere Strecken informiert ausführlich www.runningreece.com.

Wem Marathonläufe zu kurz sind, nimmt an extremen **Trail Races** teil. Der populärste ist der **Mount Olympus Marathon** am letzten Sonntag im Juni. Neben einem 44-km-Lauf (3200 Höhenmeter, 10 Std.) stehen da auch ein Vertikallauf (1024 Höhenmeter auf 4,25 km Strecke) und ein Ultra-Langlauf (66 km, 16 Std.) auf dem Programm. Am darauffolgenden Freitag geht es beim konkurrierenden **Salewa Olympus Mountain Trail** über 100 km (6700 Höhenmeter, 28 Std.).

Nichts für Anfänger: Kitesurfer am Strand von Lefkáda

Radfahren

Obwohl das Radfahren auch in Griechenland immer mehr Liebhaber findet, sind von der Straße getrennte Radwege nur selten zu finden. Die meisten Städte sind für Radfahrer ein Graus. In **Athen** können Urlauber an geführten Radtouren teilnehmen, in **Thessaloníki** auf der neuen Uferpromenade viele Fahrradtypen bis hin zum Holzfahrrad ausprobieren. Geführte Rad- und Mountainbiketouren werden kaum angeboten. Zentren dafür sind die **Costa Navaríno** und **Skafídia** unmittelbar nördlich von Katákolo an der Westküste des Peloponnes.

Rafting

River Rafting wird auf einigen Flüssen und Wildbächen angeboten. Besonders vielfältig ist das Angebot im nordwestgriechischen Epirus. Ein anderes Zentrum ist der Néstos, der Grenzfluss zwischen Ost-Makedonien und West-Thrakien.

Reiten

Das attraktivste Ziel für gute Trailreiter ist der **Pílion**, wo im Altertum die mythischen Kentauren lebten, Mischwesen, halb Pferd, halb Mensch. Reitställe dort sind die **Kentávros Farm** bei Argalastí und **IFOM** bei Miliés. Eine Alternative für gute Reiter ist **Artemis** im westmakedonischen Sklithró nahe Flórina in West-Makedonien. Gut geführte Reitställe auf dem Peloponnes betreiben Marlis Stubenrauch bei Koróni und Iris Bahlinger in Chráni bei Koróni, wo auch heilpädagogisches Reiten auf dem Programm steht.

Die einzige Pferderennbahn Griechenlands, der **Markopulo Racetrack**, wurde für die Olympischen Spiele 2004 in der Nähe des Athener Flughafens neu angelegt.

Segeln
In Griechenland werden Segel- und Motorjachten mit und ohne Skipper vermietet. Charterfirmen sind vor allem in den Küstenorten bei **Athen** und bei Préveza im Epirus ansässig. In vielen Hafenorten gibt es auch Anbieter von Tagesausflügen auf Jachten.

Surfen
Die Ägäis ist mit ihren auch im Sommer oft kräftig wehenden Winden ein ideales Meer für Wind- und Kitesurfer. Wer kein eigenes Equipment mitbringt, findet an vielen Stränden zwischen Mitte Mai und Ende September Surfstationen. Als besonders gute Surfreviere mit guten Stationen gelten **Finikoúnda** und **Nauplia (Náfplio)** auf dem Peloponnes sowie **Porto Carrás** und **Sárti** auf der Chalkidikí. Auch im Umkreis von Athen wird viel gesurft. Hotspots sind hier **Vouliagméni** am Saronischen Golf sowie die attischen Küstenorte **Artemída**, **Schinías** und **Várkiza** gegenüber der Insel Euböa.

Tauchen
Tauchschulen und -stationen gibt es an vielen Küsten. Strikt beachten sollten Taucher das Verbot, antike Funde vom Meeresboden zu bergen. Viele Tauchschulen bieten kurze Schnupperkurse und auch Schnorchelexkursionen an.

Wandern
Das Land ist wie für Wanderer geschaffen, doch die meisten Griechen halten vom Wandern nicht viel. Auch das touristische Potenzial gut organisierter Wandergebiete wird erst langsam erkannt. Ausgesprochene Wanderkarten und mehrsprachige Wanderbroschüren sind selten, viele Wanderwege nur unzureichend markiert und wenig gepflegt. »Wanderautobahnen« wie im Harz oder Schwarzwald gibt es nicht – immer ist ein wenig Spürsinn notwendig. Für relativ einfache Wanderungen bietet sich die **Chalkidikí** an, für schwierigere eher die **Máni** auf dem Peloponnes oder der nordwestgriechische **Epirus**, der als Krönung die 16 km lange Durchwanderung der Víkos-Schlucht bereithält.

Fernwanderungen – sogar mit Gepäcktransport – sind auf dem **Europäischen Fernwanderweg E4** möglich, der den Peloponnes von Norden nach Süden durchquert (www.e4-peloponnes.info). Organisierte Wanderwochen auf dem griechischen Festland und dem Peloponnes bieten mehrere deutsche, österreichische und schweizerische Wanderreiseveranstalter an.

Wintersport
Was kaum einer weiß: Es gibt auf dem griechischen Festland 19 gut ausgebaute Wintersportgebiete mit Liften, präparierten Pisten und Loipen, Ausrüstungsverleih und

Das Resort Pórto Carrás verfügt über den größten Jachthafen Nordgriechenlands

Skifahren am Parnassós-Gebirge bei Délfi

Skischulen. Die meisten sind etwa zwischen Weihnachten und Mitte März in Betrieb.

Besonders groß und gut sind die Skigebiete bei **Kalávrita** auf dem Peloponnes, am Parnassós bei **Aráchova** und **Délfi** sowie am Kaimaktsalan nahe **Édessa** in West-Makedonien. Kleinere Skigebiete gibt es bei **Vólos** auf dem Peloponnes und im **Olymp-Massiv**.

Weiterführende Informationen zu vielen Outdoor-Aktivitäten bieten große **Spezialreisebüros**, so unter:
www.trekking.gr
www.alpinzone.gr
www.riverland.gr
www.exploremessinia.com

Sprachhilfen

Viele Griechen sprechen zumindest etwas Englisch, manche auch Deutsch. Speisekarten sind immer mehrsprachig. Orts- und Hinweisschilder sind fast immer in griechischer und lateinischer Schrift gehalten. Für die Transkription der griechischen Schrift in die lateinische gibt es keine allgemein verbindliche Norm. Deswegen findet man selbst Ortsnamen oft ganz unterschiedlich geschrieben. Das macht die Orientierung anfangs manchmal schwer; sich das griechische Alphabet einzuprägen ist auf jeden Fall nützlich – und macht auch Spaß.

Bei der Aussprache des Griechischen spielt die richtige Betonung des Wortes eine sehr große Rolle. Betont wird immer der Vokal, der den Akzent trägt! Ansonsten sollte man darauf achten, alle Vokale kurz und offen auszusprechen.

Kalí méra!	Guten Tag! (bis ca. 17 Uhr)
Kalí spéra!	Guten Abend! (ab etwa 17 Uhr)
Kalí níchta!	Gute Nacht!
Jássu/Jássas!	Hallo! (Einzahl)/ Hallo! (Mehrzahl und Höflichkeitsform)
Jámmas!	Prost, auf unsere Gesundheit!
nee/óchi	ja/nein
málista	jawohl
Parakaló	Bitte
Efcharistó/efcharistúme	Ich danke/wir danken
Típota	Nichts
Endáxi	Okay
Kírie	Herr (als Anrede)
Kiría	Frau (als Anrede)
Jermanía	Deutschland
Afstría	Österreich
Elwetía	Schweiz
kaló/kalí/kalá	gut
kakó/kaká	schlecht
próchthes/chthes	vorgestern/gestern
símera	heute
áwrio/metháwrio	morgen/ übermorgen
proí	morgens
apógewma	nachmittags
wrádi	abends
aristerá/deksjá	links/rechts
efthían	geradeaus
grígora	schnell
sigá	langsam
woíthja	Hilfe

Strom

Die Stromspannung beträgt 220–230 Volt. Unsere zweipoligen Stecker passen überall.

Telefonieren

Funktionierende Telefonzellen gibt es fast gar nicht mehr. Wer eine gefunden hat, kann von dort aus mit der OTE-Telefonkarte (€ 4) kostengünstig telefonieren. Werktags von 22 bis 8 Uhr gilt sogar ein verbilligter Mondscheintarif, der von Freitag 22 Uhr bis Montag 8 Uhr durchgehend gültig ist.

Mobiltelefone sind weit verbreitet; die Flächendeckung ist ausgezeichnet. Akkus kann man in fast allen Tavernen und Hotels auf Nachfrage gern kostenlos aufladen; manchmal stehen dafür sogar eigene Ladestationen bereit. Roaming-Gebühren werden innerhalb der EU seit Sommer 2017 nicht mehr fällig.

Fast alle griechischen Telefonnummern sowohl im Fest- als auch im Mobilfunknetz sind zehnstellig. Festnetznummern beginnen mit einer 2, Mobilfunknummern mit einer 6. Die vollständige zehnstellige Nummer muss auch bei Ortsgesprächen gewählt werden.

Vorwahl Griechenland ✆ +30
Vorwahl Deutschland ✆ +49
Vorwahl Österreich ✆ +43
Vorwahl Schweiz ✆ +41

Trinkgeld

Dem Kellner schon beim Bezahlen durch Aufrundung des Betrages die gewünschte Trinkgeldhöhe anzugeben ist in Hellas unüblich. Der Kellner wird glauben, dass Sie vermuten, er habe sich zu Ihren Gunsten verrechnet. Man lässt sich zunächst das Wechselgeld vollständig zurückgeben und lässt dann das Trinkgeld beim Weggehen auf dem Tisch liegen.

Die Höhe des Trinkgelds bleibt natürlich auch hier dem Gast überlassen und sollte sich nach dessen Zufriedenheit richten. Trinkgelder unter 50 Cent gelten allerdings eher als Beleidigung.

Unterkunft

In Griechenland kann man in fast jedem Küstenort und auch in vielen Binnendörfern übernachten. Neben Hotels und Pensionen sind kleine Apartmenthäuser besonders häufig. Sie bestehen zumeist aus Einraumstudios mit einer Kochnische, deren Ausstattung allerdings oft nur für die Zubereitung einfacher Mahlzeiten ausreicht. Die Preise für Zimmer und Studios schwanken je nach Jahreszeit stark. Insgesamt liegt das Preisniveau außer in Athen etwas unter dem vergleichbarer Unterkünfte in Deutschland. Hotels und Pensionen sind offiziell kategorisiert: Einen Stern tragen die einfachsten, fünf Sterne die luxuriösesten Quartiere.

Campingplätze liegen vor allem am Meer, aber auch nahe den toruistischen Hauptattraktionen wie Délfi, Metéora und Olympia. Sie sind zumeist nur von April bis Oktober geöffnet. Frei stehende Ferienhäuser sind in Griechenland eher selten. Man findet sie am besten auf entsprechenden Internetportalen. Jugendherbergen gibt es in Griechenland nicht, wohl aber vergleichbare private Hostels mit Mehrbettzimmern.

Verkehrsmittel

Bahn
Das Eisenbahnnetz Griechenlands ist relativ klein. Am besten ausgebaut ist die Strecke zwischen Athen und Thessaloníki, die bis nach Istanbul und Skopje weiterführt. Auf dem Peloponnes sind nur Korinth und Patras ans Bahnnetz angeschlossen. Infos und Streckendiagramm auf www.trainose.gr.

Bus
Linienbusse verbinden alle Bezirkshauptstädte mit den Dörfern ihrer Region sowie Athen und/oder Thessaloníki. Fernverbindungen gibt es auch zwischen den Großstädten. Die Fahrpläne findet man im Internet, wenn man #KTEL und den Namen der jeweiligen Bezirkshauptstadt oder des jeweiligen Bezirks eingibt. Für Fernverbindungen können elektronische Tickets gebucht werden.

Taxi
Taxis gibt es in großer Zahl und die Tarife sind günstiger als in Mitteleuropa. Alle Taxen verfügen über Taxameter, Fahrpreistabellen muss jeder Fahrer auf Verlangen vorweisen. Für Tagesausflüge mit dem Taxi kann man den Preis auch frei vereinbaren.

Schiff
In Griechenland sind zwar viele Fährschiffe unterwegs, aber sie verkehren nahezu ausschließlich zwischen dem Festland und den über 100 bewohnten Inseln des Landes. Eine ganzjährige Autofährverbindung zwischen Festlandsorten gibt es nur zwischen Gíthio auf dem Peloponnes und Piräus.

Tagesausflüge auf Inseln
Die Insel Euböa und Léfkas sind über Brücken mit dem Festland verbunden. Alle Saronischen Inseln erreicht man mehrmals täglich per Schiff ab Piräus und verschiedenen Hafenorten auf dem Peloponnes.

In einem Tag gut zu realisieren sind auch die folgenden Ausflüge. Die Schiffe legen dabei immer in der Inselhauptstadt an, die man dann bequem zu Fuß erkunden kann:
von Igoumenítsa auf die Insel Korfu
von Kavála auf die Insel Thássos
von Loutrá Killínis/Peloponnes auf die Insel Zákinthos
von Tripití/Chalkidikí auf die Insel Amoulianí
von Rafína auf die Inseln Ándros, Tínos oder Mykonos
von Vólos auf die Inseln Skiáthos oder Skópelos
Fahrplanauskünfte: www.gtp.gr

Zeitzone

Griechenland ist unserer mitteleuropäischen Zeit um eine Stunde voraus. Wenn es in Deutschland 11 Uhr ist, ist es also in Griechenland bereits 12 Uhr. Die Umstellung auf Winter- und Sommerzeit erfolgt in der gesamten EU gleichzeitig.

Zoll

Innerhalb der EU dürfen Waren zum eigenen Verbrauch unbegrenzt ein- und ausgeführt werden. Überschreitet man allerdings die im Richtmengenkatalog festgesetzten Grenzen (z.B. 800 Zigaretten oder 90 l Wein), muss man im Fall einer Stichprobe glaubhaft machen, dass diese Mengen tatsächlich für den persönlichen Verbrauch und nicht zum Weiterverkauf bestimmt sind.

In die Schweiz dürfen nur 250 Zigaretten, 5 l Wein und 1 l Spirituosen sowie sonstige Waren im Wert bis zu € 430 zollfrei aus Griechenland eingeführt werden.

Kunst in der Athener Metro

Orts- und Sachregister

Fett hervorgehobene Seitenzahlen verweisen auf ausführliche Erwähnungen, die *kursiv* gesetzten Begriffe und Seitenzahlen beziehen sich auf den Service am Ende des Buches.

Namenregister

iStockphoto/12MN: S. 53 o.; Baloncici: S. 10; bortnikau: S. 138; brians101: S. 26 li.; BurakDemir: S. 125; CharalambosAndronos: S. 54, 65 u.; chatsimo: S. 207 o.; dinosmichail: S. 4; DmitryVPetrenko: S. 136 o., 136 u.; efesenko: S. 120/121; encrier: S. 76 u.; Engin Korkmaz: S. 149; fabdrone: S. 58/59; Gatsi: S. 5 o., 65 o., 67, 233; GrigoriosMoraitis: S. 35; hdesislava: S. 129 u.; HonestTraveller: S. 63; HowardOates: S. 12 u.; KlaasLingbeek_van_Kranen: S. 41; Krle: S. 249; Leldej: S. 47 u.; letty17: S. 205; MaciejLaska: S. 37 u.; MikhailMarkovskiy: S. 79 u.; Nastasic: S. 195 o.; Nazarkin: S. 144; nedomacki: S. 145; nelic: S. 12 o.; noel bennett: S. 139 u.; Olga355: S. 122, 126 o.; Pablo_1960: S. 50 o.; PanosKarapanagiotis: S. 56, 129 o.; photo_stella: S. 60, 75 o.; photooiasson: S. 9, 49, 52; PocholoCalapre: S. 2/3; ReinerKaufmann: S. 142 o.; RobertBreitpaul: S. 6/7; Robert_van_Beets: S. 235; RostislavAgeev: S. 37 o., 137; s-eyerkaufer: S. 61 u.; SasaKomlen: S. 204; SergeyBorisov: S. 31 o.; SergiiKorshun: S. 34; SerrNovik: S. 53 u.; Siempreverde22: S. 74, 188 o.; Sokratyks: S. 8; StefanTomic: S. 139 o.; SteliosTsagris: S. 43; StephanZabel: S. 21 u.; Takis_Milonas: S. 13; tridland: S. 14; VasilikiVarvaki: S. 263; verve231: S. 260; VikThomas: S. 71; ViktorJohannsson: S. 30; Vitalii Livadnyi: S. 24/25; vitaliybilyak: S. 57; VladislavZolotov: S. 134; Wassiliy: S. 78; William_D_FergusMcNeill: S. 1; YasmineV: S. 31 u.; yiannismarmaras: S. 11; znm: S. 66; ZU_09: S. 16; Zzvet: S. 6 li.

PIOP/N. Daniilidis: S. 232 o.

Pixelio: S. 103

Shutterstock/3sstudio: S. 240; Achilleas Chiras: S. 118; Adriana Iacob: S. 237; Aerial-motion: S. 127, 220/221; Alexandros Michailidis: S. 23, 115, 128, 162; Alika Obraz: S. 108; Anastasios71: S. 69; Andrei Bortnikau: S. 234; Andrew Mayovskyy: S. 95, 212/213; Andronos Haris: S. 62 o., 72, 81, 113; Anton_Ivanov: S. 107; banedeki: S. 219; Bestravelvideo: S. 131; blackboard1965: S. 207 u.; Borisb17: S. 130 o.; Brian S: S. 225 u.; CoinUp: S. 48; ColorMaker: S. 121 o.; Cortyn: S. 89, 184 o.; Dagmara Ksandrova: S. 186; De Visu: S. 94; deltami: S. 153; Denys R: S. 218; Dimitris Panas: S. 61 o.; Dragunoff: S. 245; elgreko: S. 77; Ernes Tuvarchiev: S. 203; Evgenyrychko: S. 251; fritz16: S. 154, 168, 170; Gabriela Insuratelu: S. 198; Georgios Antonatos: S. 231; Georgios Kritsotakis: S. 150, 156, 185; Georgios Tsichlis: S. 80, 109 o., 111, 147, 164, 183, 199 u., 206; hdesislava: S. 133 o., 155 o.; Heracles Kritikos: S. 92, 97 u., 112, 119 o., 133 u., 140, 157, 161, 163, 166; Inolas: S. 180 o.; Inu: S. 214; Jason Klemp: S. 222 o.; Karl Allen Lugmayer: S. 19 u., 64, 76 o., 85 u., 193, 199 o., 209 o., 215, 225 o., 228; Kiev.Victor: S. 243; Kirill Skorobogatko: S. 253; Kollawat Somsri: S. 32; Konstantinos Vasilakakos: S. 181; Kostas Restas: S. 165 o.; kostasgr: S. 175, 176, 182, 208; Landscape Nature Photo: S. 102; Le one: S. 222 u.; Lefteris Papaulakis: S. 68, 91, 119 u.; Lemonakis Antonis: S. 178; Leonid Andronov: S. 93, 159, 194, 202 o., 236; Lev Levin: S. 84, 227 o., 229; Linguist: S. 46; Liviu Gherman: S. 174; Lucy Kozyra: S. 216 u.; maggee: S. 248; Mapics: S. 106; Michel Seelen: S. 172/173; Milan Gonda: S. 45; Mitrofanov Alexander: S. 21 o.; Multipedia: S. 239; Nataliya Nazarova: S. 96 o., 114 u., 142 u., 143, 224; Netfalls Remy Musser: S. 230 u.; Nikandphoto: S. 187; Nikolay Kostadinov: S. 151; Olga Kot Photo: S. 86; ollirg: S. 88 o.; Panos Karas: S. 184 u., 202 u., 216 o.; Petia Miladinova: S. 195 u.; Pier Giorgio Carloni: S. 135, 141; Pit Stock: S. 50/51, 83 o., 96 u., 101, 191, 192, 226; RODKARV: S. 232 u.; Romas_Photo: S. 26/27; SIAATH: S. 44 u.; siete_vidas: S. 98/99, 241; smoxx: S. 261; Stamatios Manousis: S. 190; stefanel: S. 70; stoyanh: S. 124, 160; Szymon Bartosz: S. 148; Takis Bks: S. 79 o.; takopa: S. 171, 230 o.; Teresa Otto: S. 155 u., 189; Theastock: S. 238; tockwars: S. 5; trabantos: S. 126 u., 130 u., 177 o., 177 u.; Ververidis Vasilis: S. 82/83, 90, 158, 165 u., 254; Vito DeFilippo: S. 247; Vladislav Gajic: S. 259; Vladislav Mikhailov: S. 116/117; vlas2000: S. 169; Voyagerix: S. 227 u.; Yana Georgieva: S. 110; Yasemin Olgunoz Berber: S. 51 o.; yiannisscheidt: S. 109 u.; YK: S. 257; ZM_Photo: S. 179

Vista Point Verlag (Archiv), Rheinbreitbach: S. 16 o., 17, 18, 19 o., 20, 33, 36, 40 o., 40 u., 44 o., 47 o., 62 u., 75 u., 85 o., 88u., 97 o., 114 o., 180 u., 188 u., 209 u., 250

Bildnachweis/ Impressum

Titelbild: Das antike Theater von Epidaurus auf der Peloponnes, Foto: iStockphoto/Gatsi
Vordere Umschlagklappe (innen): Übersichtskarte des griechischen Festlands mit den eingezeichneten Reiseregionen
Schmutztitel (S. 1): Parthenon-Tempel auf der Akropolis in Athen, Foto: iStockphoto/William D Fergus McNeill
Haupttitel (S. 2/3): Blick auf die Klöster von Meteora, Foto: iStockphoto/PocholoCalapre
Hintere Umschlagklappe (innen): Der Hafen von Náfpaktos mit mittelalterlichem Mauerring, Foto: Shutterstock/Andrew Mayovskyy
Umschlagrückseite: Die heilige Skete Sankt Anna auf Athos, Foto: DmitryVPetrenko (oben); Das Kloster von Proussós, Foto: Georgios Tsichlis (unten)

Aufgrund der Corona-Pandemie kann es zu veränderten Öffnungszeiten und Zugangsbeschränkungen sowie Schließungen kommen. Wir bitten dies zu entschuldigen!

© 2021 Vista Point Verlag GmbH, Rolandsecker Weg 30, D-53619 Rheinbreitbach
Alle Rechte vorbehalten
Reihenkonzeption: Horst Schmidt-Brümmer, Andreas Schulz
Bildredaktion: Kathrin Fäller
Lektorat: JB Bild|Satz|Text
Layout und Herstellung: Sandra Penno-Vesper, Potsdam
Reproduktionen: Noch & Noch, Datteln
Kartographie: Huber Kartographie GmbH, Unterschleißheim
Druckerei: Florjančič tisk d.o.o., Slowenien

ISBN 978-3-96141-464-2

An unsere Leser!
Die Informationen dieses Buches wurden gewissenhaft recherchiert und von der Verlagsredaktion sorgfältig überprüft. Nichtsdestoweniger sind inhaltliche Fehler nicht immer zu vermeiden. Der Verlag übernimmt keine Haftung für die Richtigkeit von Informationen. Für Ihre Korrekturen und Ergänzungsvorschläge sind wir dankbar.

VISTA POINT Verlag
Rolandsecker Weg 30 · 53619 Rheinbreitbach
Telefon: +49 (0) 2224/7795-0 · Fax: +49 (0) 2224/7795-100
www.vistapoint.de · info@vistapoint.de · www.facebook.de/vistapoint